Vertrauenssache

Wilfried Härle

Vertrauenssache

Vom Sinn des Glaubens an Gott

EVANGELISCHE VERLAGSANSTALT
Leipzig

 Wilfried Härle, ist Professor em. für Systematische Theologie. Er lehrte von 1975 bis 2008 an den Universitäten Kiel, Groningen (NL), Marburg und Heidelberg. Parallel dazu war er 18 Jahre lang Mitglied und zwölf Jahre lang Vorsitzender der Kammer für Öffentliche Verantwortung der EKD und drei Jahre lang Mitglied der Enquetekommission des Deutschen Bundestages für Ethik und Recht der modernen Medizin. Nach seiner Emeritierung war er fünf Jahre lang Seelsorger an einer Stuttgarter Seniorenresidenz und ist als Buchautor und Vortragsreisender tätig.

Bibliographische Information der Deutschen Nationalbibliothek
Die Deutsche Nationalbibliothek verzeichnet diese Publikation in
der Deutschen Nationalbibliografie; detaillierte bibliografische Daten
sind im Internet über http://dnb.dnb.de abrufbar.

© 2022 by Evangelische Verlagsanstalt GmbH, Leipzig
Printed in Germany

Das Werk einschließlich aller seiner Teile ist urheberrechtlich geschützt.
Jede Verwertung außerhalb der Grenzen des Urheberrechtsgesetzes ist ohne
Zustimmung des Verlags unzulässig und strafbar. Das gilt insbesondere
für Vervielfältigungen, Übersetzungen, Mikroverfilmungen und die
Einspeicherung und Verarbeitung in elektronischen Systemen.

Das Buch wurde auf alterungsbeständigem Papier gedruckt.

Cover: makena plangrafik, Leipzig
Coverbild: Lance Anderson @unsplash
Satz: ARW-Satz, Leipzig
Druck und Binden: CPI books GmbH

ISBN 978-3-374-07157-9 // eISBN (PDF) 978-3-374-07158-6
www.eva-leipzig.de

Vorwort

„Ich glaube; hilf meinem Unglauben!" Dieser Satz aus Markus 9,24 war im Jahr 2020 die ökumenische Jahreslosung, die bei vielen Menschen wie ein Blitz einschlug. In diesen fünf Worten, die zugleich ein kleines Glaubensbekenntnis und eine große Glaubensbitte enthalten, erkannten anscheinend viele Menschen sich selbst wieder. Denn diese wenigen Worte spiegeln das Nebeneinander und Gegeneinander von Glauben und Unglauben oder Glauben und Zweifel in ein und demselben Herzen und Leben, wie viele Menschen das aus eigener Erfahrung kennen – natürlich auch ich. Und darum entstand aus dieser Jahreslosung eine Fülle von Veranstaltungen, Vorträgen und Veröffentlichungen, die sich mit dem Thema „Glaube" – häufig in Verbindung mit „Unglaube" oder „Zweifel" – befassten. Daraus ist auch dieses Buch entstanden.

Ich habe es als christlicher Theologe geschrieben, der ich seit etwa 60 Jahren zu sein versuche. Das kommt – nicht überraschend – auch darin zum Ausdruck, dass ich an sehr vielen Stellen Texte aus der Bibel zustimmend zitiere. Ohne diese Texte wüssten wir vermutlich nichts mehr von den prophetischen Gestalten des Alten Testaments, von den neutestamentlichen Aposteln und – vor allem – von Jesus von Nazareth, seiner Botschaft, seinem Wirken, seinem Tod und seiner Auferstehung, und damit hätte das

Christentum die Quelle verloren, aus der es lebt. Dieses Verständnis der Bibel teile ich mit Martin Luther (1483-1546) und zahllosen anderen Menschen. Wie das zu verstehen und zu begründen ist, hat Martin Luther in einer seiner Vorreden zu den Briefen des Neuen Testaments mit folgenden Worten ausgedrückt:

> „Darin stimmen alle rechtschaffenen heiligen Bücher [sc. des Neuen Testaments] überein, dass sie allesamt Christum predigen und treiben, Auch ist das der rechte Prüfstein, alle Bücher zu tadeln, wenn man sieht, ob sie Christum treiben oder nicht ... Was Christum nicht lehrt, das ist nicht apostolisch, wenn es gleich St. Petrus oder Paulus lehrt. Wiederum was Christum predigt, das wäre apostolisch, wenn es gleich Judas, Hannas, Pilatus und Herodes täte."[1]

Was darin zum Ausdruck kommt, ist die Vor- und Überordnung Jesu Christi gegenüber der Bibel als der Heiligen Schrift des Christentums. Diese Rangfolge ergibt sich insofern aus der Bibel selbst, als diese davon ausgeht, dass Gott sich nicht durch ein *Buch*, sondern durch *Menschen* offenbart, letztgültig durch den, den das Neue Testament und die christliche Kirche als den Sohn Gottes bekennen: Jesus Christus, das menschgewordene Wort Gottes.[2]

---

1) M. Luther, WA DB 7,385,25-32 (sprachlich leicht geglättet, wie auch bei den anderen deutschen Lutherzitaten in diesem Buch). Ähnlich bringt Luther das Verhältnis zwischen Christus und der Bibel in seiner Disputation über den Glauben aus dem Jahr 1535 zum Ausdruck: „Wenn die Gegner die Schrift gegen Christus treiben, dann treiben wir Christus gegen die Schrift. Wir haben den Herrn, sie die Knechte, wir das Haupt, sie die Füße oder Gliedmaßen, über die das Haupt herrschen und denen es vorgeordnet werden soll." (LDStA 2,409,12-16)

VORWORT

Der Bibel kommt die unersetzliche Bedeutung zu, Erfahrungen, die Menschen in der Geschichte Israels und in den Anfängen des Christentums mit Gott gemacht haben, zu *überliefern* und zu *verkündigen*. Aber diese Schriften müssen ausgelegt werden und sich an dem von ihnen selbst verkündigten *Inhalt* messen und – wie Luther zu Recht schreibt – punktuell auch „tadeln" lassen. Diese Verhältnisbestimmung zwischen Jesus Christus und der Bibel setze ich voraus und wende sie auch an. Auch deshalb ist es empfehlenswert, wenn man bei der Lektüre dieses Buches eine Bibel oder Bibel-App in Reichweite hat, um das selbst überprüfen und nachvollziehen zu können.

Trotzdem beginne ich in diesem Buch nicht etwa mit der Bibel und führe dann durch die Geschichte der Kirche und Theologie bis zur Gegenwart, sondern ich beginne mit unserem *gegenwärtigen Denk- und Sprachgebrauch* und frage von da aus, was Glaube ist, worauf er sich ausrichtet, wie er sich zum Zweifel und zur Vernunft verhält, wie er entsteht (aber auch verlorengehen kann). Das führt dann hin zu der Frage nach den *Quellen*, aus denen der christliche Glaube sich speist. Und da hat die Beschäftigung

---

2) Das kommt im Neuen Testament durch den Satz zum Ausdruck: „Das Wort ward Fleisch und wohnte unter uns und wir sahen seine Herrlichkeit" (Joh 1,14), ebenso in dem Christushymnus aus Phil 2,6-11 sowie in Hebr 1,1 f. Im Unterschied dazu geht der Islam davon aus, dass Allah sich nicht in einem Menschen, auch nicht im Propheten Mohammed, sondern durch dessen Vermittlung im *Koran* offenbart hat. Man spricht im Blick darauf von einer Buchwerdung (Inlibration) im Unterschied zur Menschwerdung (Inkarnation) Gottes.

mit der Bibel und mit der Geschichte ihren Ort. Zu dieser Geschichte gehört auch die christliche Kirche als die Gemeinschaft des Glaubens. Was über sie zu sagen ist und wie sich die christliche Kirche hinsichtlich des Glaubens zu anderen Religionsgemeinschaften verhält, davon handeln die beiden letzten Kapitel dieses Buches, das durch einen kurzen Epilog abgeschlossen wird.

Der in diesem Buch mit Abstand meistzitierte und behandelte Theologe ist *Martin Luther*. Das ist einerseits Ausdruck meiner kritischen Hochschätzung dieses theologischen Riesen, und es ergibt sich andererseits vom Thema „Glaube" her. Bei keinem anderen Theologen spielt der Glaube eine größere, tiefere und weitreichendere Rolle als bei diesem Reformator. Es wird sich in Kapitel 8 zeigen, dass seine aus der Bibel und aus seiner persönlichen Erfahrung gewonnene Erkenntnis hinsichtlich des *Glaubens* ihn überhaupt erst zum Reformator werden ließ. Und Glaube blieb zeitlebens das Hauptthema seiner Theologie.

Neben und nach Luther spielte das Thema „Glaube" aber auch für den deutsch-amerikanischen Theologen Paul Tillich (1886-1965) eine wesentliche Rolle. Sowohl in seiner deutschen Frühzeit bis zu seiner Entlassung und Emigration in die USA im Jahr 1933 als auch in seiner amerikanischen Spätzeit hat er sich immer wieder facettenreich, eigenständig und teilweise provozierend kühn mit dem Thema „Glaube" beschäftigt.

Diese Hochschätzung des Glaubens wird heute nicht allgemein geteilt. Unter den drei christlichen Grundbegriffen oder „Haupttugenden": Glaube, Liebe und Hoffnung³ steht der Glaube für viele Menschen nicht (mehr) an erster Stelle, ja, verglichen mit der Hoffnung, die „zuletzt stirbt", und mit der Liebe, die *all you need* ist, tut sich der Glaube in der Öffentlichkeit mit seiner Anerkennung eher schwer. Weil das auch ganz wesentlich mit der mehrdeutigen und unklaren Bedeutung der *Worte* „Glaube" und „glauben" zu tun hat, steht am Anfang dieses Buches ein Kapitel, das sich mit der Bedeutung dieser Worte in der Umgangs- und Wissenschaftssprache befasst. Wenn es da gelingen sollte, zu Klärungen zu kommen, wäre schon viel gewonnen.

Bei meiner Arbeit an dem Buch habe ich reichlich profitiert von der Bereitschaft einer ganzen Reihe mir nahestehender Personen, das im Entstehen begriffene Manuskript wohlwollend-kritisch mitzulesen und mich auf Fehler, Schwächen und Verbesserungsmöglichkeiten aufmerksam zu machen. Dafür danke ich herzlich meiner als Seelsorgerin tätigen Ehefrau Dr. Ilze Ķezbere-Härle, der Schulpfarrerin Christina Jung, dem promovierten Theologen und Unternehmensberater Dr. Harald Goertz, dem Gemeindepastor Tom Herter, dem Physiker Prof. Jörg Hüfner sowie den beiden Philosophen Dr. Holger Jens Schnell und Prof. Holm Tetens. Sie alle haben zum Gelingen dieses Buches

---

3) Sie tauchen schon in der ältesten Schrift des Neuen Testaments, in 1Thess 1,3 und 5,8 sowie dann in 1Kor 13,13 auf, geben Augustins „Handbüchlein" (*Enchiridion*) aus dem Jahr 421 ihre Struktur und haben durch Ödön von Horvaths gleichnamiges Drama große öffentliche Bekanntheit erlangt.

Wesentliches beigetragen, ohne deshalb für seinen Inhalt verantwortlich zu sein.

Frau Dr. Weidhas von der Evangelischen Verlagsanstalt Leipzig danke ich auch diesmal für ihre spontane Bereitschaft, dieses Buch in ihr Verlagsprogramm aufzunehmen und seine Veröffentlichung professionell mit Rat und Tat zu betreuen.

Ferner möchte ich Frau Silke Wedemeier und ihren Mitarbeiterinnen von der Bibliothek des Evangelischen Bildungszentrums in Birkach danken, die mir auch bei der Erarbeitung dieses Buches die benötigte Literatur stets hilfsbereit, fachkundig und zügig beschafft haben.

Ich habe dieses Buch nicht nur mit einer informierenden Absicht geschrieben, sondern auch und vor allem in der Hoffnung, dass es Menschen in ihrem Glauben vergewissern und bestärken, für den Glauben gewinnen oder jedenfalls interessieren kann. Ob dieses Buch dazu tatsächlich einen Beitrag leisten kann, liegt freilich nicht in meiner Hand.

Ich widme dieses Buch meinem Patensohn Arne Hergert, zu dem ich gerne über seine Konfirmation hinaus - auch in Glaubensfragen - intensivere Beziehungen unterhalten hätte, als es unsere zerstreuten Lebensverhältnisse gestattet haben. Wenn das Buch zur Grundlage für einen späteren intensiveren Austausch zwischen uns werden könnte, würde ich mich darüber sehr freuen.

Ostfildern/Heidelberg, 21. April 2022
Wilfried Härle

Inhalt

Kapitel 1
Was bedeuten die Worte „Glaube" und „glauben"? 1
  1.1 „Glaube" und „glauben" in unserer Sprache 1
  1.2 Grammatische Formen von „glauben" 5
  1.3 Die Spannweite der Bedeutung des Wortes „glauben" 9
  1.4 „Der Glaube" als wirkendes Subjekt 14

Kapitel 2
Christlicher Glaube als lebenstragendes Vertrauen auf Gott 18
  2.1 Glaube als Vertrauen 18
  2.2 Die Unbedingtheit des Glaubens 25
  2.3 Gott als Adressat unbedingten Vertrauens 31
  2.4 Was darf der Glaube von Gott erhoffen? 36
  2.5 Welchen Sinn hat es zu beten? 50

Kapitel 3
Was meinen Menschen, wenn sie von „Gott" reden? 56
  3.1 Der Zugang zum Gottesverständnis durch den Glauben ... 56
  3.2 Sinn und Bedeutung des Wortes „Gott" 64
  3.3 Gott und Welt in Beziehung 76
  3.4 Das Gottesverständnis im Spiegel des Unglaubens 80

Kapitel 4
Gewissheit und Zweifel im Blick auf den Glauben 87
  4.1 Gewissheit oder Sicherheit des Glaubens 87
  4.2 Ist Glaube ein „Nichtzweifeln"? 95
  4.3 Unterschiedliche Formen des Zweifels 99
  4.4 Rechtfertigung und Zweifel 107

INHALT

Kapitel 5
Vernunft und Glaube 117
   5.1 Was ist unter Vernunft zu verstehen? 117
   5.2 Wie verhalten sich Vernunft und Glaube zueinander? 120
   5.3 Die Vernunft aus der Sicht des Glaubens 129

Kapitel 6
Entstehung und Entwicklung des Glaubens in
der Lebensgeschichte 146
   6.1 Die Bedeutung von Vertrauen für die menschliche
       Entwicklung 146
   6.2 Wie entsteht Glaube als Vertrauen? 151
   6.3 Die Entwicklung des Glaubens in der Lebensgeschichte 159

Kapitel 7
Glaube in der biblischen Überlieferung 178
   7.1 Abraham und Sara 179
   7.2 Hiob 186
   7.3 Jesus Christus 194
   7.4 Paulus 210

Kapitel 8
Glaube in der reformatorischen Theologie 223
   8.1 Luthers reformatorische Entdeckung 223
   8.2 Rechtfertigung allein durch den Glauben 234
   8.3 Und was ist mit den guten Werken? 257

Kapitel 9
Die christliche Kirche als Gemeinschaft des Glaubens 268
   9.1 Von welcher Kirche ist die Rede? 268
   9.2 Das Wesen der Kirche 272
   9.3 Wozu braucht der Glaube Gemeinschaft? 277
   9.4 Die Bedeutung der sichtbaren Kirche 281

INHALT

Kapitel 10
Verbindet oder trennt der Glaube die Religionen? 293
   10.1 Was heißt „an denselben Gott glauben"? 294
   10.2 Das Verhältnis zwischen den Religionen 300
   10.3 Regeln für das Verhältnis und Verhalten
        der Religionen zueinander 308
   10.4 Noch einmal: „Was ist überhaupt Glaube?" 313

Nachwort zur aktuellen Situation 317
Literaturhinweise 327
Abkürzungsverzeichnis 330

1

Was bedeuten die Worte „Glaube" und „glauben"?

1.1 „Glaube" und „glauben" in unserer Sprache

Wenn ein Prüfungskandidat seine Antwort mit den Worten beginnt: „Also, ich glaube...", kann er mit großer Wahrscheinlichkeit damit rechnen, vom Prüfer unterbrochen zu werden mit dem Einwurf: „Wir sind hier nicht in der Kirche. Sie sollen nicht etwas glauben, sondern wissen." Aufgrund dessen kann man jedenfalls schon einmal vermuten, was der Prüfer unter „glauben" versteht und wie er das Verhältnis von „Glauben" und „Wissen" sieht. Aber hat er damit Recht?

Das Substantiv „der Glaube" kommt in unserer *Umgangssprache* selten vor, am ehesten tatsächlich in kirchlichen Zusammenhängen, so zum Beispiel in Predigten oder wenn die Gemeinde im Gottesdienst aufgefordert wird, ihren Glauben zu bekennen, indem sie ein Glaubensbekenntnis spricht. Dementsprechend trägt auch die Ausgabe, in der seit 2013 „die Bekenntnisschriften der evangelisch-lutherischen Kirche für die Gemeinde" veröffentlicht sind, den Titel: „Unser Glaube"[4]. Wem die Sprache der

---

4) Unser Glaube (= UG), Gütersloh 2013.

Bibel geläufig ist, kennt und gebraucht vielleicht auch gelegentlich die Wendung aus Mt 15,28: „Dein Glaube ist groß". Das ist in der Regel ironisch gemeint und bezeichnet dann eine gewisse Leichtgläubigkeit oder Naivität. Ähnliches gilt vermutlich dort, wo die Aussage Jesu zitiert wird, dass „der Glaube Berge versetzen" kann (Mk 11,23 sowie Mt 21,21).[5]

In der *Bibel* kommt das Wort „Glaube" (hebräisch ᵉ*munah*, griechisch *pistis*) dagegen häufig vor. Im Neuen Testament ist „Glaube" sogar ein Hauptbegriff, der über 200-mal verwendet wird, vor allem in den Schriften des Apostels Paulus und seiner Schüler. Dabei bedeutet „Glaube" in der Regel „Vertrauen"[6], und zwar den *Akt* des Vertrauens, gelegentlich aber auch das, *worauf* sich das Vertrauen richtet.[7]

Das bisher Gesagte bezog sich auf das *Substantiv* „der Glaube", das vorwiegend im Christentum und im

---

5) Im Buch Hiob (9,5) wird von Gott gesagt, dass er Berge versetzt. Paulus nimmt in 1Kor 13,2 Jesu Redewendung auf in der Formel: Wenn ich allen Glauben hätte, „sodass ich Berge versetzen könnte".

6) Gelegentlich kann „Glaube" in der Bibel auch „Treue" oder „Zuverlässigkeit" bedeuten.

7) Man unterscheidet im Blick darauf (unter Berufung auf den Kirchenvater Augustin) zwischen dem Glauben, *mit dem* bzw. *durch* den geglaubt wird (*fides qua creditur*) und dem Glauben, *an* den geglaubt wird (*fides quae creditur*). Das ist aber insofern missverständlich, als das, woran man glaubt, nicht „der Glaube" ist, sondern Gott und sein Wirken. Deshalb arbeite ich in diesem Buch nicht mit dieser Unterscheidung.

8) Dasselbe gilt vom englischen Begriff *faith*, zu dem es kein Verb gibt, und der schon phonetisch vom Substantiv *belief* und dem dazu gehörigen Verb *believe* deutlich unterschieden ist. Siehe dazu die klassische Unter-

Judentum beheimatet ist.[8] In diesem Sinn kann auch ganz umfassend vom „jüdischen Glauben" oder „christlichen Glauben" gesprochen werden, wenn das Judentum oder Christentum als Religion gemeint ist. Diese *umfassende* Bedeutung des Wortes „Glaube" hat für ein Buch wie das vorliegende eine weitreichende Bedeutung, die einerseits den Charakter einer Chance, andererseits aber auch den Charakter einer Problematik hat. Die *Chance* besteht darin, dass das Thema „Glaube" sich sachgemäßerweise nicht als ein *isoliertes Teilthema* behandeln lässt, sondern immer den Zusammenhang zum Ganzen der christlichen Lehre im Blick hat. Das kann vor Verkürzungen und Einseitigkeiten bewahren, die sich ergeben, wenn man nicht beachtet, dass Grund und Vollzug des Glaubens mit dem übereinstimmen müssen, worauf der Glaube sich richtet.[9] Diese Übereinstimmung ist zum Beispiel dann *nicht* gegeben, wenn man zwar die Selbstoffenbarung Gottes zu Recht als den „Gegenstand" des Glaubens bezeichnet, der auch der „Grund" des Glaubens ist, zugleich aber über die *Entstehung* des Glaubens so spricht, als sei sie allein von *unserer* Entscheidung abhängig. Dass solche Widersprüche vermieden werden können, ist die Chance, die sich

---

suchung von W. C. Smith, Faith and Belief, Princeton (1979) 1987 sowie das für unser Thema philosophisch und theologisch grundlegende Werk von H. Schulz, Theorie des Glaubens, Tübingen 2001, S. 102-138.

9) Den Zusammenhang von beidem bringen die von E. Herms und L. Žak herausgegebenen Bände „Grund und Gegenstand des Glaubens", Tübingen 2008, 2011 und 2017 sowohl im Titel als auch im Inhalt zum Ausdruck.

daraus ergibt, dass das Thema „Glaube" auch das Ganze der christlichen Lehre zum Thema hat.

Die *Problematik* dieser Tatsache besteht jedoch darin, dass ein Buch wie dieses, das ja keine komplette christliche Glaubenslehre entfalten soll und kann, sich auf das Thema „Glaube" beschränken muss. Das schafft für den Autor das Problem, viele Aspekte und Bezüge, die zum Ganzen der christlichen Lehre gehören, nur andeuten, aber nicht entfalten zu können.[10] So viel zum *Substantiv* „der Glaube".

Ein ganz anderer Befund zeigt sich beim Blick auf das *Verb* „glauben", das in der eingangs erwähnten Prüfungssituation vorkam. Zwar hat auch dieses Wort gelegentlich *religiöse Bedeutung* und kommt im Alten und Neuen Testament insgesamt ca. 270-mal vor, aber es taucht auch in unserer Umgangssprache sehr häufig auf, und zwar mit einem breiten Bedeutungsspektrum. Meist ist „glauben" dabei gleichbedeutend mit „meinen", „vermuten", „für-wahrscheinlich-halten" oder „für-wahr-halten", aber „nicht sicher wissen". Daraus wird meist gefolgert, dass der Glaube dem Wissen entgegengesetzt sei. Dieser vermeintliche Gegensatz wird gerne drastisch zum Ausdruck gebracht mit den Worten: „Glauben heißt: nicht(s) wissen". Und manchmal wird dem noch angefügt: „Und nichts (zu) wissen, ist dumm". Damit scheint auch die Rangordnung zwischen

---

10) Dem soll durch Hinweise auf einschlägige Literatur in den Fußnoten Abhilfe geschaffen werden. Sofern es sich um meine eigenen Auffassungen handelt, kann man sie meiner „Dogmatik", Berlin/Boston (1995) ⁶2022 entnehmen, die eine Gesamtdarstellung der christlichen Glaubenslehre bietet.

Wissen und Glauben eindeutig im Sinne der Überlegenheit des Wissens festzustehen. Dass das in bestimmter Hinsicht auf einem Irrtum oder Missverständnis beruht, wird sich im Fortgang des Buches zeigen. Zunächst will ich aber an dieses verbreitete Vorurteil anknüpfen.

Das Verb „glauben" ist ein Allerweltswort. Besonders häufig bezieht es sich auf das bevorstehende Wetter oder auf andere noch ausstehende Ereignisse, aber auch auf Sachverhalte, von denen wir gelesen oder durch andere gehört haben. Manchmal bezeichnet es jedoch überraschenderweise auch felsenfeste Überzeugungen. In der Regel bedeutet „glauben" jedoch ein Vermuten oder Meinen, für das man zwar Anhaltspunkte und Gründe, aber keine Beweise hat oder haben kann.

1.2 Grammatische Formen von „glauben"

Das Verb „glauben" findet in der deutschen Umgangssprache in fünf[11] unterschiedlichen grammatischen Formen Verwendung:

a) Das Verb „glauben" wird meist so verwendet, dass auf das Wort „glauben" ein Nebensatz folgt, der mit „dass" beginnt, also: „Ich glaube, dass ...".[12] In solchen Aussagen

---

11) In meiner „Dogmatik" (a. a. O., S. 53 f.) habe ich nur *vier* dieser Formen genannt. Erst kürzlich ist mir durch meinen Bruder Johannes Härle-Hofacker, der Germanist ist, bewusst gemacht worden, dass es noch eine fünfte Form gibt, die ich gleich unter b) nenne. Für diesen Hinweis danke ich ihm auch an dieser Stelle.

12) Hier und im Folgenden gilt das Gesagte immer auch für die *Verneinun-*

kommt üblicherweise eine Vermutung zum Ausdruck, in der ein Moment der Unsicherheit mitschwingt. Diese Form kann freilich auch in einem Glaubensbekenntnis auftauchen und bekommt dann großes Gewicht, zum Beispiel: „Ich glaube, dass mich Gott geschaffen hat samt allen Kreaturen.¹³ Das Bedeutungsspektrum dieser Verwendungsform ist also sehr breit. Es reicht von einer vagen Vermutung bis zu einer festen Gewissheit. Das „dass ..." bezieht sich aber immer auf einen *Inhalt*, der die Form eines Satzes oder einer Aussage hat, also – mit dem Fachausdruck gesagt – auf eine Proposition. Darum wird diese Form auch als *propositional* bezeichnet.

b) Eine zweite Form von „glauben" umfasst Aussagen, die einen Infinitiv enthalten und sich grammatisch nur auf die sprechende Person selbst beziehen können, zum Beispiel: „Ich glaube, zur Erledigung dieser Aufgabe in der Lage zu sein". Man könnte das auch so ausdrücken: „Ich glaube, das kann ich" oder: „Das traue ich mir zu". Darin kommt etwas anderes zum Ausdruck als ein bloßes Für-möglich-Halten oder Vermuten, nämlich eine Einschätzung der eigenen Fähigkeiten und Möglichkeiten. Zwar ist das nicht identisch mit einem „ich weiß" oder „ich bin mir ganz sicher", aber ein Schritt in diese Richtung wird mit dieser Aussage immerhin gemacht.

---

gen in der doppelten Form. „Ich glaube nicht, dass ..." und „Ich glaube, dass nicht ...". Das ist mitzudenken, auch wenn ich es nicht immer sage.

13) Dieser bekannte Satz stammt aus dem Teil von Luthers Kleinem Katechismus, in dem er den ersten Artikel des Apostolische Glaubensbekenntnisses auslegt (siehe: UG, S. 470).

c) Eine dritte Form von „glauben" bezieht sich auf eine bestimmte vorgegebene Aussage: „Das glaube ich". Diese Form kommt insbesondere in Gesprächen vor, in denen das Gegenüber eine Behauptung aufgestellt oder weitergegeben hat. Die Zustimmung, die darin zum Ausdruck kommt, kann mit großer Festigkeit als Überzeugung artikuliert werden, bleibt aber ebenfalls vom Wissen unterschieden.

d) Die vierte Form richtet sich an ein Gegenüber und lautet: „Ich glaube dir". Ihren Ort hat diese Aussage meist in einer Situation, in der die Wahrhaftigkeit oder die Integrität einer anderen Person in Frage gestellt wurde oder auf dem Spiel steht und alles von der Glaubwürdigkeit der Aussage bzw. der Person abhängt, die sie macht. Und wenn es dabei um den Ruf oder um die Zukunft eines Menschen geht, kann das eine Aussage von größter Wichtigkeit sein. Sie ist ein Vertrauensbeweis, der rettenden Charakter haben kann.

e) Die fünfte und letzte Form ist mit der Präposition „an" verbunden: „Ich glaube an ...". Man nennt sie deshalb *präpositional*. Sie kann sich auf Menschen beziehen (z. B. auf die eigenen Kinder) oder auf Werte (z. B. auf Treue), auf Institutionen (z. B. auf den Rechtsstaat), auf Weltanschauungen (z. B. auf den Marxismus), aber auch auf Religionen und häufig auf Gott. Stets ist sie ein denkbar starker Ausdruck für eine Überzeugung und für das Vertrauen in die Verlässlichkeit und Zukunft dessen, woran man glaubt. Das Unsichere und der Gegensatz zum Wissen schwingt hier gar nicht mehr mit und spielt keine Rolle. Die Formel:

Kapitel 1: Die Worte „Glaube" und „glauben"

„Ich glaube an jemand oder etwas" ist – wenn sie ernst gemeint ist – Ausdruck einer Gewissheit, zu der ein Mensch auch anderen gegenüber ausdrücklich steht.

Diese fünf grammatischen Formen des Verbs „glauben" kommen (bejaht oder verneint) alle in unserer Umgangssprache vor – wenn auch in ganz unterschiedlicher Häufigkeit. Sie stecken das sprachliche Feld ab, auf dem wir uns mit dem Verb „glauben" bewegen und das wir als Resonanz- und Assoziationsraum voraussetzen müssen, wenn wir das Wort „glauben" verwenden. Dabei kann man nicht bestreiten, dass die erste, also die propositionale Form diejenige ist, in der das Moment der Unsicherheit und des Nicht-Wissens meist eine große Rolle spielt, und dass sie zugleich diejenige ist, die in unsrer Sprache am häufigsten vorkommt und darum die Bedeutung dieses Wortes im allgemeinen Bewusstsein am stärksten geprägt hat. Es ist jedoch wichtig, sich bewusst zu machen, dass dies keineswegs die *einzige* Bedeutung des Wortes ist und – wie sich gleich zeigen wird – auch nicht die *ursprüngliche*. Aber es bedarf des Nachdenkens und einer gewissen sprachlichen Disziplin, um zu erkennen und zu beherzigen, dass die häufig mit ihr verbundene Unsicherheit *nicht generell* gilt. Nur so lässt sich auch deren Dominanz im Sprachgebrauch überwinden oder begrenzen.

1.3 Die Spannweite der Bedeutung des Wortes „glauben"

Wie ist es aber möglich, dass *ein* Wort *beides* ausdrücken kann: sowohl bloße Vermutung und Unsicherheit als auch eine denkbar starke Überzeugung und Gewissheit? Die Antwort auf diese Frage ergibt sich sowohl von der *Bedeutung* des Wortes „glauben" her, also semantisch (a), als auch von seiner *Entwicklungsgeschichte* her, also etymologisch (b).

a) Lässt man sich auf die Bedeutung des Wortes „glauben" ein, dann zeigt sich, dass es *zwei Elemente* enthält, die in einer gewissen Spannung zueinander stehen: Das *eine* Element ist das *Vertrauen*, das in diesem Wort zum Ausdruck kommt. Das kann schwach oder stark ausgebildet sein und alle möglichen Zwischentöne aufweisen. Aber, was immer ich glaube, dem vertraue ich in irgendeiner Form. Dafür würde ich im äußersten Fall sogar, wie wir bildlich sagen „meine Hand ins Feuer legen". Das ist das *positive* Element des Wortes „glauben".

Das *andere* Element ist die *Nichtbeweisbarkeit*, die ebenfalls in diesem Wort enthalten ist und stets mitschwingt. Das liegt oft daran, dass die jeweilige Person für ihre Überzeugung keine Beweise vorlegen kann, entweder weil sie über keine verfügt oder weil es gar keine gibt. Das wird oft zum Ausdruck gebracht durch Formulierungen wie: „Das kann ich zwar nicht beweisen, aber ich glaube es trotzdem". Man kann das als das *negative* Element des Wortes „glauben" bezeichnen.

Kapitel 1: Die Worte „Glaube" und „glauben"

Wenn es richtig ist, dass diese beiden Elemente *stets* in der Bedeutung von „glauben" enthalten sind, dann ist das eine mögliche Erklärung für die in diesem Wort enthaltene *Spannung*[14] und für die *Spannweite* seiner Bedeutungen. Diese ergibt sich daraus, dass je nach dem sprachlichen Kontext und der Sprecherabsicht entweder das eine oder das andere Element in den Vordergrund treten kann.

Dabei sollte nicht übersehen werden, dass die beiden Bedeutungselemente sich nicht auf gleicher Ebene gegenüberstehen, sondern verschiedene Aspekte betreffen. Das Element des Vertrauens bezieht sich auf die *Nähe* (oder *Distanz*) zu einer Person oder Sache und hat folglich etwas mit dem Gefühl und Verhalten, also mit dem *affektiven* und *pragmatischen* Beziehungsaspekt zu tun. Das Element der mangelnden oder fehlenden Beweisbarkeit bezieht sich dagegen auf den *kognitiven* Aspekt dessen, was uns *gedanklich bzw. geistig* zugänglich ist. Ich halte es für zulässig, diese Unterscheidung zu parallelisieren mit der bekannten pädagogischen Unterscheidung zwischen *Orientierungs*wissen, das *uns* umfassende Orientierung *gibt*, und *Verfügungs*wissen, über das *wir verfügen*.[15]

Es zeigt sich also, dass mit der Verwendung des Wortes „glauben" unterschiedliche Bedeutungen verbunden sein

---

14) Diese Spannung wird uns unten (in Abschnitt 4.1) in Form der Unterscheidung zwischen Sicherheit und Gewissheit noch einmal begegnen.
15) Siehe J. Mittelstraß, Wissenschaft als Lebensform, Frankfurt/Main 1982, S. 7 f., 16, 19 f., 30 u. ö. Mittelstraß unterscheidet zwischen dem (partiellen) Verfügungswissen *über* Natur und Gesellschaft und dem (universalen) Orientierungswissen *in* Natur und Gesellschaft.

1.3 Die Spannweite der Bedeutung des Wortes „glauben"

können, deren Fülle groß ist und die eine erhebliche Spannweite umfassen. Es zeigte sich jedoch auch, dass es *zwei Grundbedeutungen* gibt, aus denen sich die vielen anderen Bedeutungen ableiten lassen: Entweder wird „glauben" verstanden als ein *defizitärer Erkenntnisakt* im Sinne subjektiven Meinens oder Vermutens, das auf unzureichenden Gründen beruht,[16] *oder* als eine *Vertrauensbeziehung*, in der ein Mensch sich auf jemanden oder auf etwas verlässt. Zwischen beiden Bedeutungen bestehen grundsätzliche Unterschiede, und die können, wenn sie nicht beachtet werden, zu gravierenden Missverständnissen führen. Deshalb empfiehlt es sich auch in dieser Hinsicht, so sorgfältig wie möglich mit den Worten und Aussagen unserer Sprache umzugehen, indem man ihre verschiedenen Bedeutungen voneinander unterscheidet und zueinander in Beziehung setzt.

b) Der Blick auf die Wurzeln und auf die *Entwicklungsgeschichte* des Wortes „glauben" bestätigt die soeben am Sprachgebrauch gemachten Beobachtungen und Befunde hinsichtlich der Bedeutungsbreite dieses Verbs. Der etymologische Blick zeigt zusätzlich die *ursprüngliche Vorordnung der starken Vertrauensbeziehung* gegenüber der

---

[16] I. Kant hat „Glauben" definiert als „ein subjektiv zureichendes, objektiv aber mit *Bewusstsein* unzureichendes Fürwahrhalten", und fügt an: „also wird er dem *Wissen* entgegengesetzt" (siehe: Was heißt: sich im Denken orientieren, in: Ders., Werke, Bd. 5, Darmstadt 1968, S. 276). Bei dieser Definition ist Glaube als Vertrauen *gar nicht im Blick*. Und wenn sie als *Definition* von „Glauben" verstanden wird, ist sie einseitig und damit defizitär.

Kapitel 1: Die Worte „Glaube" und „glauben"

schwachen Erkenntnisbeziehung. Das „Etymologische Wörterbuch des Deutschen"[17] schreibt dazu:

> „Wohl bereits in vorchristlicher Zeit bezieht sich das Verb [glauben] auf das vertrauensvolle Verhältnis zwischen Mensch und heidnischem Gott, so dass es in der gotischen, angelsächsischen und althochdeutschen Missionssprache für griechisch *pisteuein* bzw. lateinisch *credere* ‚(ver)trauen, glauben, für wahr halten' eintreten und das Verhältnis des Menschen zum Christengott ausdrücken kann. Vor oder neben der religiösen Verwendung darf wohl ein Gebrauch im Sinne von ‚sich auf einen Menschen verlassen, ihm vertrauen' angenommen werden. Aus ‚jemandem vertrauen in bezug auf die Wahrheit seiner Aussage' entwickelt sich ‚etwas für wahr halten', dann auch ‚für möglich halten, vermuten, meinen'."

Das besagt, dass das Wort „glauben" ursprünglich eine starke Vertrauensbeziehung zu Gott oder zu Menschen bezeichnet. Dieses Vertrauen bezieht sich in der späteren Sprachentwicklung dann auf das, was jemand *sagt* und wird dadurch zum „Für-wahr-Halten", das sich weiter abschwächen kann zum „Vermuten" und „Meinen". Und damit bestätigt sich die These, dass unsere alltägliche Verwendung von „glauben" nur in wenigen Fällen die ursprüngliche Bedeutung des Wortes aufbewahrt hat. Man kann also sagen: Die Bedeutung von „glauben" als „vertrauen" ist die *ursprüngliche* Bedeutung dieses Wortes.

Die evangelische Theologie entwickelte in den Jahrzehnten nach der Reformation, die man als die Zeit der

---

17) Erarbeitet von Wolfgang Pfeifer, Akademieverlag Berlin (1989) ²1993, S. 454. Dieser Artikel ist auch zugänglich über https://www.dwds.de/wb/etymwb/glauben. Für diesen Hinweis danke ich Jörg Hüfner.

"altprotestantischen Orthodoxie" bezeichnet, eine ähnliche Unterscheidung am Glaubensbegriff und arbeitete mit ihr: Sie unterschied am Glauben die *notitia*, das heißt: die Kenntnisnahme, den *assensus*, das heißt: die Zustimmung, und die *fiducia*, das heißt: das Vertrauen. Wichtig ist dabei die Aussage: „Keiner dieser drei Bestandteile darf fehlen, und keiner für sich allein macht den Glauben aus, von dem hier die Rede ist."[18] Damit wehrt dieses Konzept dem Missverständnis, *notitia*, *assensus* und *fiducia* seien so etwas wie Stufen, auf denen man sich Schritt für Schritt dem Glauben annähern könne. Gleichzeitig nährt sie aber mit dem Reden von „Bestandteilen", von denen keiner fehlen dürfe, selbst ein *additives* Verständnis dieser drei Aspekte von Glauben, das ebenfalls nicht unproblematisch ist. Das berechtigte Anliegen dieser altprotestantischen Unterscheidung kommt daher weniger missverständlich zur Geltung, wenn man sagt: „Der Glaube, von dem hier die Rede ist, ist Vertrauen (*fiducia*), das wesensmäßig Kenntnisnahme (*notitia*) dessen, worauf man vertraut, und Zustimmung (*assensus*) zu dem, worauf man vertraut, *einschließt*". In dieser integrierten Form kommt sowohl die Einheit des Glaubens als auch der Sinn der Differenzierung zwischen Kenntnisnahme, Zustimmung und Vertrauen besser zur Geltung. Damit wird auch die Zentralaussage dieses Buches bestätigt: *Glaube im christlichen Sinn ist Vertrauen auf Gott.*

---

18) H. Schmid, Die Dogmatik der evangelisch-lutherischen Kirche, neu herausgegeben von H. G. Pöhlmann, Gütersloh 1990, S. 264.

Aber damit ist noch nicht beantwortet, was *Vertrauen* ist und wie es entsteht. Darum soll es in den Kapiteln 2 und 6 gehen. Zuvor aber noch ein Hinweis auf eine sprachliche Entwicklung, die ich aus theologischen Gründen für bedenklich halte.

1.4 „Der Glaube" als wirkendes Subjekt

Sprache als lebendiges Kommunikationssystem verändert sich. Daran hat auch der Begriff „Glaube" Anteil. Noch deutlicher als am Begriff „Glaube" kann man die Veränderung, die ich hier meine, an dem benachbarten Begriff „Friede" feststellen. Beide Begriffe sind grammatisch Maskuline, was sich am Artikel „der" zeigt, und sie lassen sich deklinieren, wobei im Dativ und Akkusativ dem Nominativ „Friede" und „Glaube" jeweils ein „n" angefügt wird, so dass es heißt „dem" oder „den" „Frieden und Glauben".

Die Sprachveränderung, die teilweise schon stattgefunden hat bzw. zurzeit stattfindet, besteht darin, dass nicht nur in der Umgangssprache, sondern auch in der Bildungssprache und im Duden[19] „der Frieden" und „der Glauben" als mögliche korrekte Formen behandelt werden. Damit erhalten die beiden Begriffe im Nominativ die deklinierte Form des Dativs oder Akkusativs, behalten aber den Nominativ-Artikel bei.[20] Die Wirkung dessen besteht

---

19) Laut der 28. Auflage des Duden von 2020 gilt „der Friede" (bereits) als die seltenere Form für „der Frieden", während „der Glauben" (noch) die seltenere Form für „der Glaube" ist. Darauf hat mich dankenswerterweise Pfarrerin Christina Jung aufmerksam gemacht.

1.4 "Der Glaube" als wirkendes Subjekt

darin, dass die ursprünglichen Nominativformen „der Glaube" und „der Friede" zu verschwinden beginnen oder schon verschwunden sind.

Das ist sowohl in gesprochenen wie in geschriebenen Texten zu beobachten, freilich (noch) nicht lückenlos. *Eine* Formulierung, in der sich der ursprüngliche Nominativ von „Friede" unbeschädigt erhalten hat, ist der als Kanzelsegen bekannte Wunsch[21] aus Phil 4,7: „Und der Friede Gottes, der höher ist als alle Vernunft, bewahre eure Herzen und Sinne in Christus Jesus." Ich kann mich nicht entsinnen, diesen Segensspruch irgendwann in der Form gehört zu haben: „Und der Frieden Gottes ...". Das geht einfach nicht – oder geht es nur *noch* nicht oder habe ich es nur noch nicht *gehört*?

Dass eine solche Veränderung wie am Begriff „der Friede" sich auch am Begriff „der Glaube" abzeichnet, entdeckte ich übrigens genau an dem Tag, an dem ich diesen Text schrieb, in einem Artikel im Wirtschaftsteil der FAZ, der die Überschrift trug: „Ein Draht zu Gott".[22] Darin heißt es über den neuen amerikanischen Vorstandschef von Intel, Pat Gelsinger: „Zu den Bereichen Familie und

---

20) Das ist leider auch der Fall in dem klugen Büchlein zu unserem Thema von Volker Gerhardt: Glauben und Wissen. Ein notwendiger Zusammenhang (Stuttgart ³2016), dessen 6. Kapitel die Überschrift trägt: „Religiöser Glauben im Licht des Wissens".
21) In der revidierten Lutherübersetzung von 2017 wurde dieser Text freilich an einer anderen Stelle geändert: Aus dem Optativ: „bewahre" wurde ein Futur: „wird bewahren". Das hat sich aber, wenn ich es richtig sehe, bislang liturgisch (noch) nicht durchgesetzt.
22) FAZ vom 15.01.2021, Nr. 12, S. 20.

Kapitel 1: Die Worte „Glaube" und „glauben"

Arbeit gesellt sich in Gelsingers Fall noch ein dritter: der Glauben."

Es hat sicher auch mit dem individuell unterschiedlichen Sprachgefühl zu tun, ob jemandem Formulierungen wie „der Frieden Gottes" oder „der Glauben" förmlich wehtun. Und man könnte geneigt sein, die Einstellungen diesen neueren Formen gegenüber zu den Geschmacksurteilen zu zählen, über die man nicht sinnvoll streiten kann. Vor allem aber könnte man fragen, was diese sprachlichen Beobachtungen in einem *theologischen* Buch über den Glauben zu suchen haben. Beim Nachdenken darüber ist mir bewusst geworden, dass mit den ursprünglichen (man könnte auch sagen klassischen) Formen „der Friede" und „der Glaube" etwas zum Ausdruck kommt, was in den neueren Formen „(der) Frieden" und „(der) Glauben" verschwindet oder zumindest aus dem Blick zu geraten droht: die Tatsache, dass Friede und Glaube – ebenso wie Liebe und Hass, Freude und Traurigkeit usw. – selbst *wirkende Subjekte* sind oder jedenfalls als solche erfahren und darum auch sinnvoll so bezeichnet werden können.[23] Und wenn eine der Hauptthesen dieses Buches richtig ist, dass

---

23) Dabei vertrete ich nicht die Auffassung, dass Größen wie „der Friede" oder „der Glaube" als oder wie empirisch feststellbare Einzeldinge existieren und wirken. Dagegen hat W. Stegmüller in seinem Aufsatz: „Das Universalienproblem einst und jetzt" (Darmstadt [1956] ²1965, S. 48–118) die Einwände vorgebracht, die zu beherzigen sind. Aber ich teile auch (wiederum mit Stegmüller) nicht die nominalistische Gegenposition, dass nur empirisch feststellbare Einzeldinge existieren und wirken können.

1.4 „Der Glaube" als wirkendes Subjekt

nämlich Glaube als Vertrauen nicht etwas ist, über das wir *verfügen*, sondern etwas, das uns *zuteilwerden* muss (und abhandenkommen kann), dann halte ich es für sinnvoll und wichtig, das auch sprachlich möglichst klar und deutlich zum Ausdruck zu bringen durch Aussagen wie: „Der Glaube weckt im Leben eines Menschen Zuversicht und Dankbarkeit."

Im Blick auf den Begriff „der Friede(n)" ist der skizzierte Erosionsprozess schon sehr weit fortgeschritten. Im Blick auf den Begriff „der Glaube(n)" befindet er sich meiner Beobachtung nach (und laut Duden) noch in einem frühen Stadium und ist möglicherweise noch korrigierbar. Insofern haben meine diesbezüglichen sprachtheologischen Anmerkungen am Ende dieses ersten Kapitels auch und vor allem *vorbeugenden* Sinn.

2

Christlicher Glaube als lebenstragendes Vertrauen auf Gott

Dass christlicher Glaube als *Vertrauen auf Gott* zu verstehen ist, ergibt sich nicht nur aus den bisher genannten *sprachlichen* Beobachtungen. Ausschlaggebend ist vielmehr, dass Glaube nur in diesem Verständnis als *christlicher Zentralbegriff* in Frage kommt. Nach christlichem Verständnis bezeichnet das Wort „Glaube" *nicht* ein unbestimmtes Meinen oder Vermuten, auch *kein* vages Fürwahrscheinlich-Halten, *sondern* ein das Leben tragendes und insofern unbedingtes Vertrauen auf Gott. Drei Bestandteile dieser Definition sind wichtig und sollen im Folgenden zunächst erläutert werden: Christlich verstandener Glaube ist (2.1) ein *Vertrauen*, das (2.2) *lebenstragend* und darum nicht bedingt, sondern *unbedingt* ist und sich (2.3) auf Gott als *Adressaten* richtet. Daraus ergeben sich dann zwei Anschlussfragen: Was darf der Glaube von Gott erhoffen? (2.4) und: Welchen Sinn hat (dabei) das Beten? (2.5).

2.1 Glaube als Vertrauen

Vertrauen auf jemanden oder etwas zu haben, gehört zu den in unserem alltäglichen Leben fest verankerten Erfahrungsbegriffen, die wir in der Regel ohne besondere Schwierigkeiten verstehen und gebrauchen können. Die Sicherheit im Umgang mit diesen Begriffen zeigt sich darin, dass es uns nicht schwerfällt, Beispiele für (vorhandenes oder nicht vorhandenes, entstandenes oder verlorenes) Vertrauen zu nennen. Hingegen bereitet es größere Mühe, *begrifflich* genau zu bestimmen, was mit „Vertrauen"[24] eigentlich gemeint ist.

Einen ersten Zugang zur Begriffsbestimmung liefert die Beobachtung, dass es sich bei „Vertrauen" offensichtlich um einen *Beziehungs*begriff handelt. „Ich vertraue" ist normalerweise keine vollständige Aussage. Es fehlt darin das Wem oder Worauf, dem oder auf das jemand vertraut. Dagegen sind die Aussagen: „Ich vertraue dir" oder „Ich vertraue meiner Ärztin" vollständig und verständlich. Es scheint sich also beim Begriff „Vertrauen" um einen sogenannten *zweistelligen* Beziehungsbegriff mit einem Subjekt und einem Objekt zu handeln.

Bei dem gleichbedeutenden Begriff „Sich-verlassen-auf" wird diese Zweistelligkeit geradezu *räumlich* sichtbar. Nimmt man seine bildhafte Bedeutung wörtlich, dann besagt er, dass ein Subjekt sich von sich selbst weg und auf jemand oder etwas anderes zu bewegt. Ähnlich, aber noch bildkräftiger, kommt das in der Formulierung

---

24) Zum Thema „Vertrauen" gibt es seit einiger Zeit eine relativ breite sozial- und politikwissenschaftliche Diskussion, die durch das gleichnamige Werk von N. Luhmann (Stuttgart 1968, Konstanz/München 2014) eröffnet wurde. In dieser Diskussion spielt jedoch Gottvertrauen, wenn überhaupt, allenfalls eine ganz marginale Rolle.

zum Ausdruck: „Vertrauen heißt: sein Herz an etwas oder jemanden hängen." Das wirkt so, als würde jemand sein Herz, das Zentralorgan, aus seinem Leib herausnehmen und an etwas oder jemand anderem festmachen. Und im übertragenen, also metaphorischen, Sinn gilt das tatsächlich.

Diese bildhaften Formulierungen weisen zugleich darauf hin, dass die Struktur von Vertrauen offensichtlich komplexer ist, als dies bislang sichtbar wurde. Es handelt sich nicht *nur* um eine *zweistellige* Beziehung (eines X zu einem Y). Es geht vielmehr *zugleich* um eine *reflexive* Beziehung, die sich auf das vertrauende Subjekt *selbst* richtet und mit Begriffen wie „Sich-Anvertrauen", „Sich-Hingeben" oder „Sich-Ausliefern" umschrieben werden kann. Die Selbstauslieferung an ein Gegenüber ist allerdings keineswegs immer ein Ausdruck von Vertrauen. Sie könnte auch durch Druck, Drohung oder Gewaltanwendung erzwungen sein und wäre dann ein Sich-Ergeben oder Sich-Unterwerfen angesichts einer Übermacht.

„Vertrauen" meint demgegenüber ein Sich-*gewinnen*-Lassen durch ein vertrauenserweckendes Gegenüber, aufgrund dessen ein Mensch sich diesem Gegenüber anvertraut oder sogar hingibt. Erst dieses Sich-gewinnen-Lassen löst Handlungen des Vertrauens aus, z. B. wenn man ein Geheimnis oder die Vorsorge für die eigene Gesundheit oder die Betreuung der eigenen Kinder einem anderen Menschen übergibt, also anvertraut. Das heißt aber: Erst das *Sich*-gewinnen-*Lassen*, und das ist ein Akt der *Selbst*beziehung und *Selbst*bestimmung, hat den Charakter des

Vertrauens. Vertrauen kann man nur *selbst schenken*. Das heißt aber auch: Man kann sich weigern, sich so von einem Gegenüber gewinnen zu *lassen*, dass Akte des Vertrauens zustande kommen und geschehen. Deshalb kann man definieren: „Vertrauen" heißt, *sich* in seinem Verhalten *von* einem Gegenüber zur Hinwendung und Hingabe an dieses Gegenüber bewegen und gewinnen *zu lassen*.

Die hier mehrfach vorkommende Formulierung „sich lassen" zeigt zweierlei:

– Sie unterstreicht erstens, dass es beim Vertrauen nicht *nur* um die Beziehung zu einem *Gegenüber* geht, sondern immer auch um die Beziehung *zu sich selbst*. Und diese Selbstbeziehung wird konkret erfahrbar in den Fragen: „*Kann ich mich* darauf verlassen?" und „*Will ich* dem vertrauen?" Sie bezieht sich also auf die *Beziehung*[25] zu einem Gegenüber. Vertrauen ist tatsächlich ein Beziehungsgeschehen, das sich nicht nur auf ein *Gegenüber* ausrichtet, sondern auch ein *Selbstbeziehungsgeschehen ist*.

– Zweitens zeigt die Formulierung „sich lassen", dass es sich beim Vertrauen weder um ein rein *aktives* noch um ein rein *passives* Geschehen handelt, sondern um ein *mediales* Geschehen, in dem Aktivität und Passivität untrennbar *miteinander verbunden* sind: Ich lasse etwas an mir geschehen, nämlich mich zum Vertrauen auf jemanden oder etwas gewinnen oder bewegen. Der Liederdichter

---

25) Die Formulierung, dass sich etwas *auf eine Beziehung bezieht*, klingt kompliziert, lässt sich aber kaum vermeiden, weil sie den Vorgang, um den es geht, genau beschreibt.

Gerhard Tersteegen (1697–1769) hat das in seinem bekannten Lied „Gott ist gegenwärtig" faszinierend ausgedrückt in der Bitte an Gott: „Lass mich ... dich wirken lassen" (EG 165,6). In den acht Strophen dieses Liedes kommt das Verb „lassen" neun Mal vor. Es ist das Schlüsselwort dieses ganzen Liedes und gehört unverzichtbar in die Definition von „Vertrauen".

Aber diese Definition ist in *einer* Hinsicht noch zu ungenau, weil sie zu *formal* ist. Sie könnte unter Umständen auch für Phänomene wie Angst, Furcht, Wut oder Hass gelten. An der bisherigen Definition fehlt offensichtlich noch das *positive* Moment, das für den Begriff „Vertrauen" charakteristisch ist und ihn von solchen negativ motivierten Verhaltensweisen unterscheidet. Dieses positive Element im Vertrauen besteht darin, dass ein Mensch, der auf jemanden oder etwas vertraut, dies tut *in der Hoffnung, dass ihm Gutes zuteil wird*. Das muss nicht immer Angenehmes oder Lustvolles sein, wohl aber etwas, das dem Wohl des Menschen dient, das also für ihn ein hohes Gut oder sogar das höchste Gut (*summum bonum*) ist.

Von daher lässt sich nun präzisieren: *Glaube als Vertrauen meint das Sich-gewinnen-Lassen für die Hinwendung bzw. Hingabe an ein Gegenüber in der Hoffnung auf Gutes.*

Daraus ergibt sich eine Einsicht, die sowohl das Wesen des *Glaubens* als auch die Verfassung des *Menschen* betrifft:

– *Glaube* als Vertrauen ist eine *Ausrichtung und Bewegung auf ein positives Ziel hin*, das traditionell zu Recht mit Begriffen wie „Glück", „Seligkeit" oder „Glückseligkeit" bezeichnet wird. Wer glaubt, ist innerlich unterwegs und sucht, und zwar nicht irgendetwas, sondern *erfülltes Leben, das nicht flüchtig ist und schnell wieder vergeht.* Das kann letztlich nicht bei endlichen Instanzen oder in vergänglichen Gütern gefunden werden, die selbst begrenzt sind und darum keine unvergängliche Erfüllung geben können. Dieses höchste Gut kann nur im *Vollkommenen und Ewigen* gefunden werden. Deshalb gilt: Ein glaubender Mensch ist *auf Gott hin* unterwegs.[26] Der oft zu hörende Satz: „Ich möchte oder würde gerne an Gott glauben können" bringt eine hoffende Ausrichtung auf Erfüllung zum Ausdruck, die selbst *ein Merkmal des Glaubens* ist. Wer das von sich sagen kann, ist – mit Jesus gesprochen – „nicht fern vom Reich Gottes" (Mk 12,34).

– Diese Ausrichtung auf noch Ausstehendes gehört nicht nur zum Wesen des Glaubens, sondern auch zur Verfassung des *Menschen* (zur *conditio humana*). Die Bibel belegt das mit der Aussage: Gott „hat alles schön gemacht zu seiner Zeit, auch hat er die Ewigkeit in ihr [der Menschen] Herz gelegt" (Pred 3,11). Der Kirchenvater Augustin (354–430) hat das am Beginn seiner autobiographischen „Bekenntnisse" durch einen Satz zum Ausdruck gebracht, dem viele Menschen zustimmen können: „Unruhig ist un-

---

26) Luther bringt das folgendermaßen zum Ausdruck: „Das christliche Leben ist nicht ein Frommsein, sondern ein Frommwerden, nicht ein Gesundsein, sondern ein Gesundwerden, nicht ein Sein, sondern ein Werden, nicht eine Ruhe, sondern eine Übung. Wir sinds noch nicht, wir werdens aber. Es ist noch nicht getan und geschehen, es ist aber im Gang und Schwang." (WA 7,336,31-34)

ser Herz, bis es Ruhe findet in dir."²⁷ Damit wird gesagt, dass das Herz – als das Identitäts-, Erlebnis- und Handlungszentrum des Menschen – sich in einer suchenden Bewegung befindet,²⁸ die erst an ihr Ziel kommt, wenn es seine Ruhe in Gott findet.

Folglich stimmen das Wesen des Glaubens und die Verfassung des Menschen darin überein, dass beide *ausgerichtet* sind auf ein Gut oder Gutes, das wir nicht besitzen und über das wir nicht verfügen, auf das wir aber *hoffen* und das wir in der Beziehung zu Gott, dessen Wesen Liebe ist,²⁹ finden können.

Aber nun ist dem noch hinzuzufügen, dass sich all das *nicht von selbst versteht*, und zwar weder im Blick auf die menschliche Verfassung noch im Blick auf das gesuchte Gute. Was die menschliche Verfassung anbelangt, widerspricht die *exzentrische* Ausrichtung des Vertrauens der verbreiteten Vorstellung von einer Unabhängigkeit, Selbstgenügsamkeit und Autonomie des menschlichen Subjekts. Dass dies Illusionen sind, wird empirisch unübersehbar insbesondere im Blick auf den Anfang des menschlichen Lebens, aber es ist auch dort, wo es übersehen werden kann,

---

27) A. Augustinus, Confessiones, München ²1960, S. 12.: „inquietum est cor nostrum, donec requiescat in te".

28) Diese Einsicht bringt auch die Areopagrede des Apostels Paulus, die von Lukas in Apg 17,22-32 überliefert ist, mit folgenden Worten zum Ausdruck: „Gott ... hat ... das ganze Menschengeschlecht gemacht, ... dass sie Gott suchen sollen, ob sie ihn wohl fühlen und finden könnten; und fürwahr, er ist nicht ferne von einem jeden unter uns. Denn in ihm leben, weben und sind wir ..." (V. 24-28).

29) Siehe zum Verhältnis von Gott und Liebe unten Abschnitt 3.2.

als grundlegendes Element des Menschseins präsent. Wir sind als Geschöpfe immer abhängig – von Gott und voneinander. Und es ist gut, das zu erkennen und anzuerkennen, weil es so ist.

2.2 Die Unbedingtheit des Glaubens

In der ersten Definition, von der ich ausging, habe ich Glauben als unbedingtes, das Leben tragendes Vertrauen bezeichnet. Die beiden Adjektive unbedingt und lebenstragend weisen indirekt darauf hin, dass Vertrauen *verschiedene Hinsichten* haben kann. Das Vertrauen zu einem Sessellift, zu einem Blindenhund, zu einer Anlageberaterin oder zu einem Seelsorger unterscheidet sich jeweils qualitativ voneinander. Das hängt nicht nur daran, dass das Vertrauen in diesen vier Fällen unterschiedliche Adressaten hat, sondern auch daran, dass es sich auf verschiedene Aspekte des Lebens bezieht.

Als *unbedingt und lebenstragend* kann man ein Vertrauen nur dann bezeichnen, wenn es sich nicht bloß auf einzelne Elemente, auf bestimmte Hinsichten oder spezielle Erwartungen bezieht, sondern auf das, was „über unser Sein oder Nichtsein entscheidet".[30] Dabei wäre es zu kurz gegriffen, „Sein oder Nichtsein" mit „Leben oder Tod" im biologischen Sinn gleichzusetzen. Andere Begriffs-

---

30) So schreibt P. Tillich, Systematische Theologie, Bd. I, S. 21: „Das, was uns unbedingt angeht, ist das, was über unser Sein oder Nichtsein entscheidet."

paare, die diese letztgültige Alternative bezeichnen, sind zum Beispiel: Sinn oder Sinnlosigkeit, Gelingen oder Scheitern, Erfüllung oder Leere. Vorausgesetzt ist in jedem Fall, dass es für das menschliche Leben ein Ziel und eine Bestimmung gibt, die erreicht oder verfehlt werden kann. Die Rede von einem unbedingten, lebenstragenden Vertrauen hat nur Sinn, wenn dieses Vertrauen sich auf dasjenige richtet, von dem das Erreichen oder Verfehlen dieser menschlichen Bestimmung (und in *diesem* Sinn also: die Entscheidung über unser Sein oder Nichtsein) abhängt, also von dem, „worauf es (im Leben) ankommt"[31]. Christlicher (und anderer religiöser) Glaube will verstanden werden als das unbedingte Vertrauen, das von seinem Gegenüber alles Gute, d. h. alles zum Gelingen des Lebens Notwendige, also erfülltes Leben bzw. Leben in Fülle, erhofft. Wenn ein Mensch das *ausschließlich* von sich selbst erwartet, also letztlich *nur* auf sich selbst vertraut, wird er zu seinem eigenen absoluten Gegenüber. Man kann das als (tendenzielle) Selbstvergötterung bezeichnen.

Unbedingt ist dieser Glaube insofern, als er nicht abhängig ist von bestimmten Bedingungen, die sich nur aus zufälligen Erwartungen und Gestaltungsmöglichkeiten einer Person und ihres Lebens ergeben. Unbedingt wird der christliche Glaube also nicht erst dadurch, dass er das Dasein eines Menschen *vollständig* durchdringt. Die

---

31) Siehe dazu W. Härle, Worauf es ankommt. Ein Katechismus, Leipzig (2018) ³2019. Dieser Aspekt wird in der ersten und der letzten Frage dieses Katechismus (also alles andere umfassend) angesprochen und beantwortet.

2.2 Die Unbedingtheit des Glaubens

Frage, in welchem Maß und in welcher Intensität der Glaube faktisch das Leben und Handeln eines Menschen durchdringt, ist zwar ebenfalls wichtig, aber sie ist nicht mit der Charakterisierung des Glaubens als unbedingtes (grundlegendes, lebenstragendes) Vertrauen zu verwechseln oder zu vermischen.

In der Bibel ist allerdings auch an mehreren Stellen quantifizierend von *kleinem* Glauben oder von *Kleingläubigen* sowie vom Wachsen im Glauben oder von „allem Glauben" die Rede. Handelt es sich auch da um das *unbedingte* Vertrauen, durch das ein Mensch ins rechte Verhältnis zu Gott kommt, also um das lebenstragende Vertrauen, von dem es abhängt, ob die Bestimmung des menschlichen Lebens erreicht oder verfehlt wird?

Richten wir diese Frage an die frühesten neutestamentlichen Texte, die Briefe des Paulus, so stoßen wir dort zwar nicht auf die Begriffe „Kleingläubige" oder „Kleinglaube", wohl aber auf die Vorstellung vom Glauben als einer besonderen Gnadengabe, also einem Charisma, das nicht allen Christen in gleicher Weise gegeben ist. So schreibt Paulus an die Gemeinde in Korinth:

> „Dem einen wird durch den Geist ein Wort der Weisheit gegeben; dem andern ein Wort der Erkenntnis durch denselben Geist; einem andern Glaube in demselben Geist; einem anderen die Gabe, gesund zu machen, in dem einen Geist; einem andern die Kraft, Wunder zu tun ... Dies alles aber wirkt derselbe eine Geist, der einem jeden das Seine zuteilt, wie er will." (1Kor 12,8–11)

Die Botschaft dieser Aufzählung hatte Paulus bereits am Beginn dieses Abschnitts zusammengefasst in dem Satz:

Kapitel 2: Christlicher Glaube als Vertrauen auf Gott

„Es sind verschiedene Gaben; aber es ist ein Geist." (1Kor 12,4) Überraschend ist allerdings, dass Paulus unter diesen verschiedenen Gaben (neben Weisheit, Erkenntnis, Krankenheilungen und Wundern) auch den *Glauben* aufzählt. Das klingt so, als sei auch der Glaube eine besondere Gnadengabe, die einige Christen haben, aber andere nicht. Diese Deutung würde aber allem widersprechen, was Paulus über die unverzichtbare Bedeutung des Glaubens für das Christwerden und Christsein sagt.[32] Daraus kann nur gefolgert werden, dass Paulus an dieser Stelle (ebenso wie wenige Verse später in 1Kor 13,2) nicht vom rechtfertigenden Glauben als rettendem Vertrauen auf Gott spricht, sondern von der besonderen Gnadengabe eines *starken Gottvertrauens*, das in der Fähigkeit zu besonderen Taten oder Erlebnissen zum Ausdruck kommt.

Das Reden von kleinem Glauben und von Kleingläubigen kommt in den neutestamentlichen *Evangelien* in zwei unterschiedlichen Formen vor:

– An fünf Stellen[33] – vor allem im Matthäusevangelium – ist davon die Rede, dass Jesus seine *Jünger* als „Kleingläubige" anredet oder von ihrem Kleinglauben spricht. Dieser *Klein*glaube der Jünger ist zu unterscheiden vom *Un*glauben derer, die das Evangelium ablehnen, und vom *Aberglauben*, der etwas Irdisches zu seinem Gott macht. *Klein*glaube ist demgegenüber ein schwach ausgebildetes und entwickeltes Gottvertrauen. Die Anrede der Jünger als

---

32) Siehe dazu unten Abschnitt 7.4.
33) Mt 6,30; 8,26; 14,31; 17,20 sowie Lk 12,28.

2.2 Die Unbedingtheit des Glaubens

„Kleingläubige" und die Feststellung ihres Kleinglaubens ist eine *Defizit*anzeige, die zwar nicht als Anklage oder Vorwurf, wohl aber als Klage und Ausdruck des Bedauerns zu verstehen ist nach dem Motto: Wie viel mehr von der Macht und Kraft Gottes könnte in ihrem Leben und Tun sichtbar werden, wenn sie ein stärkeres Gottvertrauen hätten. Diese bedauernde Klage ist für mich im Blick auf mein eigenes Christsein gut nachvollziehbar. Ich vermute, es geht vielen anderen ebenso.

– An ebenfalls fünf Stellen ist in den Evangelien in Form des *Bildwortes vom Senfkorn*, das „das kleinste unter allen Samenkörnern" (Mk 4,31) ist, drei Mal vom Reich Gottes und zwei Mal vom Glauben die Rede.[34] Dieses Bild lebt – dort, wo es sich auf das *Reich Gottes* bezieht[35] – von dem Kontrast zwischen dem kleinen, ja winzigen *Anfang* und dem beeindruckend großen *Endergebnis*, das sich zeigt, wenn das Senfkorn aufgeht, wächst und größer wird als alle anderen Pflanzen. Bezogen auf den *Glauben*[36] lebt das Senfkorn-Bild hingegen von dem Kontrast zwischen kleiner *Ursache* und großer *Wirkung*. Und diese große Wirkung wird ihrerseits mit Bildern zum Ausdruck gebracht, die unrealistisch, maßlos übertrieben und darum provozierend wirken. So heißt es: „Wenn ihr Glauben habt wie ein Senfkorn, so könnt ihr sagen zu diesem Berge: Heb dich

---

34) In Abschnitt 7.3 wird sich zeigen, dass und wie eng beides in der Verkündigung und im Wirken Jesu miteinander zusammenhängt.
35) Das ist in Mk 4,31; Mt 13,31 und Lk 13,19 der Fall.
36) Das ist in Mt 17,20 und Lk 17,6 der Fall.

dorthin!, so wird er sich heben; und euch wird nichts unmöglich sein." (Mt 17,20, vgl. auch Lk 17,6)[37]

Die Bibel enthält keine Erzählung, in der diese Glaubensprobe angestellt und erfolgreich durchgeführt worden wäre. Ich kenne auch keinen Menschen, der von sich sagen würde, dass er diese Erfahrung im buchstäblichen Sinn gemacht habe. Aber ich kenne (literarisch und persönlich) viele Menschen, die glaubwürdig von sich berichten, dass sie diese Erfahrung im *übertragenen Sinn* mit dem Glauben gemacht haben, sei es, dass es sich dabei um „Berge" von Schuld, von Krankheit oder Not, von Kummer und Sorgen gehandelt hat. Solche Erfahrungen vertragen es aber oft nicht, in die Öffentlichkeit getragen zu werden, weil sie zu persönlich und vertraulich sind.

Blickt man auf diese biblischen Aussagen über die Kleingläubigen und den kleinen Glauben zurück, so zeigt sich nicht nur, dass dieses Phänomen in den Evangelien des Neuen Testaments relativ häufig vorkommt, sondern auch, dass es zwei ganz unterschiedliche Stoßrichtungen hat: eine *ermutigende* und eine *kritische*. Die ermutigende Pointe besteht in dem verstärkten Zutrauen in das, was auch schon ein kleiner Glaube bewirken kann. Die kritische Pointe besteht in dem Bedauern über die unausgeschöpften Möglichkeiten des Glaubens. So betrachtet bilden diese beiden Zielsetzungen keinen Gegensatz, sondern ergänzen sich gegenseitig nach der Devise: Wenn schon ein

---

37) Die bildhafte Redewendung vom Glauben, der Berge versetzen kann, kommt auch bei Paulus in 1Kor 13,2 (im Irrealis) vor.

senfkornkleiner Glaube so viel bewirkt, was wäre dann erst von einem starken Glauben zu erhoffen und zu erwarten!

2.3 Gott als Adressat unbedingten Vertrauens

Zu den unterschiedlichen Hinsichten und Formen des Vertrauens, die nicht gleichgesetzt oder miteinander verwechselt werden dürfen, gehört vor allem die Unterscheidung zwischen Formen des Vertrauens, die sich auf *Geschöpfe* beziehen können und sollen,[38] und solchen, die sich nur auf *Gott* beziehen dürfen. Um dem Rechnung zu tragen, habe ich schon bisher beiläufig unterschieden zwischen Vertrauen als Hin*wendung* zu Geschöpfen und Vertrauen als Hin*gabe* an Gott. Diese Unterscheidung muss aber ausdrücklich bewusst gemacht werden. Andernfalls drohte folgende dreifache Gefahr:

– Wenn wir unser unbedingtes, lebenstragendes Vertrauen auf Geschöpfe setzen, werden *sie* damit für uns zu quasi-göttlichen Instanzen; wir machen sie zu Abgöttern, die jedoch gar nicht in der Lage sind, *dieses* Vertrauen zu rechtfertigen.[39]

– Wenn wir unser unbedingtes, lebenstragendes Vertrauen auf Geschöpfe setzen, machen wir *uns* von ihnen in

---

38) Dazu gehört auch das Selbstvertrauen, vor allem aber das Vertrauen auf andere Menschen sowie auf Tiere.
39) Siehe dazu U. Beck/E. Beck-Gernsheim, Das ganz normale Chaos der Liebe (Frankfurt/Main 1990, bes. S. 231-239). Darin wird diese Einsicht im Blick auf erotische Beziehungen, die zum Religionsersatz werden, in dem Satz zusammengefasst: „Wenn der Glaubensanspruch der Religionen

einer Weise *abhängig*, wie das unserer personalen Verfassung widerspricht, und liefern uns an sie aus.

– Wenn wir von Gott erwarten, was wir von unseren Mitgeschöpfen oder von uns selbst erwarten sollten, besteht die Gefahr, dass wir Gott wie einen *Erfüllungsgehilfen* betrachten und behandeln.

Aber gelten diese Gefahren nicht auch im Blick auf die Vertrauensbeziehung zu Gott, die als Ausdruck der „schlechthinnigen Abhängigkeit"[40] des Geschöpfs vom Schöpfer zu verstehen ist? Nein! Sie gelten im Blick auf sie deshalb nicht, weil es sich dabei um die Beziehung zu dem *schöpferischen Ursprung* handelt, dem sich tatsächlich das *ganze Dasein* verdankt. Dabei schließt die von Gott dem Menschen gegebene Bestimmung den verantwortlichen Gebrauch seiner Freiheit, also seine Selbstbestimmung nicht aus, sondern ein.

Wenn diese Selbstbestimmung aber nicht willkürlich erfolgen, sondern der Bestimmung des Menschen angemessen sein soll, dann gehört zu ihr die Erkenntnis und Anerkennung, sich nicht selbst erschaffen oder konstru-

---

verdämmert, suchen die Menschen Zuflucht in der Einsamkeit der Liebe" (S. 237), und das führt leicht zur Überforderung und zum Scheitern.

40) Mit diesem Ausdruck, den man mit „umfassende Abhängigkeit" wiedergeben kann, hat F. Schleiermacher in seiner Glaubenslehre das Verhältnis des Menschen zu Gott beschrieben (siehe: Der christliche Glaube, 1821/22, § 9 und 2. Auflage 1830/31, § 4). Luther bringt den Zusammenhang von Abhängigkeit und Freiheit des Menschen zum Ausdruck durch die Formulierung, dass Gott uns ohne uns erschaffen und erlöst hat, damit wir mit ihm zusammenwirken sollen (De servo arbitrio [1525], in: LDStA 1, Leipzig ²2015, S. 570,3–573,21).

iert zu haben, sondern sich und sein Leben ungefragt *empfangen* zu haben. Dabei sind die Eltern und anderen Vorfahren „nur die Hände, Kanäle und Mittel, mit deren Hilfe Gott uns alles gibt"[41], was wir haben. Gott aber ist der schöpferische Geber dieser Gaben. Ihm gebührt darum die Ehre und das Vertrauen, das sich auf das Gegebensein des menschlichen (und allen anderen) Lebens im Ganzen bezieht.

Aber ob in einem menschlichen Leben dieses Gottvertrauen entsteht und erhalten bleibt, hängt nicht *primär* vom Willen oder Entschluss des Vertrauenden ab, sondern (zumindest auch und vorrangig) von den *Erfahrungen*, die ein Mensch in seinem Leben mit Gott macht. Und das ergibt sich vor allem daraus, wie Gott sich einem Menschen *zeigt* sowie ob und worin er Gott *findet* und *erkennt*.

Es gibt freilich nicht nur die Möglichkeit, durch *eigene* Erfahrungen die Gewissheit von der Vertrauenswürdigkeit Gottes (oder auch eines geschöpflichen Gegenübers) zu gewinnen, sondern auch ein indirektes Sich-Zeigen und Finden, bei dem andere Menschen in der Funktion als Vermittler eine entscheidende Rolle spielen, indem sie sagen: „Dem kannst du vertrauen!" Und vermutlich beginnt in der frühen Kindheit das Vertrauen auf Gott grundsätzlich dadurch, dass andere (insbesondere Eltern und Großeltern, aber auch Paten, Erzieherinnen und Lehrkräfte sowie Geschwister und Freunde) durch ihr Reden und Verhalten zu Anregern oder sogar zu Bürgen für solches Vertrauen wer-

---

41) So schreibt es Luther im Großen Katechismus (UG, S. 519).

den. Dabei spielen Lieder und Gebete am Morgen oder Abend und vor den Mahlzeiten, kindgemäße Gespräche über Fragen des Glaubens, Erzählungen biblischer und anderer Geschichten, das Feiern von Festen, der Besuch des Kindergottesdienstes sowie die Taufe und die Tauferinnerung eine besondere Rolle. Mindestens ebenso wichtig ist freilich der Verzicht auf „Gott" als bedrohlichen Erziehungshelfer.

Eine dauerhaft tragfähige Basis für den Glauben entsteht aber nur, wenn daraus *eigene* Gewissheit wird. Fehlt sie, kann kein fundiertes Vertrauen entstehen, sondern unter Umständen nur das verzweifelte Bemühen des Vertrauen-*Wollens* oder gar die bedrängende Forderung des Vertrauen-*Sollens*, das die Realität des Nicht-vertrauen-*Könnens* möglicherweise erst in ihrer ganzen Schmerzhaftigkeit als Defizit bewusst macht.

Wo bei einem Menschen der Verdacht aufkommt oder wo gar die Gewissheit regiert, der Adressat sei gar nicht in der Lage, das in ihn gesetzte Vertrauen zu rechtfertigen, kann Vertrauen nicht dauerhaft gedeihen. Dies zu verkennen, ist ein entscheidender Fehler aller Theorien, die den *Wahrheitsanspruch* des Gottesglaubens zwar für erledigt halten, aber gleichwohl sich und/oder anderen empfehlen, an einem solchen Glauben als einer nützlichen, sei es tröstlichen oder motivierenden, *Illusion* festzuhalten.

Die enttäuschenden Erfahrungen, die viele Menschen mit ihrem Glauben an Gott gemacht und sich daraufhin vom Glauben und von Gott abgewandt haben, können aber auch zum Anlass genommen werden, darüber nachzudenken, wie *naiv oder angemessen, unreif oder reif* die diesbezüglichen Vorstellungen und Erwartungen waren. Waren es tatsächlich *Gottes* Verheißungen oder nur *ihre eigenen* Wünsche, die nicht in Erfüllung gegangen sind?[42] Durch solches Nachdenken kann das Wort „enttäuschend" wörtlich genommen werden und seine positive Bedeutung wiedergewinnen: als Befreiung von einer Täuschung, die sich mit unseren Zerrbildern von Gott verbunden hatte, von der aber im Lauf der menschlichen Entwicklung zugunsten realistischerer Gottesbilder Abschied genommen werden kann und sollte.[43]

Der Geigenbaumeister Martin Schleske hat dem in seinem wunderbaren Buch „Der Klang"[44] mit folgenden Worten Ausdruck verliehen:

> „Der reife Glaube ist nicht nur Vertrauen, er ist auch eine Verneigung der Seele vor dem Geheimnis Gottes. Erst dann, wenn unser Glaube nicht nur das Vertraute, sondern auch die Gottesfurcht kennt, wird in ihm die alles umfassende Bereitschaft erwachsen, sich dem Dasein auch in seiner Krisenhaftigkeit zu stellen. Zu wissen, dass mein Leben anders sein darf, als ich es mir wünsche, und zu wissen, dass Gott auch anders sein darf, als mein Glaube es ihm erlauben will – das zu wissen, ist die Verneigung meiner Seele vor Gott."

---

42) Ich spiele damit auf den trefflichen Satz D. Bonhoeffers an: „nicht alle unsere Wünsche, aber alle seine Verheißungen erfüllt Gott" (Widerstand und Ergebung, München [1970], NA ³1985, S. 421).
43) Siehe dazu unten Kap. 6.
44) M. Schleske, Der Klang. Vom unerhörten Sinn des Lebens, München (2010) ¹³2020, S. 231.

2.4 Was darf der Glaube von Gott erhoffen?

Auf diese Frage kann man in Anknüpfung an den vorigen Abschnitt antworten: „Gutes". Aber dann stellt sich natürlich sofort die Anschlussfrage: Was für Gutes bzw. was ist mit dem Wort „Gutes" gemeint – und was nicht? Und wer entscheidet darüber, was gut (für uns) ist? Mit diesen Fragen will ich mich in diesem Abschnitt beschäftigen.

Zuvor aber noch die kurze Überlegung, ob es nicht auch andere mögliche Antworten gibt auf die Leitfrage dieses Abschnitts, was der Glaube von Gott erhoffen darf. Die Antwort „Nichts" wäre jedenfalls *keine* mögliche Antwort des *Glaubens*, sondern die des *Unglaubens*. Aber könnte man nicht auch antworten: „Alles"? Das wäre jedenfalls keine Antwort des Unglaubens. Für sie spräche sogar, dass sie sich mit der Allmacht Gottes allem Anschein nach gut vereinbaren lässt. Dabei ist es wichtig, „Allmacht" nicht misszuverstehen als „All*fähigkeit*" oder „All*möglichkeit*" (wie das leider häufig der Fall ist), sondern als „All*wirksamkeit*", die allerdings auch von „*Allein*wirksamkeit" zu unterscheiden ist.[45] Wenn man den Begriff *so* versteht, verliert er seine innere Selbstwidersprüchlichkeit, die darin

---

45) Das hat Luther in seiner Streitschrift gegen Erasmus: „De servo arbitrio" so ausgedrückt: „Allmacht Gottes aber nenne ich nicht die Macht, mit der er vieles nicht tut, was er kann, sondern jene wirksame [Macht], mit der er machtvoll alles in allem tut ... Aber er wirkt nicht ohne uns, die er eben dazu erneuert hat und erhält, dass er in uns wirke und wir mit ihm zusammenwirken. Zum Beispiel: Er predigt, erbarmt sich der Armen, tröstet die Angefochtenen – alles durch uns." (LDStA ³1,487,7-9 und 573, 17-20) Das heißt: Gott wirkt alles, aber nicht allein.

besteht, dass ein *zu allem* fähiges Wesen absurderweise auch fähig sein müsste, ein Problem zu schaffen, zu dessen Lösung es *nicht fähig* ist, sonst wäre es ja nicht zu *allem* fähig. Aber auch wenn es das könnte, wäre es nicht zu *allem* fähig, nämlich nicht dazu, das Problem zu lösen.

Dagegen ist die *konkret* als Allwirksamkeit verstandene Allmacht auch vereinbar mit dem, was der allmächtige Gott *nicht kann*: zum Beispiel lügen.[46] Gott kann sich auch nicht selbst verleugnen.[47] Und Gott kann vor allem nicht aufhören, Gott zu sein.[48] All das sind jedoch keine *Einschränkungen* seiner Vollkommenheit, sondern deren *Ausdrucksformen*. So wie es auch im Blick auf einen Menschen keine Herabsetzung, sondern eine hohe Auszeichnung ist, wenn wir von ihm sagen: „Er kann nicht lügen" oder: „Er kann sich nicht selbst untreu werden."

Das „Alles", das von Gottes Wirken berechtigterweise ausgesagt werden kann, ist also ein durch Gottes Wesensart *qualifiziertes*, und das heißt zugleich *begrenztes* Alles. Als solches ist es zwar nicht *von außen*, also durch etwas anderes begrenzt, wohl aber durch sich selbst. Das schließt auch ein, dass Gottes Wirken in sich vielfältig und differenziert ist. Dazu gehört die von alters her bekannte Unterscheidung an Gottes Wirken, ob es (absichtsvoll) *wollenden* oder (bloß) *zulassenden* Charakter hat. So will Gott die menschliche Freiheit und lässt um ihretwillen die

---

46) Num 23,19; 1Sam 15,29; Tit 1,2 und Hebr 6,18.
47) 2Tim 2,13.
48) Das geht z. B. aus folgenden Bibelstellen hervor: Ps 29,10; 90,2; 92,9; 102,13 und 27 f.; Jes 26,4; Jer 10,10; Klgl 5,19; Joh 12,34; 1Tim 1,17; Hebr 1,11.

Möglichkeit der Sünde und Schuld des Menschen zu, aber er will nicht die *Realisierung* dieser Möglichkeit. So will Gott auch das Glück seiner Geschöpfe[49] und lässt damit den Schmerz und die Trauer seiner Geschöpfe zu, wenn solches Glück – unter endlichen Bedingungen irgendwann – endet. Daher kann man sagen:

– *Der Preis der menschlichen Freiheit ist die Möglichkeit des Bösen.*
– *Der Preis des irdischen Glücks ist die Erfahrung von Leid.*
– *Der Preis der Geschöpflichkeit ist die Realität der Endlichkeit.*[50]

Aber hier erhebt sich (erneut) der Verweis auf Gottes Allmacht als Einwand: Könnte Gott nicht in seiner Allmacht all diese notwendigen „Preis"-Zusammenhänge aufheben, außer Kraft setzen oder von vorneherein ausschließen? Bei einer Orientierung an dem *abstrakten* Begriff der „Allmacht", verstanden als „Allfähigkeit", müsste man das bejahen. Aber dieser Begriff ist nicht nur – wie gezeigt – in sich selbstwidersprüchlich, sondern er verträgt sich auch nicht mit der Wesensart des Gottes, welcher der Schöpfer, Erhalter und Vollender der Welt und des Menschen ist. Warum? Weil wir eine Welt, in der solche regelhaften, ja notwendigen Zusammenhänge, die wir als „Naturgesetze" oder „verlässliche Verlaufsregeln" bezeichnen, außer Kraft

---

49) In Joh 10,10 wird das mit dem schönen Satz beschrieben: „Ich bin gekommen, dass sie das Leben haben und volle Genüge."
50) Diese Antwort geht der Sache nach auf die „Theodizee" zurück, die G. W. Leibniz 1710 veröffentlicht hat (PhBM 71), Hamburg ²1968.

gesetzt wären, weder *verstehen* noch *verantwortungsvoll gestalten* könnten.[51]

Würde man dagegen einwenden, dass dann offenbar die Natur- und Vernunftgesetze *über* Gott stünden, weil auch Gott ihnen „gehorchen" und sie „berücksichtigen" müsse, so muss man darauf erwidern, dass diese Folgerung keineswegs notwendig ist, sondern dass Gott, wenn er der Schöpfer und Erhalter der Welt ist, ihr auch diese Regeln, Ordnungen und Gesetze gibt, also auch deren Schöpfer und Erhalter ist. Sie sind selbst *Schöpfungsgedanken Gottes*, denen er treu bleibt.

„Das Wunder ist des Glaubens liebstes Kind", sagt dagegen Goethes Faust und meint mit „Wunder" offenbar ein mirakulöses Geschehen, das die Naturgesetze durchbricht oder aufhebt. Entgegen dieser häufig anzutreffenden Meinung zeigt sich jedoch beim Nachdenken über das, was „Allmacht Gottes" tatsächlich bedeutet: Die Naturgesetze werden vom Glauben als Gottes Gaben und Wohltaten vorausgesetzt und dankbar in Anspruch genommen. Zufolge einer dem Kirchenvater Augustin zugeschriebenen Aussage widersprechen die Wunder auch nicht den Naturgesetzen, sondern allenfalls dem, was wir von den Naturgesetzen *wissen*, und das kann richtig oder falsch, unzureichend oder umfassend sein.

---

51) Siehe dazu das scharfsinnig argumentierende, anregende Büchlein des Berliner Philosophen Holm Tetens: Gott denken, Stuttgart 2015, in dem er *zeigt*, dass und warum es „keineswegs unvernünftig ist, auf Gott zu hoffen" (so S. 7). Und dabei spielt auch für ihn die *Erkennbarkeit* der Welt und ihrer Gesetze sowie deren *Zuverlässigkeit*, aber vor allem die Sinn

Kapitel 2: Christlicher Glaube als Vertrauen auf Gott

Erschöpft sich also das Wirken Gottes, das der Glaube von Gott erhoffen darf, in der Erschaffung und Erhaltung der verlässlichen Verlaufsregeln, sprich: Naturgesetze der Welt? Nein! Es umfasst diese zwar, geht aber nicht in ihnen auf. Sondern? Einerseits erleben Menschen völlig unerwartete und überraschende *Fügungen*, die von großer Bedeutung für ihr Leben sind, als *Zeichen und Wunder* – zumal, wenn sie darum gebetet hatten. Andererseits existieren und wirken *in* dieser von Gott geordneten Welt *Kräfte des Guten*[52], die dieser Welt mitgegeben[53] sind, die hinweisen und hinwirken auf die *Erhaltung* der Welt (in der zeitlichen Begrenzung: „solange die Erde steht", Gen 8,22) und auf ihre *Versöhnung* und ihre *Vollendung* in der Gemeinschaft mit Gott. Und zu diesen Kräften des Guten gehört auch, dass Gott – wie es der Prediger Salomo (Koh 3,11) von den Menschen sagt – „die Ewigkeit in ihr Herz gelegt" hat.

---

stiftende *Hoffnung* für leidende Menschen eine entscheidende Rolle. Alle drei Größen setzen wir bei unseren Versuchen der Welterkenntnis, -erhaltung und -veränderung immer schon voraus. Ähnliche Gedanken finden sich auch bei T. Prüfer, „Weiß der Himmel ...?", Gütersloh 2018.

52) Bonhoeffer nennt sie in seinem bekanntesten Lied „gute Mächte" und setzt sie mit „Gott" gleich (EG 65,7). Psalm 138,3 fasst in den Worten: „du gibst meiner Seele große Kraft" zusammen, worin Erhörung besteht.

53) Dafür steht in der Schöpfungserzählung aus Gen 1,1–31 der sechsmal wiederholte Satz „Und Gott sah, dass es gut war" (Vers 4, 10, 12, 18, 21 und 25), der schließlich in Vers 31 in das Fazit einmündet: „Und siehe, es war sehr gut." Dazu gehört andererseits der *Segen*, den Gott Tieren und Menschen mit auf ihren Weg gibt (Vers 22 und 28). Dazu gehört schließlich auch das allen Menschen ins Herz gelegte elementare *Wissen um Gut und Böse*, von dem Paulus in Röm 2,14–16 spricht.

2.4 Was darf der Glaube von Gott erhoffen

In Jesus Christus haben diese Kräfte des Guten auf einmalige Weise in einem wirklichen Menschen *Gestalt* angenommen, so dass er von denen, die an ihn glauben, zu Recht als der „Sohn Gottes", „Herr", „Messias" und „Heiland" bezeichnet wird, der von sich sagen kann: „Ich und der Vater sind eins" (Joh 10,30) und: „Wer mich sieht, der sieht den Vater" (Joh 14,9). Erfahrbar werden diese Kräfte des Guten durch Gottes Geist. Dadurch ist Gott nicht nur *über* uns (als der Schöpfer) und nicht nur mitten *unter* uns (in Jesus Christus), sondern auch *in* uns. Indem Gott durch seinen Geist in uns wohnt[54] und wirkt, werden uns Glaube, Liebe und Hoffnung zuteil.[55] *Das* darf der Glaube von Gott erhoffen.

Aber das sind nicht die *einzigen* Kräfte, die in der Welt wirken und auf die Menschen einwirken. Es gibt daneben auch destruktive, teuflische bzw. dämonische Kräfte des Bösen, die sich den Kräften des Guten entgegenstellen. Woher kommen sie, und wie verhalten sie sich zu den Kräften des Guten? Auf diese Frage, die traditionell als das „Geheimnis der Bosheit" („mysterium inquitatis") bezeichnet wird, gibt es – wenn sie nicht als unbeantwortbar beiseitegeschoben wird – in der Geschichte des menschlichen Denkens mindestens vier miteinander konkurrierende Antworten:

---

54) So heißt es in Röm 8,9 und 11; 1Kor 3,16; Eph 2,22 und 2Tim 1,14.
55) Diese Trias findet sich schon in der ältesten Schrift des Neuen Testaments (s. o. Anm. 3). Von da ab durchzieht sie die Geschichte der Christenheit bis heute.

KAPITEL 2: CHRISTLICHER GLAUBE ALS VERTRAUEN AUF GOTT

– Erstens: Das Böse ist eine zweite, mit dem Guten *gleichrangige* und *gleichstarke* Macht, die Gott als der Quelle des Guten gegenübersteht und mit ihm ringt. Diese sogenannte dualistische Konzeption beantwortet freilich nicht die Frage, worin der Ursprung dieser beiden antagonistischen Mächte liegt. Sie verschiebt das Problem nur, statt es zu beantworten.

– Zweitens: Das Böse ist – im Gegensatz zum Guten – nichts, was es wirklich gibt, nichts Seiendes, Reales, Wirkliches, sondern nur ein *Schein*. Aber gegen diese Konzeption erhebt sich die Frage, ob sie den realen und schrecklichen Auswirkungen des Bösen gerecht wird. Für „bloßen Schein" ist das Böse doch bemerkenswert wirksam – und schmerzhaft. Ferner stellt sich die Frage: Woher stammt dieser Schein?

– Drittens: Das Böse ist ein (bloßer) *Mangel* an Gutem, also eine Minderung, ein Defizit. Als solches hat und braucht es keinen eigenen Ursprung, sondern ist nur ein Noch-nicht oder ein Nicht-mehr an Gutem. Im Blick auf diese optimistische Sichtweise kann man fragen, ob sie der Aktivität des Bösen gerecht wird. Aber eine Stärke dieser Auffassung ist, dass sie die Überlegenheit des Guten über das Böse zu denken und zu erhoffen erlaubt.

– Viertens: Das Böse entsteht aus der Möglichkeit, dem Guten zu widersprechen und zu widerstehen. Diese Sichtweise kommt in der Selbstvorstellung Mephistos in Goethes „Faust" zum Ausdruck, wo er sich als den Geist vorstellt, „der stets verneint" und der die Negation und Zerstörung von allem Gegebenen als sein „eigentliches

2.4 Was darf der Glaube von Gott erhoffen

Element" bezeichnet. Diese Sichtweise kommt auch zum Ausdruck in der Verortung des Ursprungs des Bösen im Sündenfall der Menschen.

Aus meinen Formulierungen ist vermutlich erkennbar geworden, dass ich mit dieser vierten Antwort sympathisiere. Sie ist in sich stimmig und mit den grundlegenden Glaubensüberzeugungen des Christentums und anderer Religionen vereinbar; deshalb mache ich sie mir zu eigen.

Aber viele Menschen sind mit dieser Antwort nicht zufrieden, sondern stellen die Anschlussfrage: „*Warum* lässt ein allmächtiger, weiser, gütiger Gott all die Übel zu?" Diese Frage verschärft sich schnell zu der Aussage: „Ich kann nicht an einen Gott glauben, der (so viele und so schreckliche) Übel in der Welt *zulässt*."[56] Wenn damit das Nachdenken nicht beendet sein soll, legt es sich nahe zu fragen, wie Menschen sich ein solches von ihnen gewünschtes Nicht-Zulassen Gottes *denken oder vorstellen*. Vermutlich orientieren sie sich dabei an dem „Vorbild" eines Regierungschefs oder Familienoberhaupts, die im Bedarfsfall „auf den Tisch hauen". Aber was könnte das - bezogen auf Gott - heißen? Wenn ich es richtig sehe, wird diese Frage selten explizit gestellt und beantwortet. Man kann jedoch aus sprachlichen Anzeichen und aus Argumenten gelegentlich *erschließen*, welche Antworten darauf vermutlich gegeben würden.

---

56) Der Begriff „Übel" gilt - vor allem durch Leibniz - als Oberbegriff, der das metaphysische Übel: die Endlichkeit, das physische Übel: das Leiden und das moralische Übel: das Böse umfasst. Das setze ich hier auch voraus.

KAPITEL 2: CHRISTLICHER GLAUBE ALS VERTRAUEN AUF GOTT

– Ein erster Anhaltspunkt lässt sich schon aus der Verwendung des Wortes „eingreifen" gewinnen. „Ein glaubwürdiger Gott", so sagen viele Menschen, „müsste einer sein, der in die Ereignisse der Welt und in das Tun der Menschen *so eingreift*, dass er die Übel *verhindert* oder wenigstens *vermindert*"[57]. Aber *wie* sollte Gott das tun? Indem er von Fall zu Fall die naturgesetzlich geordneten, kausal verknüpften innerweltlichen Abläufe so unterbricht, dass die negativen Wirkungen von bestimmten Ursachen ausbleiben oder plötzlich ins Positive gewendet werden? Man kann (und mag) sich gar nicht vorstellen, was das für unser Leben, Planen, Hoffen und Handeln bedeuten würde. Vermutlich würde ein Großteil der Menschen darüber nach kurzer Zeit den Verstand verlieren, weil nichts mehr vorhersehbar, planbar, geschweige denn berechenbar wäre. Und wenn man sich Gottes Eingreifen zur Verhinderung des Bösen als einen gewaltförmigen Akt vorstellt, durch den die negativen Absichten und Willensentscheidungen

---

57) Ich bin mir sicher, dass sich die hierbei gelegentlich vorausgesetzte Unterscheidung zwischen schweren Übeln, die beseitigt werden müssten, und leichten Übeln, die akzeptiert werden können, argumentativ nicht durchhalten lässt, weil es keine plausible Grenze zwischen beiden gibt. Deshalb verschiebt sich diese Grenze in der Argumentation immer weiter in Richtung Null. Insofern hat wohl G. Büchner (in dem Philosophengespräch seines Dramas „Dantons Tod", dritter Akt) Recht, wenn er die – zunächst absurd klingende – Behauptung aufstellt: „Das leiseste Zucken des Schmerzes, und rege es sich nur in einem Atom, macht einen Riss in der Schöpfung von oben bis unten." Und darum gilt für ihn: „Warum leide ich? Das ist der Fels des Atheismus". Er hätte zur Verdeutlichung seiner Argumentation hinter dem „Warum leide ich" ein „überhaupt" einfügen können.

von Menschen zunichte gemacht oder ins Positive verwandelt würden, dann wäre das nicht nur eine Beeinträchtigung ihrer Freiheit, sondern die *Beseitigung* menschlicher Entscheidungsfähigkeit und Verantwortlichkeit mit denselben – eben genannten – chaotischen Folgen. Wenn man sich das Wirken Gottes jedoch nicht als ein solches gewaltförmiges Eingreifen, sondern als ein *gewinnendes Einladen, Bitten und Locken* vorstellt, wie ich das für sinnvoll und angemessen halte, dann ist das Übel nicht ausgeschlossen, sondern bleibt (als *Preis* der Freiheit, des Glücks und der Endlichkeit) *möglich und zugelassen*.

– Die inakzeptablen Folgen, die der Gedanke eines gewaltförmigen göttlichen Eingreifens in die Ordnung der Welt nach sich zieht, führen gelegentlich weiter zu einer grundsätzlicheren und scheinbar stimmigeren Möglichkeit, Gottes Nicht-Zulassung von Übeln in der Welt zu denken und zu fordern: nämlich im Sinne einer fundamentalen *Veränderung der geschöpflichen Verfassung* der Welt, insbesondere des Menschen. Gott hätte demzufolge eine *andere Welt* und eine andere Art von *Menschen erschaffen* sollen, und zwar einen Menschen und eine Welt, bei denen die *Möglichkeit* von Übeln (insbesondere des Bösen) ausgeschlossen wäre. Solange Welt und Mensch im Prinzip so sind, wie sie sind, kann man das sinnvollerweise nur im Irrealis formulieren. Heißt das: „Nur wenn Gott eine Welt erschaffen *hätte*, in der es keine Endlichkeit, kein Leid und nichts Böses gäbe, könnte und würde ich an Gott glauben"? Damit bliebe der Glaube an Gott in *dieser* Welt jedenfalls ausgeschlossen. In Form einer Utopie hat Aldous

Huxley einen ähnlichen Gedanken in seinem Buch „Brave New World"[58] durchgespielt. Da ist es eine Welt, aus der alles Normwidrige genetisch, medikamentös und pädagogisch ausgeschlossen ist. Aber die Pointe dieses Unternehmens ist, dass diese Welt sich nicht als der erhoffte „Himmel auf Erden", sondern als *Hölle* erweist.

– Das führt zu einer dritten, und zwar zur radikalsten Möglichkeit, die Zulassung und das Vorhandensein des Übels in der Welt als Argument gegen den Glauben an Gott argumentativ zur Geltung zu bringen. Auch diese Position hat Georg Büchner (1813–1837) vertreten.[59] Er schreibt – nicht ganz leicht verständlich: „aber muss denn Gott einmal schaffen, kann er nur was Unvollkommnes schaffen, so lässt er es gescheuter [d. h. gescheiter] ganz bleiben. Ists nicht sehr menschlich, uns Gott nur als schaffend denken zu können?" Büchner setzt hierbei voraus, dass ein vollkommener Gott bei seinem Erschaffen einer Welt nichts Vollkommenes hervorbringen *kann*, weil dies dann kein Geschöpf, sondern eine Dublette zum Schöpfer und damit eine Aufhebung seines Gottseins wäre. Aber er kann diese unvollkommene, also mit Übeln versehene Erschaffung der Welt durch einen vollkommenen Gott nur als eine nicht zu akzeptierende *Demütigung und Kränkung* empfinden. Deshalb würde er wünschen, Gott hätte die Schöpfung *ganz unterlassen*. Hiermit wird die Kritik an dem in der Schöp-

---

58) A. Huxley, Brave New World (1932), dt. Schöne, neue Welt, Frankfurt/Main 1953.
59) Ebenfalls in dem in Anm. 57 genannten Philosophengespräch aus dem dritten Akt seines Dramas „Dantons Tod".

fung – unvermeidlich – zugelassenen Übel bis zu dem Punkt vorangetrieben, an dem der Mensch nicht nur wünschte, nicht geboren zu sein,[60] sondern weit darüber hinaus: dass er wünschte, es gäbe überhaupt keine Welt. Wer eine vollkommene Welt, frei von allen Übeln, sucht, muss demnach am Ende jede denkbare Welt verneinen und wegwünschen. Das ist eine denkbar radikale Form des „Nihilismus".

Der zurückliegende Gedankengang hat gezeigt, dass wir beim Nachdenken über das im Glauben an Gott erhoffte Gute unweigerlich auf das Theodizeeproblem stoßen, weil die vom Glauben vorausgesetzte Weisheit, Güte, Gerechtigkeit und Allmacht Gottes durch das massenhafte Vorhandensein von Übel in der Welt in Frage gestellt wird.[61] Der Glaube als Vertrauen ignoriert, leugnet und bagatellisiert das Vorhandensein dieser Übel nicht, er verbietet (sich) auch nicht die Frage, wie Gott all das zulassen kann, sondern er nimmt das Wissen um diese Spannung in sich auf und bewährt sich gerade darin als *Vertrauen*.

Der skeptische Philosoph Odo Marquard (1928–2015) hat das in beeindruckender Hellsichtigkeit formuliert:

„Die Antworten der Theodizee sind ... durchweg unzureichend ... Darum haben wohl diejenigen recht, die dem Vertrauen auf Gott, also dem Glauben das letzte Wort geben, und das nicht zu können, ist dann das eigentliche Unglück."[62]

---

60) Wie sich das in der Bibel im ganzen dritten Kapitel des Buchs Hiob und in Jer 20,14–18 findet.
61) Siehe dazu W. Härle, Dogmatik, Berlin/Boston ⁶2022, Abschnitt 12.3.
62) O. Marquard, Schwierigkeiten beim Ja-Sagen, in: Theodizee – Gott vor Gericht? Hg. v. W. Oelmüller, München 1990, S. 101 f.

Ja, so ist es. Aber wenn es so ist, dann darf man daran als Nachsatz anhängen: „Und das zu *können*, ist dann das eigentliche Glück."

In den Texten zweier Autoren, die dem Übel in Gestalt von KZ-Hinrichtungen selbst hautnah begegneten, wird die Stimme des Glaubens angesichts des Bösen leise, aber eindrücklich vernehmbar. Der erste Text ist ein Augenzeugenbericht von Elie Wiesel (1928–2016), der selbst in drei Konzentrationslagern inhaftiert war, über die grauenhafte Hinrichtung eines Kindes in einem dieser Konzentrationslager. Der zweite Text stammt von Dietrich Bonhoeffer (1906–1945), der selbst ein Opfer der nationalsozialistischen Gewaltherrschaft wurde. Seine „Glaubenssätze über das Walten Gottes in der Geschichte" sind für mich die tragfähigsten Bekenntnisaussagen darüber, wie sich das Böse in der Welt und im menschlichen Leben zum Glauben an Gott verhält.

Elie Wiesel, Die Nacht zu begraben, Elischa
Nach einem vermuteten Sabotageakt in einem KZ werden zwei Männer und ein Knabe verhört, gefoltert und schließlich zum Tode verurteilt. „Die drei Verurteilten stiegen zusammen auf ihre Stühle. Drei Hälse wurden zu gleicher Zeit in die Schlingen eingeführt. ‚Es lebe die Freiheit!' riefen die beiden Erwachsenen. Das Kind schwieg. ‚Wo ist Gott, wo ist er?' fragte jemand hinter mir. Auf ein Zeichen des Lagerchefs kippten die Stühle um. Absolutes Schweigen herrschte im ganzen Lager. Am Horizont ging die Sonne unter. ‚Mützen ab!' brüllte der Lagerchef. Seine Stimme klang heiser. Wir weinten. ‚Mützen auf!' Dann begann der Vorbeimarsch. Die beiden Erwachsenen lebten nicht mehr. Ihre geschwollenen Zungen hingen bläulich heraus. Aber der dritte Strick hing nicht reglos: der leichte Knabe lebte noch … Mehr als eine halbe Stunde

2.4 Was darf der Glaube von Gott erhoffen

hing er so und kämpfte vor unseren Augen zwischen Leben und Sterben seinen Todeskampf. Und wir mussten ihm ins Gesicht sehen. Er lebte noch, als ich an ihm vorüberschritt. Seine Zunge war noch rot, seine Augen noch nicht erloschen. Hinter mir hörte ich denselben Mann fragen: ‚Wo ist Gott?' Und ich hörte eine Stimme in mir antworten: Wo er ist? Dort – dort hängt er, am Galgen …'."[63]

Dietrich Bonhoeffer,
Glaubenssätze über das Walten Gottes in der Geschichte
„Ich glaube, dass Gott aus allem, auch aus dem Bösesten, Gutes entstehen lassen kann und will. Dafür braucht er Menschen, die sich alle Dinge zum Besten dienen lassen. Ich glaube, dass Gott uns in jeder Notlage soviel Widerstandskraft geben will, wie wir brauchen. Aber er gibt sie nicht im voraus, damit wir uns nicht auf uns selbst, sondern allein auf ihn verlassen. In solchem Glauben müsste alle Angst vor der Zukunft überwunden sein. Ich glaube, dass auch unsere Fehler und Irrtümer nicht vergeblich sind, und dass es Gott nicht schwerer ist, mit ihnen fertig zu werden als mit unseren vermeintlichen Guttaten. Ich glaube, dass Gott kein zeitloses Fatum ist, sondern dass er auf aufrichtige Gebete und verantwortliche Taten wartet und antwortet."[64]

Lässt man diese beiden Texte auf sich wirken, dann – spätestens – muss einem klar werden, *dass und warum* das Vertrauen auf Gott sich *nicht* von selbst versteht, weil es entstehen, bestehen und ankämpfen muss *gegen* die zahllosen Übel in dieser Welt, und weil es sich hoffend und vertrauend auf eine Zukunft ausrichtet, die weder vor Augen liegt

---

63) Französische Originalausgabe „La Nuit", 1958, dt. Frankfurt/Main 1962, S. 93 f.
64) D. Bonhoeffer, Widerstand und Ergebung, München Neuausgabe 1985, S. 20 f.

noch berechenbar ist und auch nicht von uns Menschen allein herbeigeführt werden kann. Das Vertrauen richtet sich (nicht nur, aber immer auch) auf etwas, was sich nur *gegen den Augenschein erhoffen* lässt. Deswegen ist das Vertrauen, das christlicher Glaube ist, nicht gleichzusetzen und zu verwechseln mit Vertrauensseligkeit. Was Glaube als Vertrauen ist, muss sich immer auch an dem zeigen, *wogegen* ein Mensch glaubt, hofft und betet.

2.5 Welchen Sinn hat es zu beten?

„Fromm sein und beten, das ist eigentlich eins und dasselbige."[65] Mit diesem Satz hat Friedrich Schleiermacher die überragende Bedeutung des Betens für den Glauben, den er als „fromm sein" bezeichnet, zum Ausdruck gebracht. Zum Verständnis dieses Satzes ist freilich auch die unmittelbar auf ihn folgende Erläuterung dessen wichtig, was Schleiermacher unter „Beten" versteht:

> „Alle Gedanken von einiger Wichtigkeit, die in uns entstehen, mit dem Gedanken an Gott in Verbindung bringen, bei allen Betrachtungen über die Welt sie immer als das Werk seiner Weisheit ansehen, alle unsere Entschlüsse vor Gott überlegen, damit wir sie in seinem Namen ausführen können, ... das ist das Beten ohne Unterlass, wozu wir aufgefordert werden, und eben das macht das Wesen der wahren Frömmigkeit aus."

---

65) F. Schleiermacher, Kleine Schriften und Predigten 1800–1820, Bd. 1, bearbeitet von H. Gerdes, Berlin 1970, S. 167. So eröffnet Schleiermacher eine Predigt über „Die Kraft des Gebets, in so fern (!) es auf äußere Begebenheiten gerichtet ist."

2.5 Welchen Sinn hat es zu beten?

Mit dem Halbsatz „wozu wir aufgefordert werden" erinnert Schleiermacher an die Aufforderung des Apostels Paulus in 1Thess 5,17: „betet ohne Unterlass". Damit wird nicht alles andere Tun außer dem Beten untersagt oder als unwichtig eingestuft, sondern das Gebet soll alles Tun und Lassen in Gestalt der kontinuierlichen Ausrichtung auf Gott *begleiten*. Damit wird das Beten von einem Zwiegespräch oder Dialog im wörtlichen Sinn unterschieden, in dem Rede und Gegenrede sich wie in einer Unterhaltung abwechseln und gegenseitig ergänzen. Es ist eher damit vergleichbar, dass uns etwas bewusst wird, klar wird, einfällt und einleuchtet, das wir bereits gehört oder gelesen haben. Aber dieser kognitive Aspekt bedarf im Blick auf das Gebet unbedingt der Ergänzung, damit deutlich wird, dass Beten nicht nur unser *Denken*, sondern auch unser *Fühlen* und *Wollen* anspricht und darauf einwirken kann. Und das gilt für alle Formen des Gebets: für Bitte und Fürbitte, Klage, Dank und Lob Gottes.

Im Leben Jesu und in seiner Verkündigung spielt das Beten eine wichtige Rolle. Oft wird von ihm gesagt, er habe gebetet bzw. sich zum Beten in die Einsamkeit zurückgezogen,[66] und mehrfach fordert Jesus seine Jünger auf zu beten.[67] Das verdichtet sich einerseits darin, dass Jesus seine Jünger auf deren Bitte hin das *Vaterunser* zu beten lehrt,

---

66) So in Mt 14,23; 26,36.39.42.44; 27,46; Mk 1,35; 6,46;14,35 f.;15,34; Lk 3,21; 5,16; 22,41-44; 23,46; Joh 11,41 f.; 17. Dieses letztgenannte Kapitel trägt die Überschrift: „Das hohepriesterliche Gebet".
67) Mt 6,5-13; 26,41; Mk 9,29; 14,38; Lk 11,2-4; 18,1; 21,36; 22,40 u. 46.

andererseits darin, dass sein eigenes Beten im Zusammenhang mit seiner *Passion* – sowohl vor seiner Gefangennahme im Garten Gethsemane als auch am Kreuz – zum konzentrierten Ausdruck seiner Gebetsbeziehung zum „Vater" wird. Diese verschiedenen Gebetselemente werden im Johannesevangelium verbunden zu der Aufforderung bzw. Einladung, „im Namen Jesu" zu beten.[68] Damit ist nicht (bloß) der Gebrauch einer Formel gemeint, z. B.: „Wir bitten dich im Namen Jesu", sondern eine bestimmte *Haltung*, die im Gebet zum Ausdruck kommt. Exemplarisch für diese Haltung ist meiner Überzeugung nach Jesu eigenes Gebet in Gethsemane vor seiner Gefangennahme, Verurteilung und Kreuzigung, wie es in Mk 14,16 überliefert ist: „Abba, Vater, alles ist dir möglich; nimm diesen Kelch von mir; doch nicht, was ich will, sondern was du willst!"

In diesem kurzen, herzergreifenden Gebet, in dem Jesus sich erstens vertrauensvoll an Gott wendet, wie das in der Anrede Gottes als „Abba", d. h. „Väterchen" oder „Papa", zum Ausdruck kommt, zweitens flehentlich darum bittet, den bevorstehenden Tod am Kreuz *nicht* erleiden zu müssen, und drittens seinen eigenen Willen dem Willen Gottes unterordnet, kommen die Elemente zusammen, die für das Gebet im Namen Jesu charakteristisch sind: das Miteinander von *Vertrauen, Bitte und Hingabe*.

Das kommt in etwas anderer Form auch in Jesu Hinführung zum Beten vor, die dem Vaterunser unmittelbar

---

[68] Joh 14,13 f.; 15,16; 16,23–26.

vorangeht: „euer Vater weiß, was ihr bedürft, bevor ihr ihn bittet." (Mt 6,7 f.)

Die Aussage Jesu, dass Gott weiß, was wir bedürfen, bevor wir ihn bitten, provoziert natürlich die Frage: Warum und wozu dann noch beten und bitten? Zunächst ist diesen Worten Jesu eine negative Antwort zu entnehmen: Das Gebet ist jedenfalls *nicht* nötig, um Gott über das zu *informieren*, was wir brauchen bzw. wessen wir bedürfen. Und im Sinne des christlichen Gottesverständnisses darf daraus weiter gefolgert werden: Das Gebet ist auch *nicht* nötig, um Gottes Willen so zu *beeinflussen* und zu *verändern*, dass er uns das gibt, was wir brauchen. Was ist dann aber der Sinn des Betens?

Die überzeugendste (negative und positive) Antwort auf diese Frage hat aus meiner Sicht Martin Luther in seinem Kleinen Katechismus gegeben, in dem er die ersten vier Bitten des Vaterunsers folgendermaßen auslegt:

> „*Die erste Bitte*: Geheiligt werde dein Name.
> *Was ist das?*[69] Gottes Name ist zwar an sich selbst heilig; aber wir bitten in diesem Gebet, dass er auch bei uns heilig werde ...
> *Die zweite Bitte*: Dein Reich komme.
> *Was ist das?* Gottes Reich kommt auch ohne unser Gebet von selbst; aber wir bitten in diesem Gebet, dass es auch zu uns komme ...
> *Die dritte Bitte*: Dein Wille geschehe, wie im Himmel, so auf Erden.
> *Was ist das?* Gottes guter, gnädiger Wille geschieht auch ohne unser Gebet; aber wir bitten, dass er auch bei uns geschehe ...
> *Die vierte Bitte*: Unser tägliches Brot gib uns heute.

---

69) Wir würden stattdessen fragen: „Was bedeutet das?"

Was ist das? Gott gibt das tägliche Brot auch ohne unsere Bitte allen ... Menschen; aber wir bitten in diesem Gebet, dass er's uns erkennen lasse und wir mit Danksagung empfangen unser tägliches Brot ..."[70]

Die Struktur dieser Auslegung ist leicht zu erkennen: Unser Gebet ist *nicht* nötig, damit das Erbetene überhaupt komme bzw. geschehe, *sondern* es ist nötig, damit es *zu uns* kommt bzw. *bei uns* geschieht. Dieses „zu uns" und „bei uns" *bewirken wir nicht* durch unser Beten, sondern wir erbitten es von Gott. Und die Erhörung dieser Bitten geschieht durch Gottes Wirken *in uns, bei uns und an uns.*

Dazu passt es, wie Luther in seinem Großen Katechismus den Sinn des Betens mit einer an das Märchen „Sterntaler" erinnernden Metapher beschrieben hat:

> „Darum will Gott auch haben, dass du ihm diese Not und diese Anliegen klagst und zur Sprache bringst – nicht, weil er es nicht längst wüsste, sondern damit du dein Herz anfeuerst, desto stärker und mehr zu begehren, und damit du gleichsam den Mantel nur weit genug ausbreitest und öffnest, um viel zu empfangen."[71]

In katechismusartiger Kürze und Einfachheit kann man diese Aussagen über den Sinn des Betens wie folgt zusammenfassen:

> „Im Gebet öffnen wir uns für Gott, indem wir
> – uns innerlich sammeln und still werden;
> – vor Gott das aussprechen, was uns zutiefst bewegt;
> – von Gott erbitten, was wir für uns und andere erhoffen;
> – von Gott dankbar empfangen, was er uns geben will."[72]

---

70) UG, S. 472–474.
71) A. a. O., S. 594.

Das Gefühl der Dankbarkeit ist eine Konsequenz dessen und ein starkes Anzeichen dafür, dass ein Mensch ein Ereignis oder sein ganzes Leben als eine Fügung, als eine Gebetserhörung oder als ein Wunder erlebt hat. Und die von Herzen kommende Dankbarkeit für solche Erfahrungen gibt nicht nur der betreffenden Person ein grundlegend positives Lebensgefühl, sondern sorgt auch in den sozialen Beziehungen (insbesondere im Nahbereich) für eine positive Atmosphäre. So kann man sich selbst beschenkt und gesegnet fühlen und für andere ein Segen sein.[73]

---

72) W. Härle, Worauf es ankommt, Leipzig ³2019, S. 65. Das Wort „dankbar" habe ich hier nachträglich eingefügt.
73) Das ist dann die Erfüllung der Verheißung, die Gott Abraham gegeben hat: „Ich will dich segnen und du sollst ein Segen sein." (1Mose 12,2)

3
Was meinen Menschen, wenn sie von „Gott" reden?

3.1 Der Zugang zum Gottesverständnis durch den Glauben

Glaube als *unbedingtes* Vertrauen richtet sich auf *Gott*. Wie eng diese Beziehung zwischen Glauben und Gott ist, hat Martin Luther durch zwei einprägsame Sätze am Beginn seines Großen Katechismus zum Ausdruck gebracht, die unmittelbar aufeinander folgen. Der erste Satz heißt: „Gott und der Glaube gehören zuhauf", d. h. sie gehören untrennbar zusammen. Der zweite Satz erläutert, *wie* Gott und der Glaube zusammengehören: „Woran du nun dein Herz hängst und worauf du dich verlässt, das ist eigentlich dein Gott."[74]

Damit tauchen neue, für das Nachdenken über das Thema „Glaube an Gott" zentrale Fragen auf: „Was heißt einen Gott zu haben oder was ist Gott"?[75] Der Zugang, den Luther zur Beantwortung dieser Doppelfrage wählt, ist ungewöhnlich, aber der Sache, um die es geht, ganz angemessen und darum immer noch empfehlenswert. Luther er-

---

74) UG, S. 515.
75) Mit dieser Doppelfrage eröffnet Luther seinen Großen Katechismus, ebd.

läutert zunächst nicht – zum Beispiel unter Rückgriff auf die Sprachgeschichte, auf die Bibel oder auf das Glaubensbekenntnis –, was unter „Gott" zu verstehen ist, und lädt dann zum Glauben an den so verstandenen Gott ein, sondern er geht umgekehrt vor. Er holt seine Leser bei der Frage ab, woran sie glauben, worauf sie also vertrauen, woran sie ihr Herz hängen bzw. worauf sie sich verlassen. Und *das* bezeichnet er dann als ihren Gott. *So* gehören Gott und Glaube für ihn untrennbar zusammen.

Das kann er im Großen Katechismus noch kühner ausdrücken mit den Worten: „Allein das Vertrauen und Glauben des Herzens macht ... Gott"[76]. Und in seiner großen Auslegung des Galaterbriefs kann er diesen Gedanken sogar so zuspitzen: „Also ist der Glaube der Schöpfer der Gottheit – nicht in der Person [Gottes], aber in uns."[77] Luthers Begründung dafür lautet, dass Gottes Gottsein nur durch den Glauben anerkannt und so für den Menschen wirklich wird, während das Gottsein Gottes ohne den Glauben für den Menschen verlorengeht. Aus dieser starken Betonung, die der Glaube für die Gottesbeziehung und für das Gottesverständnis des Menschen hat, ergeben sich freilich drei Anschlussfragen von großem Gewicht:

a) Wenn der Glaube darüber entscheidet, *ob* ein Mensch es mit Gott zu tun hat und *was für einen* Gott er hat, wird dann nicht das Gegenüber, das wir mit dem Wort „Gott"

---

76) Ebd. Wie die Auslassungspunkte zeigen, ist dieses Zitat noch unvollständig. Die wichtige Ergänzung folgt sogleich.
77) WA 40/1,360,5 f.: „Fides est creatrix divinitatis, non in persona, sed in nobis."

bezeichnen, völlig an das *menschliche Belieben* ausgeliefert? Luther sieht und akzeptiert diese Konsequenz seines theologischen Ansatzes. Das wird erkennbar aus dem kompletten Wortlaut des Zitats aus dem Großen Katechismus, das ich eben nur fragmentarisch wiedergegeben habe. Es heißt vollständig: „Allein das Vertrauen und Glauben des Herzens macht beide, Gott und Abgott."

Mit dem Auftauchen des Wortes „Abgott" neben „Gott" tun sich neue Fragen auf. Zunächst: Ist denn ein Abgott als bloß erdachter, falscher Gott nicht geradezu der *Gegensatz* zu Gott? Gehört er also überhaupt hierher? Wie ernst Luther den Gegensatz zwischen Gott und Abgott nimmt, geht schon daraus hervor, dass er sich im Anschluss an diese Aussage auf mehreren Seiten seines Katechismus[78] der Erläuterung und Veranschaulichung dessen widmet, was es an Abgöttern für und von Menschen gibt – angefangen mit dem Gott Mammon, also „Geld und Besitz", über „große Gelehrsamkeit, Klugheit, Macht, Einfluss, Beziehungen und öffentliches Ansehen", ferner in Gestalt von persönlichen Schutzheiligen oder sogar dem Teufel, mit dem manche Menschen einen Pakt eingehen, bis schließlich hin zum Pochen auf die eigenen Leistungen Gott gegenüber, das Luther als die „höchste Abgötterei" seiner Zeit bezeichnet. Alle diese Abgötter „gibt es" insofern, als sie Größen sind, an die Menschen ihr Herz hängen und auf die sie sich verlassen. Aber wie verhalten sich der wahre Gott und diese Abgötter zueinander?

---

78) UG, S. 515–518.

b) Aufgrund der Kennzeichnung der *anderen* Instanzen, auf die sich menschlicher Glaube richten kann, als „Abgötter" oder „Götzen"[79] stellt sich die weitere Frage, wie man unterscheiden kann, ob sich der Glaube auf Gott oder auf einen Abgott bzw. Götzen richtet. Luthers Antwort auf diese Frage ist überraschend: „Sind Glaube und Vertrauen richtig, so ist auch dein Gott richtig, und umgekehrt: Wo das Vertrauen falsch und unrecht ist, da ist auch der wahre Gott nicht."[80]

Demnach gibt es also ein richtiges und ein falsches *Vertrauen*, und *davon* hängt es ab, ob ein Mensch an Gott oder an einen Abgott glaubt. Aber damit ist die Frage nach der Unterscheidung zwischen Gott und Abgott noch nicht zufriedenstellend beantwortet, sondern nur verschoben; denn nun stellt sich die Anschlussfrage, wie man denn rechten und falschen *Glauben* voneinander unterscheiden kann. Und diese Frage beantwortet Luther – wie er selbst sagt – „anhand von Gegenbeispielen aus dem Alltag".[81] Um Gegenbeispiele handelt es sich dabei insofern, als sie Beispiele für etwas sind, das *gar kein Glaube* ist, obwohl es

---

79) Diesen Begriff verwendet P. Tillich, der Luthers Denkansatz aufnimmt und so umformuliert: „Gott ist ... der Name für das, was den Menschen unbedingt angeht. Das heißt nicht, dass es ein Wesen gibt, das Gott genannt wird, und dann die Forderung, dass es einen Menschen unbedingt angehen soll. Es heißt, dass das, was einen Menschen unbedingt angeht, für ihn zum Gott (oder Götzen) wird, und es heißt, dass nur das ihn unbedingt angehen kann, was für ihn Gott (oder Götze) ist." (Systematische Theologie, Bd. I, S. 247)
80) UG, S. 515.
81) Ebd.

vielleicht dafür gehalten wird. Luthers Hauptbeispiel ist (wieder) der Mammon:

> „Mancher meint, er habe Gott und alles zur Genüge, wenn er Geld und Besitz hat und verlässt sich darauf und brüstet sich damit so überheblich, dass er niemanden der Beachtung wert findet. Sieh, der hat auch einen Gott, der heißt Mammon [vgl. Mt 6,24], das ist Geld und Besitz, worauf er sich voll und ganz verlässt. Das ist der verbreitetste Abgott auf Erden. Wer Geld und Besitz hat, der weiß sich unangreifbar, ist fröhlich und unerschrocken, als sitze er mitten im Paradies. Wer hingegen keines hat, der zweifelt und verzagt, als wisse er von keinem Gott. Denn man wird wenige Leute finden, die guten Mutes sind und nicht trauern oder klagen, wenn sie den Mammon nicht haben. Das ist eine Eigenart der menschlichen Natur, die ihr anhaftet bis ins Grab.
> Entsprechend verhält es sich mit dem, der darauf vertraut und pocht, dass er große Gelehrsamkeit, Klugheit, Macht, Einfluss, Beziehungen und öffentliches Ansehen habe; der hat auch einen Gott, aber auch nicht den wahren, einzig wirklichen Gott. Das erkennst du wieder daran, wie vermessen, überheblich und stolz man ist auf solche Güter und wie verzagt, wenn sie nicht vorhanden sind oder entzogen werden.
> Darum sage ich noch einmal, dass die zutreffende Auslegung dieses Stückes sei, dass einen Gott haben heißt, etwas haben, worauf das Herz ganz und gar vertraut."[82]

Das Besondere an diesem Textabschnitt, um dessentwillen ich ihn vollständig zitiert habe, ist, dass Luther hier in anschaulicher Form beschreibt und erklärt, was für ihn *rechter*, also wirklicher, tatsächlicher Glaube – im Gegensatz zu *falschem*, eingebildetem, bloß scheinbarem Glauben – ist.

---

82) A. a. O., S. 515 f.

3.1 Der Zugang zum Gottesverständnis durch den Glauben

In einem Buch über das Thema „Glaube" ist diese Begriffsbestimmung offensichtlich sehr wichtig. Deshalb lohnt es sich auch, deren Pointe so genau wie möglich zu erfassen und wiederzugeben:

Wodurch unterscheidet sich also – Luther zufolge – der rechte vom falschen Glauben? Dadurch, dass der *falsche* Glaube sich an dem orientiert, was ein Mensch *hat* oder *nicht hat*,[83] und demzufolge hin und her schwankt (oder gerissen wird) zwischen dem Gefühl der *Sicherheit*, solange er *hat*, und dem Gefühl der *Verzweiflung*, wenn er *nicht (mehr) hat*. Demgegenüber orientiert sich der *rechte* Glaube an dem, was er *erhofft*. Er orientiert sich nicht an seinem Besitz oder Mangel, sondern an empfangenen Zusagen. Damit bestätigt sich erneut die Erkenntnis, dass der glaubende Mensch das Zentrum seines Daseins nicht in sich selbst trägt, sondern in dem, worauf er hofft und vertraut.

Man darf vermuten, dass sich viele Menschen vom Glauben abwenden, weil sie enttäuscht darüber sind, wie wenig man vom Glauben an Gott *hat* – im Sinne dessen, was einem damit an Besitz, Ansehen und Erfolg, aber auch an Schutz vor Not und Gefahr zuteilwird oder an Unglück und Schaden erspart bleibt. Demgegenüber eröffnet sich aber dann ein Zugang zum Glauben, wenn die hoffende und vertrauende Ausrichtung auf Gottes Zusage selbst als

---

83) Im Blick auf das „Haben" stimmt das bekannte Buch von Erich Fromm, Haben oder Sein (1976), dt. München 2000, mit dieser Grundthese Luthers überein. Im Blick auf das „Sein" kann man das jedoch nicht sagen.

Trost, Halt, Orientierung und Erfüllung erfahren bzw. erlebt wird.

Das schließt an die Selbstvorstellung Gottes an, wie sie Mose laut Ex 3,14 zuteilwird, der von Gott beauftragt wurde, das Volk Israel aus der ägyptischen Knechtschaft herauszuführen. Auf die Frage, wie der Name des Gottes lautet, der ihm diesen Auftrag erteilt und der verheißt, Israel in die Freiheit zu führen, bekommt Mose von Gott die Antwort: „Ich werde sein, der ich sein werde', ... der hat mich zu euch gesandt." Der jüdische Religionsphilosoph Martin Buber (1878–1965) hat diese Stelle wohl noch genauer mit den Worten übersetzt: „Ich werde dasein, als der ich dasein werde. Und er sprach: ... ICH BIN DA schickt mich zu euch." Das ist die merkwürdige Erklärung des Jahwe-Namens, die sowohl die *Verlässlichkeit* als auch die *Gegenwart* Gottes zum Ausdruck bringt, sich aber jeder begrifflichen oder bildlichen *Festlegung* entzieht. Dazu passt auch die Form der Gottesbegegnung, die dem Propheten Elia am Berg Horeb zuteilwird, an der zunächst drei Mal deutlich wird, worin er Gott *nicht* finden kann, bevor es zur wirklichen Begegnung mit Gott kommt:

> „Der Herr sprach: Geh heraus und tritt hin auf den Berg vor den Herrn! Und siehe, der Herr ging vorüber. Und ein großer, starker Wind, der die Berge zerriss und die Felsen zerbrach, kam vor dem Herrn her; der Herr aber war nicht im Winde. Nach dem Wind aber kam ein Erdbeben; aber der Herr war nicht im Erdbeben. Und nach dem Erdbeben kam ein Feuer; aber der Herr war nicht im Feuer. Und nach dem Feuer kam ein stilles, sanftes Sausen.[84] Als das Elia hörte, verhüllte er sein Antlitz mit seinem Mantel und ging hinaus und trat in den Eingang der Höhle." (1Kön 19,11-13)

c) Gibt es nicht einzelne Menschen oder ganze Völker, die ihr Herz an *gar nichts* hängen oder auf *gar nichts* vertrauen? Wie wäre das Luthers Zugang zum Gottesglauben zuzuordnen? Luther sagt dazu:

> „… es ist bislang kein Volk so rauchlos[85] gewesen, dass es nicht irgendeine Form von Gottesdienst aufgerichtet und gehalten hätte. Da hat jedermann das zum besonderen Gott erhoben, wovon er für sich Gutes, Hilfe und Trost erwartet hat."[86]

Damit bestreitet Luther nicht, dass es in der Zukunft religionslose und insofern gottlose Völker geben könnte, aber aus der Geschichte ist ihm dafür kein Fall bekannt. Die Pointe seiner Aussage liegt für ihn jedoch darin, dass auch die vor- und außerchristlichen Völker wussten und wissen, was es heißt, einen Gott zu haben: nämlich etwas zu haben, dem man von Herzen vertraut und woran man glaubt. Gehört das unverlierbar zum Menschsein hinzu? Das ist die dritte Frage, die sich von daher stellt. Und deren Beantwortung ist umstritten.

---

84) Martin Buber übersetzt: „in der leisen Stimme verschwebenden Schweigens".
85) Das von Luther verwendete Adjektiv „rauchlos" erinnert an „ruchlos" (also „gewissenlos", „gemein", „verbrecherisch", „niederträchtig"), hatte aber bis zum 16. Jahrhundert keine so moralisch abwertende Bedeutung, sondern bedeutete „gedankenlos" und „unbekümmert gegenüber dem Heiligen". Die Wiedergabe von „rauchlos" mit „verkommen" in UG, S. 517 wird diesem Wort folglich nicht gerecht.
86) Ebd.

3.2 Sinn und Bedeutung des Wortes „Gott"[87]

Wenn zwei Menschen sich ernsthaft über den Glauben an Gott unterhalten oder gar darüber streiten, ob man sinnvollerweise an Gott glauben kann, dann werden sie aller Voraussicht nach irgendwann an den Punkt kommen, an dem sie sich vergewissern müssen, ob sie denn dasselbe *meinen*, wenn sie von „Gott" reden. Und in vielen solchen Gesprächen fällt dann irgendwann der Satz: „Ja, wenn du Gott *so* verstehst oder wenn du *das* unter Gott verstehst, dann glaube ich auch an Gott", oder: „Wenn du das Wort ‚Gott' *so* gebrauchst, sind wir gar nicht so einig, wie ich dachte." Unter Umständen wird dem dann freilich angefügt: „Aber das würde ich nicht als ‚Gott' bezeichnen", oder: „So könnte ich nicht von ‚Gott' reden". Das Gespräch verschiebt sich dann von der Frage, *ob* die Gesprächspartner an Gott glauben, zu der Frage, *was* sie denn mit dem Wort „Gott" *meinen*, und damit zu der Frage, ob sie dasselbe meinen und über dasselbe reden. Das ist eine andere Frage als die, ob ein Mensch an Gott glaubt oder nicht, es ist sogar in gewisser Hinsicht eine grundlegendere Frage; denn die Frage nach dem Glauben ergibt ja erst Sinn, wenn man zumindest versucht hat, sich darüber zu verständigen, *woran* man denn glaubt – oder nicht glaubt.

Nicht bei allen bedeutenden Theologen oder Philosophen, die sich mit der Frage nach Gott und mit dem Got-

---

[87] Dieser Abschnitt stellt eine stark überarbeitete Fassung des 2. Kapitels meines Buches „Warum Gott?", Leipzig (2013) ³2019, S. 51–74, dar.

tesverständnis befasst haben, sind jedoch Aussagen oder gar Definitionen zum Gottes*begriff* zu finden. Und zwischen den Theologen und Philosophen, die den Begriff „Gott" verwenden, herrscht außerdem keine Einmütigkeit darüber, ob und wie man diesen Begriff inhaltlich bestimmen kann.

– So vertritt etwa der syrisch-orthodoxe Theologe Johannes von Damaskus (ca. 675-749), dass wir von Gott kein positives, sondern nur negatives Wissen haben können: „Wir können nicht wissen, was er ist, sondern nur, was er nicht ist."[88] Daran ist überzeugend, dass negative Aussagen insofern bescheidener und damit unserer menschlichen Begrenztheit angemessener sind, als in ihnen der Raum für positive Aussagen über Gott offengelassen und nicht durch unsere Begriffe oder Vorstellungen ausgefüllt wird. Beispiele dafür sind Aussagen über die Unsichtbarkeit oder Unendlichkeit oder Unsterblichkeit Gottes, die sich darauf beschränken, Sichtbarkeit, Endlichkeit und Sterblichkeit Gottes zu negieren, aber nichts anderes an deren Stelle zu setzen. Aber nicht ebenso überzeugend ist die Begründung dafür mit den Worten: „Wir können nicht wissen, was er ist"; denn wenn wir das nicht wissen könnten, dann könnten wir auch nicht wissen, was Gott *nicht* ist. Jedes negative Wissen (oder Ahnen) setzt ein positives Wissen (oder zumindest eine Ahnung) von dem voraus, was Gott ist. Umgekehrt kann man sagen: Wenn wir *wissen*

---

88) Johannes von Damaskus, De fide orthodoxa, in: MPG Bd. 94, S. 800.

können, was Gott *nicht* ist, dann setzt das voraus, dass wir auch etwas davon wissen können, was Gott *ist*.

– Thomas von Aquin (1225/26–1274) vertritt programmatisch die These: „Gott kann nicht definiert werden."[89] Das ergibt sich schon aus dem, was in der scholastischen Theologie unter „Definition" verstanden wurde. Sie wurde verstanden als abgrenzende Einordnung eines Begriffs durch Angabe der nächsthöheren Gattung (*genus proximum*) und des charakteristischen Unterschieds (*differentia specifica*) zu anderen Elementen, die derselben Gattung angehören. Mit dieser Definitionsregel lässt sich in der Biologie und im alltäglichen Leben meist ganz gut arbeiten. Aber in der Anwendung auf Gott stellt sich natürlich sofort die Frage: Was sollte die nächsthöhere Gattung sein, der man Gott ein- und damit auch unterordnen könnte? Von daher ist die These von der Nichtdefinierbarkeit Gottes verständlich. Aber die Aufgabe einer Verständigung über die Bedeutung des Wortes „Gott" bleibt auch für Thomas bestehen, zumal er die Auffassung vertritt, das Dasein Gottes könne mittels der menschlichen Vernunft auf fünf „Wegen" *bewiesen* werden. Diese Wege sind die Argumentation

- über das erste Bewegende, das von nichts anderem bewegt wird;
- über die erste Wirkursache;
- über das Notwendige, das allem Möglichen zugrunde liegt;

---

89) Thomas von Aquin, Summe gegen die Heiden, Bd. 1, Darmstadt ²1987, S. 106: „Deus definiri non potest".

- über das vollkommen Gute, Wahre und Edle, das als Maßstab allem begrenzten Guten, Wahren und Edlen zugrunde liegt, und
- über die ordnende Ursache, die alle Dinge zielgerichtet lenkt.

Diese fünf Argumentationsgänge schließt Thomas jeweils mit der Formel ab: „Und das nennen wir [oder: alle] Gott."[90] Auf diese indirekte Weise verständigt er sich mit den Lesern über die Bedeutung des Wortes „Gott".

– Mit der Frage, ob man Gott definieren kann, beschäftigt sich auch der bedeutende lutherische Theologe Johann Gerhard[91] (1582-1632) und kommt zu einer differenzierten Antwort in Form der folgenden vier Unterscheidungen, von denen er das jeweils zuerst Genannte für möglich, das Zweite dagegen für (jetzt noch) nicht erreichbar hält. Er unterscheidet:

- zwischen einer *ungefähren* Beschreibung und einer *vollkommenen* Definition Gottes;
- zwischen der *Erkenntnis* Gottes und der *Erfassung* Gottes;
- zwischen einer Erkenntnis Gottes in *diesem* und in *jenem* Leben;
- zwischen einer Definition des *Wortes* „Gott" und einer Definition der *Wesensart* Gottes.

---

90) So zum Beispiel in seiner Summa theologica I, quaestio 2, articulus 3.
91) Johann Gerhard, Loci Theologici, Bd. 1, Locus 2, capitulum V [1610], Berlin 1863, S. 284-288.

3. Kapitel: Was meinen Menschen, wenn sie von „Gott" reden?

Dass die Wesensart Gottes und darum auch das Wort „Gott" sich einer begrifflichen *Festlegung* entziehe, findet sich übrigens bei sehr vielen Theologen. In der Regel wird das mit der Majestät und Unerforschlichkeit Gottes begründet.[92]

Wenn aber bestritten wird, dass man den Sinn oder die Bedeutung des Wortes „Gott" *überhaupt* festlegen könne, dann ist freilich Folgendes zu bedenken: Auch wenn es richtig ist, dass sich der Gottesbegriff nicht im strengen Sinn definieren lässt und dass von Gott nur in Metaphern und Symbolen angemessen geredet werden kann, so entbindet uns das doch nicht von der Aufgabe, uns im Gespräch miteinander soweit wie möglich darüber zu verständigen, was wir *meinen*, wenn wir das Wort „Gott" gebrauchen. Diese Verständigungsbemühung ist daher jedenfalls eine sinnvolle, letztlich sogar unverzichtbare Aufgabe, wenn grundlegende Missverständnisse vermindert, vermieden oder überwunden werden sollen. Und das dient oft auch dem Verstehen des *eigenen* Gottesglaubens.

Dazu gibt es in der Geschichte der Theologie und Philosophie zahllose Vorschläge, von denen im Folgenden eine kleine, aber charakteristische Auswahl genannt werden soll. Dabei orientiere ich mich grob an einer Einteilung, die Immanuel Kant (1724-1804) vorgenommen hat. Er unterscheidet *drei* philosophische Argumente für das Dasein

---

92) Dafür hat der katholische Theologe Erich Przywara als Buchtitel die Formel geprägt *Deus semper maior* (1938), also: *Gott ist immer größer* – zu ergänzen ist: als alle unsere Vorstellungen und Begriffe, ja, als unser Fassungsvermögen.

3.2 Sinn und Bedeutung des Wortes „Gott"

Gottes, die zugleich etwas über den Sinn und die Bedeutung des Wortes „Gott" besagen.[93]

Das *erste* Argument geht von der staunenswerten *Ordnung* aus, die in der Welt vorzufinden ist und vor allem durch die Naturwissenschaften aufgefunden und aufgedeckt wird. Im Gegensatz zu Unordnung und Chaos, die keiner Erklärung bedürfen, erfordert vorgefundene Ordnung eine Erklärung durch eine Form von *Vernunft* oder *Weisheit*. Und da diese sich ordnend auf die *gesamte* Welt bezieht, kann sie weder mit der Welt im Ganzen noch mit einem Teil der Welt identisch sein, sondern erfordert einen übergeordneten Begriff wie „Gott". Dieses erste Argument schließt also aus der *Beschaffenheit* der Welt auf eine ordnende *göttliche Weisheit* als ihren Ursprung.

Das *zweite* Argument geht von der *Existenz* der Welt aus und verbindet sie mit dem philosophischen Grundsatz: „aus nichts wird nichts" (*ex nihilo nihil fit*). Daraus ergibt sich die Notwendigkeit, einen Ursprung der Welt zu denken, der (wiederum) weder mit der Welt im Ganzen noch mit einem Teil der Welt identisch sein kann, sondern auf einen *schöpferischen Ursprung* der Welt, genannt „Gott", verweist. Dieses Argument nennt Kant „kosmologisch", weil es allein aus dem *Dasein* des Kosmos, also der Welt, gefolgert wird.

Das *dritte* Argument geht vom Gottes*begriff* aus, der besagt, dass Gott dasjenige ist, im Vergleich zu dem nichts

---

93) I. Kant, Kritik der reinen Vernunft, Riga ²1787, B 611–658. Ich kehre bei der Darstellung die von Kant gewählte Reihenfolge um.

3. Kapitel: Was meinen Menschen, wenn sie von „Gott" reden?

Größeres gedacht werden kann,[94] und schließt daraus, dass Gott *sowohl* im menschlichen Intellekt *als auch* in Wirklichkeit existieren muss. Existierte Gott nämlich nur im Intellekt (also in unseren Gedanken) und nicht auch in Wirklichkeit, so wäre Gott nicht das Größte, was man denken kann. Dieses Argument schließt also aus der schon im Gottesbegriff enthaltenen *Unübertrefflichkeit* Gottes auf seine (notwendige) Existenz.

Kant kann insbesondere dem erstgenannten Argument viel abgewinnen, aber er sieht sich nicht in der Lage, auch nur eines von diesen drei Argumenten als einen *Beweis* für das Dasein Gottes anzuerkennen. Dagegen spricht im ersten Fall, dass wir als Menschen die Weisheit Gottes und die Übereinstimmung der Welt mit dieser Weisheit nicht vollständig erkennen können, weil wir keinen möglichen Standort haben, von dem aus wir Gottes Weisheit und den Zustand der Welt überblicken und miteinander vergleichen könnten. Das wäre aber für einen solchen Beweis[95] erforderlich. Die Schwäche des zweiten Arguments besteht darin, dass man aufgrund dieser kosmologischen Argumentation auch nach dem Ursprung *Gottes* fragen kann oder andernfalls zugeben muss, dass jedenfalls im Blick auf Gott der Grundsatz „aus nichts wird nichts" *nicht* gilt.[96] Im Blick auf das dritte Argument sieht Kant den Denkfehler darin, dass dabei Existenz wie eine (zusätzli-

---

94) Siehe dazu unten Anm. 99.
95) Dass das auch für den *Gegenbeweis* erforderlich wäre, der zeigt, dass die Welt *nicht* mit der göttlichen Weisheit übereinstimmt, erwähnt Kant leider nicht, das kann aber nicht bestritten werden.

che) Eigenschaft betrachtet wird, was sie jedoch nicht ist; denn 100 wirkliche Taler sind nicht *mehr* als 100 gedachte Taler, wohl aber etwas *anderes*.

Während Kant den *Beweis*charakter dieser Argumente bestreitet, stellt er doch nicht in Frage, dass darin gewichtige Gründe für den Glauben an das Dasein Gottes enthalten sind. Er selbst geht freilich für seine denkende Vergewisserung über Gott einen *anderen* Weg, indem er aus dem *Sittengesetz*, das in Form des *Kategorischen Imperativs*[97] in der menschlichen Person liegt, sowohl die *Freiheit* der Person als auch die *Unsterblichkeit* der Seele sowie schließlich auch *Gott* als Geber und Garanten des Sittengesetzes *postuliert. Insofern* ist auch für Kant Gott *denknotwendig*. In ähnlicher Weise hat Fjodor Dostojewski (1821–1881) in seinen Romanen „Schuld und Sühne"[98] und „Die Brüder Karamasow" mit der Behauptung: „Wenn es Gott nicht gibt, ist alles erlaubt", für die Existenz Gottes argumentiert.

Betrachten wir, in welchen Formen die von Kant genannten Denkansätze zur Verständigung über den Gottesbegriff in der Geschichte der Philosophie und Theologie vorkommen, so stoßen wir auf folgende „Definitionen":

---

96) Im Glauben an Gott wird vorausgesetzt, dass nur Gott *aus sich selbst* ist, also „Aseität" besitzt.

97) Dessen Grundform lautet: „Handle so, dass die Maxime deines Willens jederzeit zugleich als Prinzip einer allgemeinen Gesetzgebung gelten könne." (Kritik der praktischen Vernunft, A 54)

98) Die neue Übersetzung von 1994 „Verbrechen und Strafe" trifft den Sinn des Buchtitels besser.

3. Kapitel: Was meinen Menschen, wenn sie von „Gott" reden?

- „Gott ist das, im Vergleich zu dem Größeres nicht gedacht werden kann."[99] So hat Anselm von Canterbury (1033/ 34–1109), der „Vater der Scholastik", den Begriff „Gott" definiert.
- Gottfried Wilhelm Leibniz (1646–1716) bezeichnet Gott als „die erste – notwendige und vollkommene – Ursache aller Dinge"[100].
- Gott ist das „Woher unseres empfänglichen und selbsttätigen Daseins", und von diesem „Woher" sind wir „schlechthin abhängig"[101], so hat es Friedrich Schleiermacher (1768–1834) formuliert.
- Rudolf Bultmann (1884–1976) schreibt: „Wo überhaupt der Gedanke ‚Gott' gedacht ist, besagt er, dass Gott der Allmächtige, d. h. die Alles bestimmende Wirklichkeit sei"[102].
- Paul Tillich (1886–1965) verwendet drei Formeln: „Gott ist das, was uns unbedingt angeht", Gott ist „der Grund des Seins", genauer wäre allerdings: „der Grund des Seienden", und: Gott ist das „Sein-Selbst".[103]

---

99) Anselm von Canterbury, Proslogion, cap. II: „credimus te esse aliquid, quo nihil maius cogitari possit".
100) G. W. Leibniz, Die Theodizee, Teil I, Abschn. 7.
101) F. Schleiermacher, Der christliche Glaube (²1830/31), hg. v. M. Redeker, Berlin 1960, S. 28.
102) R. Bultmann, Welchen Sinn hat es, von Gott zu reden? (1925), in: GuV Bd. 1, Tübingen 1933, S. 26.
103) Alle drei Formeln finden sich in Tillichs Systematischer Theologie, Bd. I, S. 247 und 273 ff.

3.2 Sinn und Bedeutung des Wortes „Gott"

– Gott ist „das Geheimnis der Wirklichkeit" bzw. „der Welt",[104] so haben es Gerhard Ebeling (1912–2001) und Eberhard Jüngel (1934–2021) gesagt.

Aber auch biblische Aussagen sind in diesem Zusammenhang mit zu bedenken wie z. B.:

– „Gott ist Geist" (Joh 4,24[105]) und
– „Gott ist Liebe" (1Joh 4,8 und 16).

Bei etwas genauerem Zusehen merkt man allerdings, dass diese beiden zuletzt genannten Aussagen anderer Art sind als die zuvor genannten. Die Aussagen über Gott als Geist und als Liebe wollen nicht bloß eine Verständigung darüber erzielen, was wir meinen, wenn wir das *Wort* „Gott" gebrauchen, sondern sie wollen Aussagen über Gottes *Wesensart* oder über Gottes *Eigenschaften* machen. Mit diesen beiden biblischen Aussagen über Gott als Geist und Gott als Liebe befinden wir uns aus christlicher Sicht auf dem *Höhepunkt* dessen, was über Gott gesagt werden kann und was darum auch einen kritischen Maßstab für alle begrifflichen Aussagen über „Gott" bildet. „Geist" besagt dabei, dass Gott kein körperliches, sichtbares, lokalisierbares Wesen ist, sondern alles umfängt und durchdringt. „Liebe" charakterisiert diese allumfassende Gegenwart Gottes als *Zuwendung* und *Hingabe* um des geliebten Gegenübers

---

104) G. Ebeling, Profanität und Geheimnis, in: Ders., Wort und Glaube, Bd. 2, Tübingen 1969, S. 208 und E. Jüngel, Gott als Geheimnis der Welt, Tübingen 1977.
105) Hierzu gehört auch die zweimalige Aussage: „Der Herr ist der Geist" (2Kor 3,17 f.), die sich sowohl auf Gott, den Vater, als auch auf Jesus Christus bezieht.

3. Kapitel: Was meinen Menschen, wenn sie von „Gott" reden?

willen. Dieses Verständnis Gottes habe ich in meiner „Dogmatik"[106] durchgehend zu erläutern versucht. Es ist auch in *diesem* Buch vorausgesetzt.

Eine von vielen Menschen als authentisch (weil angemessen und zurückhaltend) empfundene Möglichkeit, von Gott zu reden, ist das sogenannte *göttliche Passiv (passivum divinum)*. Es kommt zum Beispiel in den Seligpreisungen der Bergpredigt vor, wenn es dort heißt: „Selig sind, die da Leid tragen; denn sie sollen getröstet werden", und: „Selig sind die Barmherzigen, denn sie werden Barmherzigkeit erlangen" (Mt 5,4 und 7). In beiden Fällen wird nicht gesagt, *von wem* sie getröstet werden sollen oder Barmherzigkeit erlangen werden. Aber das muss auch nicht gesagt werden, weil aus dem Kontext hervorgeht, dass von Gott die Rede ist. Und das kann man verstehen, auch wenn das Wort „Gott" hier nicht verwendet wird. Das ist auch der Fall, wenn Menschen sagen: „Mir ist im Leben viel Gutes zuteilgeworden, für das ich dankbar bin", und sie *meinen* damit möglicherweise: „von Gott" und „Gott gegenüber", aber sie *sagen* das nicht, weil es ihnen vielleicht zu zupackend oder zu frömmlerisch klingt oder weil es ihnen peinlich wäre, so direkt von „Gott" zu reden. Das kann ganz echt sein und überzeugend wirken. Aber auf Nachfrage („von wem?" oder „vor wem?") würde ein Mensch, der so von Gott redet, dann wahrscheinlich doch Antwort geben und *sagen*, welche Instanz oder Wirklichkeit er dabei meint.

---

106) Siehe oben Kap. 1, Anm. 10.

3.2 Sinn und Bedeutung des Wortes „Gott"

Lässt sich aus dieser Vielfalt von Aussagen über den Sinn des Wortes „Gott" so etwas wie ein *Fazit* ziehen, in dem ein „gemeinsamer Nenner" erkennbar wird? Ich kann das, was ich als Gemeinsames und Verbindendes entdecke, nicht in *einer* Formel oder *einem* Begriff zum Ausdruck bringen, wohl aber in folgenden *vier* Elementen, die in all diesen Aussagen über „Gott" enthalten oder mitgedacht sind:

- Gottes Einheit und Einzigkeit;
- Gottes absolute Weltüberlegenheit;
- Gottes schöpferische Ursprungsbeziehung zur Welt;
- Gottes existenzielle Bedeutung für das menschliche Leben.

Von da aus kann man sagen: Wo diese vier Elemente in Verbindung miteinander auftauchen,[107] haben wir es mit einem Reden von Gott zu tun, das die gewichtigen menschlichen Klärungsbemühungen aus der Geschichte aufnimmt und der gegenwärtigen Verständigung dienen kann.

Nicht weniger wichtig ist freilich das, was damit *nicht* von Gott gesagt, sondern sogar *ausgeschlossen* wird, nämlich:

- die Vervielfältigung des Göttlichen im Sinne der Vielgötterei;
- die Gleichsetzung Gottes mit der Welt in Teilen oder im Ganzen;

---

107) Sprachlich gut gelungen ist diese Verbindung in der Gesangbuchstrophe von Jan Wit: „Gott steht am Anbeginn und er wird alles enden. In seinen starken Händen liegt Ursprung, Ziel und Sinn." (EG 199,5)

- die Unabhängigkeit der Welt gegenüber Gott;
- die Gleichgültigkeit Gottes gegenüber dem menschlichen Leben.

Macht man sich auch diese Negationen bewusst und trägt ihnen Rechnung, so bekommt das Reden von Gott dadurch ein zusätzliches Moment der Tiefenschärfe, das vor Fehldeutungen und Missverständnissen bewahren kann.

3.3 Gott und Welt in Beziehung

In dem dritten und vierten Element, die ich eben (positiv und negativ) erwähnt habe, geht es um die grundlegende Frage, wie man aus der Perspektive des *Glaubens* über die *Beziehung* oder das *Verhältnis* Gottes zur Welt denken kann und soll. Die Geschichte der Philosophie und Theologie bietet dafür vier Modelle an.[108]

- Als *Theismus* bezeichnet man die weitverbreitete Vorstellung von Gott als einer allwissenden, allmächtigen und unsterblichen *Person*, die die Welt erschaffen hat und erhält, ihr Ordnungen und Regeln gegeben hat, in die sie

---

108) Siehe dazu ausführlicher W. Härle, „... und hätten ihn gern gefunden", Leipzig 2017, S. 221-230. Die ersten drei dieser vier Modelle kennt und nennt auch R. Dawkins in seinem Buch: Der Gotteswahn (2006), Berlin ⁶2007, S. 31-33, lässt aber nur den Theismus als Gottesverständnis gelten. Von den anderen sagt er: „Pantheismus ist aufgepeppter Atheismus. Deismus ist verwässerter Theismus". Den Panentheismus behandelt (oder kennt) er gar nicht. Dadurch verliert sein Buch erheblich an Wert. Was kritisch zu Dawkins zu sagen ist, findet sich in überzeugender Argumentation bei R. Schröder, Abschaffung der Religion? Wissenschaftlicher Fanatismus und die Folgen, Freiburg/Basel/Wien 2008.

aber auch – wenn sie will – eingreifen kann, um menschliche Gebete zu erhören, um Menschen für ihr Verhalten in Zeit und Ewigkeit zu belohnen oder zu bestrafen. Dieses theistische Gottesverständnis ist in weiten Teilen der Bibel (aber auch weit darüber hinaus) vorausgesetzt und bestimmt die gelebte Gottesbeziehung vieler Menschen. Das ist seine Stärke. Mit diesem Gottesverständnis ist aber nur schwer die ebenfalls in der Bibel und im Glaubensleben verankerte Erfahrung und Gewissheit von der *Allgegenwart* Gottes vereinbar. Die Vorstellung von Gott, der nicht nur *wie* eine Person ist, sondern der selbst *eine* Person, also ein mit Gefühl, Verstand und Willen ausgestattetes Einzelwesen[109] ist, das der Welt und den Menschen *gegenübersteht*, tendiert dazu, Gott als durch die Welt *begrenzt* zu denken. Hegel hat das eine „schlechte Unendlichkeit" Gottes genannt, weil sie das Endliche nicht mit umfasst, sondern ausgrenzt. Diese Trennung der Welt von Gott ist ein hoher Preis, der mit dem theistischen Gottesverständnis verbunden ist.

– Als *Deismus* bezeichnet man die vor allem in der Aufklärungszeit entwickelte und vertretene Vorstellung von Gott als dem Schöpfer der Welt, der ihr in Gestalt der Naturgesetze wunderbare Ordnungen mitgegeben hat. Dafür wurde und wird gerne das Bild von einem *Uhrmacher* verwendet, der die Welt wie ein fehlerfreies Uhrwerk erschaf-

---

[109] Weil der Begriff „Wesen" sowohl die Wesensart (im Sinne des Charakters) als auch ein Einzelwesen (im Sinne eines Individuums) bezeichnen kann, vermeide ich ihn in diesem Buch weitgehend und spreche stattdessen entweder von „Wesensart" *oder* von „Einzelwesen".

fen hat, in das er nicht korrigierend eingreifen muss, weil es von selbst zuverlässig läuft. Damit ist auch die Zuversicht vereinbar, dass die von Gott so vollkommen erschaffene Welt auf ein heilvolles, gutes Endziel zuläuft, das sie unfehlbar erreichen wird. Mit diesem Bild von Gott und vom Gott-Welt-Verhältnis verbindet sich naturgemäß ein starker *Optimismus*, der gut zu den positiven Aussagen der biblischen Schöpfungsgeschichte in Gen 1,1-31 und zu der Hoffnung auf die Auferstehung der Toten zum ewigen Leben passt. Diese Sichtweise wirft jedoch die Frage auf, wie mit ihr das *gegenwärtige* Wirken Gottes sowie die *menschliche* Verantwortung für die Gestaltung der Welt und die Existenz von *Bösem und Übel* in der Welt zu vereinbaren sind.

– *Pantheismus* ist der Name, den ein drittes Modell trägt. Es hatte ebenfalls seine Blütezeit in der Aufklärungsepoche. Als Hauptvertreter des Pantheismus gilt zu Recht der jüdische Religionsphilosoph Baruch de Spinoza (1632-1677), der jedoch wegen seiner pantheistischen Lehre aus der jüdischen Gemeinde ausgeschlossen wurde. Bei seinem Versuch, das Verhältnis von Gott und Welt zu bestimmen, arbeitet er hauptsächlich mit dem Begriff *Natur*. Das kommt den Menschen entgegen, die „Gott" mit „Natur" gleichsetzen bzw. „Gott" durch „Natur" ersetzen. Das hat freilich – gewollt oder ungewollt – die Konsequenz, dass der Natur göttliche Eigenschaften zugesprochen werden, und das bedeutet eine Vergöttlichung der Natur, durch die sie überstrapaziert wird. Eine unterschiedslose Gleichsetzung von Gott und Natur vollzieht der Pantheismus Spinozas jedoch *nicht*. Vielmehr unterscheidet er an der Natur zwei Aspekte, einen *produktiven* (die *natura naturans*) und einen *rezeptiven* (die *natura naturata*), was man übersetzen kann mit „hervorbringende Natur" (= Gott) und „hervorgebrachte Natur" (= Welt). Mit dieser *Unterscheidung* zwischen Gott und Welt, die nicht als *Trennung* gedacht ist, kann der Pantheismus an einem wesentlichen Element des Schöpfungsglaubens festhalten: der Unterscheidung zwischen Schöpfer und Geschöpf, obwohl beide im Begriff „Natur" miteinander verschmelzen. Aber auch beim Pantheismus stellen sich gravierende Fragen: Gibt es eine *Verantwortlichkeit* der Geschöpfe? Ist die Entstehung des *Bösen* in der Welt und dessen Überwindung durch *Versöhnung* gedanklich mit diesem Modell zu vereinbaren?

– Ein viertes Modell trägt einen dem Pantheismus ähnlichen Namen, ist aber von ihm grundlegend zu unterscheiden: der *Panentheismus*, zu Deutsch: die All-in-Gott-Lehre. Diesen *Namen* erhielt diese Verhältnisbestimmung von Gott und Welt erst im Jahr 1828 durch den Göttinger Philosophen Karl Christian Friedrich Krause (1781–1832).[110] Aber als gedankliches Modell taucht sie schon an einigen Stellen in der Bibel auf, so in Ps 139,5, wo der Beter zu Gott sagt: „Von allen Seiten umgibst du mich und hältst deine Hand über mir", oder in Apg 17,27 f., wo es von Gott heißt: „… er ist nicht ferne von einem jeden unter uns. Denn in

---

110 K. Ch. F. Krause, Vorlesungen über das System der Philosophie (Göttingen 1828), Breitenfurt 1981, S. 256. Siehe dazu auch den Artikel „Panentheismus" von John Macquarrie in: TRE 25, 1995, S. 611–615.

ihm leben, weben und sind wir." Das findet in der jüdischen Mystik und in der mittelalterlichen Theologie und Philosophie Aufnahme. Von da aus zieht sich eine breite Spur panentheistischen Denkens durch die Geschichte bis in die Gegenwart. Der Panentheismus hat die große Stärke, dass er das Verhältnis zwischen Gott und Welt weder als *Trennung* noch als *Verschmelzung* denkt, sondern als eine Beziehung, die für das Dasein der Welt konstitutiv ist, aber zugleich Raum für die eigenständige Entwicklung und Verantwortung der Geschöpfe lässt. Dieses Modell lässt sich bildhaft-metaphorisch *veranschaulichen* durch eine *Schwangerschaft*, die sowohl bergende Gegenwart als auch eigenständigen Lebensraum symbolisiert und beides miteinander verbindet. Ich halte diese panentheistische Verhältnisbestimmung für die angemessenste.

3.4 Das Gottesverständnis im Spiegel des Unglaubens

Wie durch die oben genannten *verneinenden* Aussagen über Gott das Gottesverständnis deutlicher werden kann, so ist das auch durch atheistische und agnostische Konzeptionen möglich, in denen die *Wirklichkeit* Gottes oder die *Erkennbarkeit* Gottes verneint wird. Denn nur wenn der Atheismus und Agnostizismus benennen, *wessen* Wirklichkeit oder Erkennbarkeit sie verneinen, sind sie keine inhaltsleeren Behauptungen. Dem nähert sich Paul Tillich auf bedenkliche Weise mit seinem Begriff des „absoluten Glaubens" an einen „Gott über Gott" an, von dem er sagt:

3.4 Das Gottesverständnis im Spiegel des Unglaubens

„Er ist das Bejahen des Bejahtseins ohne jemanden oder etwas, das uns bejaht."[111] Das klingt wie eine Absage an jedes inhaltlich bestimmte Gottesverständnis zugunsten einer Form der (Selbst-)Erlösung. Dass Tillich das nicht *so* meint, soll man jedoch offensichtlich dem anschließenden Satz entnehmen: „Es ist die Macht des Seins-Selbst, die bejaht und den Mut zum Sein verleiht."[112] Das ist freilich eine sehr abstrakte Aussage über Gott.

Nicht nur der Gottesglaube, sondern auch der Unglaube ist rechenschaftspflichtig und auf eine Verständigung über den Gottesbegriff angewiesen. Das gilt in besonderem Maß für (mindestens[113]) zwei bedeutsame literarische Darstellungen des Atheismus, die inhaltlich weithin miteinander übereinstimmen und doch Ausdruck entgegengesetzter Auffassungen sind. Ich meine Jean Pauls (1763–1825)

---

111) P. Tillich, Der Mut zum Sein (1952), in: GW XI, Stuttgart ²1976, S. 136. Die Formeln „Gott über Gott" verwendet Tillich allerdings schon 1919 in seinem Text: „Rechtfertigung und Zweifel", in: Ders., Religion, Kultur, Gesellschaft. Unveröffentlichte Texte aus der deutschen Zeit (1908–1933). Bd. X der Ergänzungs- und Nachlassbände zu den GW, hg. v. E. Sturm, Berlin/New York 1999, S. 219. Vgl. dazu unten Abschnitt 4.4.
112) P. Tillich, Der Mut zum Sein (Anm. 111), S. 136 f.
113) Ein dritter, hierzu passender Text, der zeitlich zwischen Jean Paul und Friedrich Nietzsche liegt, ist das „Philosophengespräch" aus Georg Büchners Drama „Dantons Tod" (1835). Er sagt aber wenig darüber aus, was der Verlust des Gottesglaubens bedeutet, sondern ist eher aussagekräftig im Blick auf die *Kränkung*, die der Mensch als unvollkommenes Geschöpf eines vollkommenen Schöpfers durch sein Leiden empfindet (s. o. Abschnitt 2.4, Anm. 57). Vgl. dazu W. Härle, Leiden als Fels des Atheismus? Analysen und Reflexionen zum Philosophengespräch in „Dantons Tod" (1992), in: Ders., Spurensuche nach Gott, Berlin/New York 2008, S. 367–388.

3. Kapitel: Was meinen Menschen, wenn sie von „Gott" reden?

„Rede des toten Christus vom Weltgebäude herab, dass kein Gott sei"[114] und Friedrich Nietzsches (1844-1900) Textstück: „Der tolle Mensch"[115].

> Jean Paul, „Rede des toten Christus, dass kein Gott sei"
> „Ich lag einmal an einem Sommerabende ... auf einem Berge und entschlief. Da träumte mir, ich erwachte auf dem Gottesacker. Die abrollenden Räder der Turmuhr, die elf Uhr schlug, hatten mich erweckt. Ich suchte im ausgeleerten Nachthimmel die Sonne, weil ich glaubte, eine Sonnenfinsternis verhülle den Mond. Alle Gräber waren aufgetan, und die eisernen Türen des Gebeinhauses gingen unter unsichtbaren Händen auf und zu ... Jetzo sank eine hohe edle Gestalt mit einem unvergänglichen Schmerz aus der Höhe auf den Altar hernieder, und alle Toten riefen: ‚Christus! Ist kein Gott?' Er antwortete: ‚Es ist keiner.' Der ganze Schatten jedes Toten erbebte, nicht bloß die Brust allein, und einer um den andern wurde durch das Zittern zertrennt. ... Da kamen, schrecklich für das Herz, die gestorbenen Kinder, die im Gottesacker erwacht waren, in den Tempel und warfen sich vor die hohe Gestalt am Altare und sagten: ‚Jesus! Haben wir keinen Vater?' – Und er antwortete mit strömenden Tränen: ‚Wir sind alle Waisen, ich und ihr, wir sind ohne Vater.' ... Und als ich niederfiel und ins leuchtende Weltgebäude blickte, sah ich die emporgehobenen Ringe der Riesenschlange der Ewigkeit, die sich um das Welten-All gelagert hatte – und die Ringe fielen nieder, und sie umfasste das All doppelt – dann wand sie sich tausendfach um die Natur – und quetschte die Welten aneinander – und drückte zermalmend

---

114) J. Paul, Siebenkäs (1795) ²1817, in: Ders., Werke, Bd. 2, München 1959, S. 266-271.
115) F. Nietzsche, Die fröhliche Wissenschaft, Drittes Buch, Ziff. 125, in: Ders., Sämtliche Werke, Bd. 3, Berlin 1980, S. 480-482. Das Adjektiv „toll" ist hier kein bewundernder Ausdruck, wie meist in unserer Umgangssprache, sondern bedeutet „verrückt" oder „närrisch".

3.4 Das Gottesverständnis im Spiegel des Unglaubens

den unendlichen Tempel zu einer Gottesackerkirche zusammen – und alles wurde eng, düster, bang – und ein unermesslich ausgedehnter Glockenhammer sollte die letzte Stunde der Zeit schlagen und das Weltgebäude zersplittern ... als ich erwachte. – Meine Seele weinte vor Freude, dass ich wieder Gott anbeten konnte – und die Freude und das Weinen und der Glaube an ihn waren das Gebet."[116]

Friedrich Nietzsche, „Der tolle Mensch"

„Der tolle Mensch sprang mitten unter sie [sc. die auf dem Marktplatz versammelten Leute] und durchbohrte sie mit seinen Blicken. ‚Wohin ist Gott?' rief er, ‚ich will es euch sagen! *Wir haben ihn getötet,* – ihr und ich. Wir alle sind seine Mörder! Aber wie haben wir dies gemacht? Wie vermochten wir das Meer auszutrinken? Wer gab uns den Schwamm, um den ganzen Horizont wegzuwischen? Was taten wir, als wir diese Erde von ihrer Sonne losketteten? Wohin bewegt sie sich nun? Wohin bewegen wir uns? Fort von allen Sonnen? Stürzen wir nicht fortwährend? Und rückwärts, seitwärts, vorwärts, nach allen Seiten? Gibt es noch ein Oben und ein Unten? Irren wir nicht wie durch ein unendliches Nichts? Haucht uns nicht der leere Raum an? Ist es nicht kälter geworden? Kommt nicht immerfort die Nacht und mehr Nacht? Müssen nicht Laternen am Vormittage angezündet werden? Hören wir noch nichts von dem Lärm der Totengräber, welche Gott begraben? Riechen wir noch nichts von der göttlichen Verwesung? – auch Götter verwesen! Gott ist tot! Gott bleibt tot! Und wir haben ihn getötet! Wie trösten wir uns, die Mörder aller Mörder? Das Heiligste und Mächtigste, was die Welt bisher besaß, es ist unter unseren Messern verblutet. – Wer wischt dies Blut von uns ab? Mit welchem Wasser können wir uns reinigen? Welche Sühnfeiern, welche heiligen Spiele werden wir erfinden müssen? Ist nicht die Größe dieser Tat zu groß für uns? Müssen wir nicht selber zu Göttern werden, um nur ihrer würdig zu erscheinen? Es

---

116) J. Paul (Anm. 114), S. 268-271.

gab nie eine größere Tat, – und wer nur immer nach uns geboren wird, gehört um dieser Tat willen in eine höhere Geschichte, als alle Geschichte bisher war!"[117]

Vergleichende Betrachtung

In diesen beiden berühmten Texten des Dichters Jean Paul und des Philosophen Friedrich Nietzsche finden sich am Ende des 18. und am Ende des 19. Jahrhunderts Beschreibungen dessen, was der Verlust Gottes für Menschen bedeutet. Jean Paul schildert einen Albtraum, in dem ihm Christus erscheint, der das Weltall durchzogen hat und nun den Menschen verkünden muss: „Es ist kein Gott". Für die Toten, die aus ihren Gräbern hervorgekommen sind, ist das eine zum Verzweifeln schreckliche Botschaft, die ihnen nicht nur klarmacht, dass sie ihren Vater verloren haben und nun Waisen sind, sondern die auch zur Folge hat, dass das ganze „Weltgebäude" von Zerstörung und Einsturz bedroht ist. Kurz bevor das im Traum eintritt, erwacht Jean Paul jedoch und dankt Gott mit Tränen der Erleichterung dafür, dass das nur ein Traum war. Und Jean Paul fügt dieser Erzählung eine Fußnote an, in der er schreibt:

> „Wenn einmal mein Herz so unglücklich und ausgestorben wäre, dass in ihm alle Gefühle, die das Dasein Gottes bejahen, zerstöret wären; so würd' ich mich mit diesem meinem Aufsatz erschüttern und – er würde mich heilen und mir meine Gefühle wiedergeben."[118]

---

117) F. Nietzsche (Anm. 115), S. 480 f. (Orthographie leicht modernisiert und korrigiert).

3.4 Das Gottesverständnis im Spiegel des Unglaubens

Bei Friedrich Nietzsche, der sich etwa einhundert Jahre später vom Glauben an Gott verabschiedet hat, lesen wir die Beschreibung des tollen, also närrischen Menschen, der am helllichten Tag mit einer Laterne auf dem Marktplatz Gott sucht, ihn aber nicht finden kann. Und als die umstehenden Leute ihn verspotten, macht er ihnen klar, warum Gott nicht mehr zu finden ist: weil er tot ist, und zwar dadurch, dass wir Menschen ihn „ermordet", d. h. ihn endgültig aus unserer Welt und unserem Leben beseitigt haben. Und dann skizziert der tolle Mensch mit Worten, die an Jean Paul erinnern, was die Welt und die Menschen durch den Tod Gottes verloren haben, und das ist nicht weniger bedrohlich als einhundert Jahre zuvor, auch wenn Nietzsche diese Beseitigung Gottes zugleich als *die größte Tat der Menschheit* rühmt. Der entscheidende Unterschied zwischen Jean Paul und Nietzsche besteht aber darin, dass es bei Nietzsche *kein Erwachen* aus diesem Albtraum gibt, sondern dass er damit die *Realität* der modernen (mitteleuropäischen) Welt zu beschreiben versucht.

Ich empfinde *beide* Texte als sehr beeindruckend und lese sie immer wieder. Bei Nietzsche, der als ein Hauptvertreter der Religionskritik und als ein Hasser des Christentums gilt, beeindruckt mich besonders, wie ehrlich er den Verlust beschreibt, der mit dem Tod Gottes eintritt. Aber das ist für ihn kein Grund, die Ermordung Gottes rückgängig zu machen – wie könnte er auch? Und würde er das überhaupt wollen, selbst wenn er es könnte? So zeigt sich

---

118) J. Paul (Anm. 114), S. 266, Anm. 1.

auch an diesen beiden Texten im Medium zweier Verlustgeschichten, was Menschen meinen (können), wenn sie von Gott reden.

4
Gewissheit und Zweifel im Blick auf den Glauben

4.1 Gewissheit oder Sicherheit des Glaubens

Religiöser Glaube ist Vertrauen, das auf Gewissheit gründet. Diese Gewissheit bildet sowohl einen *absoluten* Gegensatz zur Verzweiflung, die nichts Gutes erhofft, als auch einen *relativen* Gegensatz zu der Sicherheit, die den Glauben im Griff zu haben meint. Diese letztere Entgegensetzung widerstrebt allerdings dem allgemeinen Denken und Sprachgefühl, in denen „Sicherheit" und „Gewissheit", vor allem aber die Adjektive „sicher" und „gewiss", meist als austauschbare Begriffe verstanden und gebraucht werden. Zwar käme niemand auf die Idee, ein Sicherheitsschloss als „Gewissheitsschloss" oder eine Lebensversicherung als eine „Lebensvergewisserung" zu bezeichnen, und dasselbe gilt für zahllose andere Sicherheitsvorrichtungen und Sicherungsmaßnahmen, aber zwischen den Aussagen „Ich bin sicher" und „Ich bin gewiss" ist doch schwer zu unterscheiden.

Martin Luther legte aus theologischen Gründen an vielen Stellen auf die Unterscheidung zwischen Gewissheit und Sicherheit großen Wert. Ja, er konnte die Auffassung vertreten, dass Sicherheit in der Beziehung zu *Gott* eine

Kapitel 4: Gewissheit und Zweifel im Blick auf den Glauben

gefährliche, teuflische Verführung sei.[119] Andererseits gilt für ihn: Wenn die Beziehung des Menschen zu Gott nicht durch *Gewissheit,* und zwar *Glaubensgewissheit,* geprägt ist, fehlt ihr die Verankerung im Herzen, auf die es ankommt.[120] Von daher scheint es so, als verhielten sich im Hinblick auf das menschliche Gottesverhältnis für Luther Gewissheit und Sicherheit wie Feuer und Wasser zueinander. Aber an anderen Stellen kann Luther „sicher" auch im Blick auf die Gottesbeziehung in einem positiven Sinn verwenden, so z.B. in dem Satz: „So lebt der Christ sicher [*secure*] im Glauben unter Christus."[121] Und an mehreren anderen Stellen kann Luther „gewiss" und „sicher" so nebeneinanderstellen, als seien sie *gleichbedeutend*.[122] Dieser Befund wirkt und ist verwirrend. Er erklärt sich daraus, dass das Wort „sicher" auch bei Luther teilweise dasselbe bedeuten kann wie „gewiss", teilweise aber auch dasselbe wie „selbstsicher" und dann mit dem Glauben nicht vereinbar ist.

---

119) So z. B. WA 45,368,4-8: „... die Sicherheit, die jetzt in der Welt ist, ist viel schädlicher als alle Ketzerei. Denn früher ... taten wir viel mit großer Furcht in des Teufels Namen. In Gottes Namen wollen wir jetzt gar nichts tun. Der Teufel steht jetzt zur Rechten mit dieser Anfechtung und will uns sicher machen."

120) WA 38,126,11 f.: „Ein Christ soll seines Sinnes und Glaubens gewiss sein oder jedenfalls danach streben, dass er gewiss werde." Aber Luther kann auch einem verzagten Christen raten, vor Gott ehrlich zu bekennen: „Ich habe nicht einen festen, starken Glauben, ich zweifle zeitweise und kann Gott nicht gänzlich vertrauen" (WA 10/1/2,438,20).

121) WA 41,678,4.

122) So z.B. LDStA 1,650,20 f./651,28: „Da sind wir auch gewiss und sicher [*certi et securi*], Gott zu gefallen".

4.1 Gewissheit oder Sicherheit des Glaubens

Inwiefern bezeichnen Gewissheit und Sicherheit etwas relativ Gegensätzliches? Insofern, als „Sicherheit" den – freilich nie vollständig erreichbaren – Zustand bezeichnet, in dem ein Mensch sich rundum geschützt weiß oder eine Situation beherrscht und darum keine Angst vor Gefahren, Angriffen oder Verletzungen haben muss. Gerade das gilt aber für Gewissheit *nicht*. Das Überzeugtsein bzw. das Überzeugungsgefühl, das man als „Gewissheit" bezeichnet, ist kein Beherrschen und Bestimmen, sondern viel eher ein Beherrscht- und Bestimmt-*Werden*, dem ein Mensch ausgeliefert ist. Denn Gewissheit basiert nicht auf Beweisen oder Absicherungsmaßnahmen, sondern auf Einfühlung und Intuition, die jede Person nur für sich selbst spüren oder haben kann, die sich aber weder garantieren noch beweisen lässt. Deshalb ist Gewissheit anfechtbar und angreifbar, ohne dass dem, der sie hat, wirksame Verteidigungswaffen zur Verfügung stünden.

Glaube – als auf Gewissheit gegründetes *unbedingtes* Vertrauen – impliziert sogar, dass ein Mensch mit seinem ganzen Dasein angreifbar und verwundbar ist. Aber dazu gibt es für den glaubenden Menschen keine Alternative; denn in der Beziehung zu *Gott* gibt es nur eine *scheinbare*, vermeintliche Sicherheit für diejenigen, die meinen, Gott gegenüber aufgrund ihrer Qualitäten oder Leistungen Ansprüche geltend machen zu können. In Wirklichkeit leben Glaubende in der Gewissheit, dass das Gelingen ihrer Existenz nicht von ihren Verdiensten abhängt, sondern grundsätzlich von dem, was ihnen geschenkweise, also gratis, zuteilwird. Das nimmt dem eigenen Handeln nicht seine

Kapitel 4: Gewissheit und Zweifel im Blick auf den Glauben

Bedeutung, wohl aber seine Verbissenheit und Verkrampftheit, und es befähigt zu der Gelassenheit, ja zu dem *Humor des Glaubens*, der sich besonders in schwierigen, sogenannten „aussichtslosen" Lebenssituationen zeigen kann.

Humor des Glaubens in der Bibel[123]

Einige Beispiele für den Humor des Glaubens enthält schon die Bibel. So wird in 1Sam 4 f. erzählt, dass die Philister die Bundeslade Gottes, die das Heiligtum Israels war, von den Israeliten erbeuteten und in das Haus ihres Gottes Dagon in Aschdod neben dessen Statue stellten. Für Israel war das eine verzweifelte Situation. Aber dann finden die Philister zweimal am Morgen die Statue Dagons umgestürzt auf seinem Antlitz, also in der Haltung der Anbetung, vor der Bundeslade auf der Erde liegen und bitten schließlich die Israeliten flehentlich, ihr Heiligtum wieder zurückzuholen (1Sam 5,3 f.). Das ist freilich Humor auf Kosten *anderer*.

Ein neutestamentliches Beispiel, das dem ähnelt, enthält die Passionsgeschichte (!) in Joh 18,3-6, wo erzählt wird, dass Judas mit einer Truppe von bewaffneten Soldaten und Knechten in den Garten Gethsemane kommt, um den unbewaffneten Jesus gefangen zu nehmen. Jesus geht ihnen entgegen und fragt sie: „Wen sucht ihr? Sie antworteten ihm: Jesus von Nazareth. Er spricht zu ihnen: Ich bin's! ... Als nun Jesus zu ihnen sprach: Ich bin's!, wichen sie zurück und fielen zu

---

123) Viele andere Beispiele finden sich bei K. Steinel: Und Gott schreibt auch auf krummen Linien grade, Gelnhausen 1959, und bei O. Roland: Humor in der Kirche. Der christliche Witz, Regensburg ²2008 sowie in Sammlungen jüdischer Witze. In kindgemäßer Form kommt der Humor des Glaubens zum Ausdruck in der Szene, in der ein Pfarrer zum Schutz seiner Bäume vor Obstdiebstahl ein Schild aufstellt mit der Aufschrift: „Gott sieht alles". Am folgenden Tag ist diese Aufschrift ergänzt durch den Zusatz von kindlicher Hand: „aber er petzt nicht". Auf Beispiele für *Schwarzen* Humor des Glaubens (z. B. aus Märtyrerlegenden), die es auch gibt, verzichte ich hier bewusst aus Rücksichtnahme auf empfindsame Gemüter.

4.1 Gewissheit oder Sicherheit des Glaubens

Boden." Da soll ein Unbewaffneter von einer kleinen Armee verhaftet werden, aber sein furchtloses „Ich bin's" wirft sie zu Boden.

Von ganz anderer Art ist der Humor des Glaubens, der in Jesu *Verkündigung* vorkommt, wenn er treffende Bilder verwendet, bei deren Hören man anfangs lachen muss. Ich denke dabei an Jesu Aufforderung, zuerst den „Balken im eigenen Auge" wahrzunehmen und zu entfernen, bevor man sich in heilender Absicht des Splitters im Auge des „Bruders" annimmt (Mt 7,3–5 und Lk 6,41 f.).

In dieselbe Kategorie gehört das zur Warnung vor Reichtum auffordernde Bild, dass es leichter ist, „dass ein Kamel durch ein Nadelöhr gehe, als dass ein Reicher ins Reich Gottes komme" (Mk 10,25; Mt 19,24 und Lk 18,25). Dabei ist aber zu beachten, dass dem an allen drei Stellen der ermutigende Zusatz folgt, dass das, was menschlich unmöglich ist, bei Gott möglich ist.

Schließlich ist auch die „Narrenrede", die Paulus in 2Kor 11,16–33 hält, ein Paradestück an Humor des Glaubens, in dem Paulus als Antwort auf die Kritik der Gemeinde an seinem schwachen Auftreten sich seiner Schwachheit und seiner Leiden *rühmt* und sich so selbst „zum Narren macht".

Die Gewissheit des Glaubens trotz überlegenster Gegenkräfte und Gefahren kommt in den Worten des Apostels Paulus in Röm 8,38 f. zum Ausdruck:

> „Denn ich bin gewiss, dass weder Tod noch Leben, weder Engel noch Mächte noch Gewalten, weder Gegenwärtiges noch Zukünftiges, weder Hohes noch Tiefes noch irgendeine andere Kreatur uns scheiden kann von der Liebe Gottes, die in Christus Jesus ist, unserem Herrn."

Es gibt viele Menschen, die diese Sätze aus Überzeugung mit- und nachsprechen können. Es gibt aber vermutlich auch viele Menschen, die gerne eine solche Gewissheit hätten und so von ihr sprechen könnten, aber die zugleich spüren, dass sie diese Gewissheit nicht *haben,* sondern dass sie nur auf sie hoffen, danach suchen und sich danach sehnen können. Und es gibt andere, die spüren, dass diese Gewissheit ihnen zwar gelegentlich zuteilwird, aber auch immer wieder verlorengeht. Das kann als eine sehr schmerzhafte Situation erlebt und erlitten werden und sollte deshalb nicht idealisiert werden, wie das teilweise in Mode gekommen ist.[124] Solche Idealisierungen der Glaubens*un*gewissheit gegenüber der Glaubensgewissheit leiden freilich in der Regel an dem Selbstwiderspruch, dass die Ablehnung von Glaubensgewissheit zugunsten von Glaubens*ambivalenz* selbst mit dem Pathos großer Glaubensgewissheit vertreten wird.

Martin Luther hat der Bedeutung der Gewissheit durch die rhetorische Frage Ausdruck verliehen: „Was ist elender als Ungewissheit?"[125] Dass das keine Übertreibung ist oder sein muss, wird Menschen vor allem dann bewusst, wenn die Ungewissheit sich (zum Beispiel nach einer schockierenden schicksalhaften oder schuldhaften Erfahrung oder im Zustand der Demenz oder Amnesie) auf die eigene Identität oder auf lebenswichtige Beziehungen, Überzeugungen und Erinnerungen von Menschen bezieht.

---

124) Zu einer solchen Verharmlosung oder Verklärung der Ungewissheit tendiert *fragend* die Veröffentlichung des Zentrums für Mission in der Region: „Indifferent? Ich bin normal", Leipzig 2017, und *programmatisch* das Buch von M. Klessmann, Ambivalenz und Glaube. Warum sich in der Gegenwart Glaubensgewissheit zu Glaubensambivalenz wandeln muss, Stuttgart 2018.

125) „Quid enim incertitudine miserius?" (LDStA 1,230,19/231,27).

4.1 Gewissheit oder Sicherheit des Glaubens

Diese Fragen hat Dietrich Bonhoeffer eindrucksvoll in Worte gefasst in einem Gedicht mit dem Titel „Wer bin ich?" Darin beschreibt er in bewegenden Worten die Ungewissheit, die ihn in seiner Gefängniszelle umtreibt:

„Wer bin ich?
Wer bin ich? Sie sagen mir oft,
ich träte aus meiner Zelle
gelassen und heiter und fest
wie ein Gutsherr aus seinem Schloss.
Wer bin ich? Sie sagen mir oft,
ich spräche mit meinen Bewachern
frei und freundlich und klar,
als hätte ich zu gebieten.
Wer bin ich? Sie sagen mir auch,
ich trüge die Tage des Unglücks
gleichmütig, lächelnd und stolz,
wie einer, der Siegen gewohnt ist.
Bin ich das wirklich, was andere von mir sagen?
Oder bin ich nur das, was ich selbst von mir weiß?
Unruhig, sehnsüchtig, krank, wie ein Vogel im Käfig,
ringend nach Lebensatem, als würgte mir einer die Kehle,
hungernd nach Farben, nach Blumen, nach Vogelstimmen,
dürstend nach guten Worten, nach menschlicher Nähe,
zitternd vor Zorn über Willkür und kleinlichste Kränkung,
umgetrieben vom Warten auf große Dinge,
ohnmächtig bangend um Freunde in endloser Ferne,
müde und leer zum Beten, zum Denken, zum Schaffen,
matt und bereit, von allem Abschied zu nehmen?
Wer bin ich? Der oder jener?
Bin ich denn heute dieser und morgen ein andrer?
Bin ich beides zugleich? Vor Menschen ein Heuchler
und vor mir selbst ein verächtlich wehleidiger Schwächling?
Oder gleicht, was in mir noch ist, dem geschlagenen Heer,

das in Unordnung weicht vor schon gewonnenem Sieg?
Wer bin ich? Einsames Fragen treibt mit mir Spott.
Wer ich auch bin, Du kennst mich, Dein bin ich, o Gott!"[126]

In dieser Gewissheit ist die Frage „Wer bin ich?" für Bonhoeffer aufgehoben und beantwortet.

Da der Glaube eine Bewegung des Menschen zu Gott hin ist, liegt in diesem Aus-sich-heraus-Gehen, Sich-Verlassen und Sein-Herz-an-Gott-Hängen aber auch das Risiko der *Enttäuschung*. Wer unbedingt vertraut, lebt nicht aus dem, was er besitzt oder sich selbst geben und beschaffen kann, sondern erhofft die Erfüllung seines Lebens von außerhalb seiner selbst. Aber er hat nicht die Sicherheit, also die Garantie oder Gewähr dafür, dass dieses Vertrauen so Erfüllung findet, wie er sich das vorstellt. Es kann enttäuscht werden, zum Beispiel weil es sich auf das falsche Gegenüber (einen Abgott oder Götzen) richtet oder weil es sich mit falschen Erwartungen verbindet oder sich festlegt auf eine bestimmte Art oder einen bestimmten Zeitpunkt der erwarteten Erfüllung. Ein bekanntes Beispiel dafür sind in der Geschichte des Christentums die vielen (teilweise aus der Bibel abgeleiteten) irreführenden Berechnungen des Datums der Wiederkunft Christi und des Weltendes.

Im echten Vertrauen wagt ein Mensch sich über das, was er hat, was er sieht und was er beweisen kann, hinaus in einen Bereich, über den er nicht verfügt. Nur so ist es

---

[126] D. Bonhoeffer, Widerstand und Ergebung, hg. v. E. Bethge, NA München 1985, S. 381 f.

möglich, die Grenzen des bekannten Lebens und der verfügbaren Welt zu überschreiten und sich für noch Ausstehendes zu öffnen. Aber diese Suche und dieses Wagnis begegnen eigenen und fremden Zweifeln.

4.2 Ist Glaube ein „Nichtzweifeln"?

Glaubensgewissheit ist begleitet und bedroht durch Zweifel. Aber was ist Zweifel? Zweifel ist weder identisch mit Unglauben noch mit Aberglauben, sondern Zweifel ist bzw. sind[127] *Ungewissheit(en) oder Bedenken* im Blick auf die Wahrheit und Verlässlichkeit dessen, wovon Menschen überzeugt sind. Die Frage, ob Zweifel sich bestätigt und erhärtet und schließlich zum Unglauben führt oder ob er sich ausräumen lässt und verschwindet, ist im Prozess des Zweifelns noch offen. Zweifel kann als permanentes Bedenken eine absichtliche skeptische Grundhaltung (gegen alles und jeden) sein. Er kann aber auch durch Verlust der Gewissheit zur Beendigung des Vertrauens und damit zu Unglauben führen. Schließlich kann Zweifel durch neue Gewissheit überwunden werden und damit sogar zu einer Vertiefung des Vertrauens führen.

Es gibt eine weithin bekannte, aber nicht einfach zu übersetzende und zu verstehende neutestamentliche Defi-

---

[127] Ob „Zweifel" als Singular oder Plural zu verstehen ist, zeigt sich nicht am Substantiv selbst, sondern nur am Artikel „der" oder „die" sowie am begleitenden Verb. In der Regel werde ich im Folgenden „Zweifel" grammatisch in der Einzahl gebrauchen, was nicht ausschließt, dass das mehr als *eine* Facette oder Gestalt umfasst.

nition von „Glauben", in der vom (Nicht-)Zweifeln die Rede ist. Sie findet sich in Hebr 11,1. Ich stelle den griechischen Urtext dieses Verses (in deutscher Umschrift) voran und lasse ihm dann mehrere um Genauigkeit und Verständlichkeit bemühte Übersetzungen folgen: „Estin de pistis elpizomenōn hypostatis, pragmatōn elenchos ou blepomenōn."

Nun einige Übersetzungen in der chronologischen Reihenfolge ihres Entstehens:

> „Es ist aber der Glaube eine feste Zuversicht dessen, was man hofft, und ein Nichtzweifeln an dem, was man nicht sieht." (Luther, [1522] 2017)[128]
> „Der Glaube aber ist die Grundlage dessen, was man erhofft, der Beweis für Dinge, die man nicht sieht." (Zürcher Bibel, [1531] 2007)
> „Glaube aber ist: Grundlage dessen, was man erhofft, ein Zutagetreten von Tatsachen, die man nicht sieht." (Katholische Einheitsübersetzung, [1978] 2016)
> „Der Glaube aber ist eine Wirklichkeit dessen, was man hofft, ein Überzeugtsein von Dingen, die man nicht sieht." (Elberfelder Bibel, [1985] 2013)
> „Der Glaube ist ein Festhalten an dem, worauf man hofft – ein Überzeugtsein von Dingen, die nicht sichtbar sind." (BasisBibel, [2012] 2021)

Was man an dieser Zusammenstellung – abgesehen von ihrer Vielfalt – leicht erkennen kann, ist die Tatsache, dass

---

128) In der Revision der Lutherbibel von 2017 ist dem Wort „Zuversicht" eine Fußnote mit der anderen Übersetzungsmöglichkeit „Grundlage" beigegeben und den Worten „Nichtzweifeln an dem" eine Fußnote mit der Übersetzungsmöglichkeit: „Beweis dessen". Diese Alternativmöglichkeiten sind also mit zu berücksichtigen.

4.1 Ist Glaube ein „Nichtzweifeln"?

nur in Luthers Übersetzung „Zweifel" in Form des Wortes „Nichtzweifeln" vorkommt. Tatsächlich ist im griechischen Urtext von „Zweifel" oder „Nichtzweifeln" nicht die Rede. Der entscheidende Begriff, der als Substantiv im Neuen Testament nur hier, in Verbform auch an etwa 20 anderen Stellen vorkommt, lautet *elenchos*. Er stammt sowohl aus dem Bereich der Erziehung und bedeutet da „Zurechtweisung" oder „Tadel" als auch aus der Gerichtssprache und bezeichnet dort den Vorgang, dass ein Angeklagter *überführt* wird und damit das Gericht zur *Überzeugung* von seiner Schuld kommt. Dabei kann *elenchos* sowohl den *Vorgang* des Überzeugt*werdens* bezeichnen als auch dessen *Ergebnis*, also das Überzeugt*sein*. Beides lässt sich in dem Wort „Überzeugt-worden-sein" auch miteinander verbinden. Das halte ich für eine möglichst genaue Übersetzung von *elenchos*. Natürlich schließt die gelungene Überführung auch ein, dass damit Zweifel ausgeräumt werden, aber das ist eine *Folge* des Überzeugtwerdens, nicht selbst das *Ziel*, um das es geht.

Schwierig und strittig ist in diesem Vers auch das griechische Substantiv *hypostasis*, das im Deutschen in Form des Lehnworts „Hypostase" auftaucht, das übersetzt werden kann mit „Seinsweise", „Verfassung", aber auch mit „Wesen" oder „Substanz".[129]

---

[129] Der Begriff kommt in Hebr 1,3; 3,14 und 11,1 sowie in 2Kor 9,4 und 11,17 vor. In der christologischen und trinitarischen Lehrentwicklung – vor allem der Alten Kirche – hat dieser Begriff eine große Rolle gespielt.

Kapitel 4: Gewissheit und Zweifel im Blick auf den Glauben

Ganz unstrittig ist in diesem Satz jedoch, dass es der Glaube mit dem zu tun hat, was man (er-)hofft. Und aus dem zweiten Teil dieser Definition geht auch hervor, dass das, worauf man im Glauben hofft, zu den Dingen gehört, die man *nicht sieht*, und zwar deshalb, weil sie unsichtbar sind, man sie also nicht sehen *kann*.

Nimmt man das alles zusammen, dann kann man trotz aller Unsicherheiten in den Einzelheiten doch Folgendes sagen: „Glaube" wird hier definiert als die Art und Weise, wie das, worauf ein Mensch hofft und was er (noch) nicht sehen kann, für ihn wirklich ist. Und es ist deshalb für ihn wirklich, weil er von dieser Wirklichkeit überzeugt (worden) ist. Das heißt aber: „Glaube" wird hier nicht dadurch (negativ) definiert, dass er den Zweifel ausschließt oder mit ihm unvereinbar ist, sondern dadurch (positiv), dass ein Mensch von der Wirklichkeit des erhofften Guten überzeugt und ihrer gewiss geworden ist und darum auf sie vertraut. Das kommt in der Übersetzung der BasisBibel am besten zum Ausdruck.

Mir ist die Beschäftigung mit dieser *einen* Bibelstelle deshalb wichtig, weil ich aus vielen Gesprächen weiß, dass Menschen durch die Übersetzung Luthers den fatalen Eindruck gewonnen haben, dass der (auch bei ihnen immer wieder auftauchende) Zweifel mit dem Glauben *unvereinbar* sei, ihn also *ausschließe*.

Heißt das im Umkehrschluss: Also gehören Glaube und Zweifel untrennbar zusammen? Das ist ein Satz, den man heute fast überall als angeblich tiefe Erkenntnis hören oder lesen kann. Das heißt freilich nicht, dass er in dieser Allgemeinheit auch wahr sein muss. Um dazu eine begründete Meinung zu finden, sollte man zunächst einen genaueren Blick auf das Phänomen „Zweifel" und auf die verschiedenen Formen, in denen er vorkommt, richten.

4.3 Unterschiedliche Formen des Zweifels

Es gibt unterschiedliche Formen oder Arten von Zweifel, je nach dem, wodurch er *veranlasst* wird und was er *bewirkt*.

a) Beginnen wir bei der *Veranlassung*, so macht es einen großen Unterschied, ob Zweifel *bewusst eingesetzt wird*, um eine eigene oder fremde Meinung, eine Behauptung oder einen angeblichen Sachverhalt zu überprüfen, oder ob Zweifel einen Menschen *ungesucht und ungewollt überfällt*.

– Für den bewussten Einsatz von Zweifel sind die „Meditationen" von René Descartes[130] (1596–1650) ein klassisches Beispiel. Durch sie wollte er herausfinden, ob es trotz allen denkbaren Zweifels *etwas unbezweifelbar Gewisses* gebe oder geben könne. Das findet er schließlich überraschenderweise ausgerechnet *in* seinem zweifelnden, denkenden Ich selbst. Denn was immer er (versuchsweise oder spielerisch) bezweifelt, so kann er doch nicht bezweifeln, dass er selbst ein zweifelndes, also ein denkendes „Ding" (eine *res cogitans*) ist, ohne die sein Zweifeln gar nicht ge-

---

[130] R. Descartes, Meditationen über die Grundlagen der Philosophie (1641), hg. v. L. Gäbe, Hamburg (1959) ²1977.

Kapitel 4: Gewissheit und Zweifel im Blick auf den Glauben

dacht werden könnte. Auf diesem Weg kommt Descartes bei seiner Suche nach unbezweifelbarer Gewissheit zu der Feststellung: „Dass dieser Satz: ‚Ich bin, ich existiere', sooft ich ihn ausspreche oder in Gedanken fasse, notwendig wahr ist."[131]

– Ganz anders ist es, wenn Zweifel einen Menschen *ungesucht und ungewollt überfällt* und damit bisherige Überzeugungen und Gewissheiten radikal in Frage stellt. Das kann sowohl plötzlich geschehen, zum Beispiel durch einen dramatischen Einbruch oder Verlust im eigenen Lebensbereich, oder allmählich und schleichend, wenn ein Mensch beispielsweise immer wieder die Erfahrung macht, dass es zwischen dem Tun und dem Ergehen der Menschen keinen erkennbaren Zusammenhang gibt, den man als „gerecht" bezeichnen könnte. Und wenn für einen Menschen die Gewissheit von einer solchen „gerechten" Weltordnung zum unverzichtbaren Bestand seiner Glaubensüberzeugungen gehört, dann kann dieser Glaube plötzlich verlorengehen oder nach und nach vom Zweifel zerfressen werden. Ein bekanntes biblisches Beispiel für diese Erfahrung findet sich im Buch Hiob, in dem der Verlust des Eigentums, der Tod seiner Kinder sowie schließlich auch der Verlust der eigenen Gesundheit zwar nicht

---

131) A. a. O., S. 45. Es ist hier nicht die Aufgabe und der Platz zu prüfen, wie überzeugend Descartes' Argumentation ist. Damit haben sich zahllose Werke beschäftigt und in ihr nicht nur Stärken, sondern auch Schwachstellen aufgedeckt. Hier behandle ich Descartes nur als ein prominentes Beispiel für den bewusst methodisch eingesetzten Zweifel im Interesse der Wahrheitserkenntnis.

bei Hiob selbst, wohl aber bei dessen Frau massive Glaubenszweifel auslösen.[132]

Der methodisch *eingesetzte* Zweifel und der existenziell *erlittene* Zweifel markieren zwei Grenzpunkte auf einem weiten Feld. Zwischen ihnen gibt es zahllose Facetten, in denen Elemente des bewusst eingesetzten und des erlittenen Zweifels sich auch miteinander verbinden oder vermischen können.

b) Fragen wir nach dem, was der Zweifel *bewirkt*, so stehen einander gegenüber: *Horizonterweiterung*, die zur Öffnung für neue Einsichten führt, oder *Abschottung* gegenüber neuen Erkenntnissen, die es einem ermöglicht, bei bisherigen Überzeugungen zu verharren.

– Als beeindruckendes und weltgeschichtlich wirksam gewordenes Beispiel für eine Horizonterweiterung durch Infragestellung bisheriger Gewissheiten nenne ich die Bekehrung des Christenverfolgers Saulus/Paulus von Tarsus zum Glauben an Jesus Christus und seine Berufung zum Heidenmissionar, also das, was man als sein „Damaskuserlebnis" bezeichnet.[133] Durch dieses Ereignis wurden ihm seine bisherigen Glaubensüberzeugungen unglaubwürdig. Zugleich eröffnete sich für ihn im Licht der Auferstehung Jesu Christi ein grundlegend neues Verständnis des Zugangs zu Gott für *alle* Menschen – Juden und „Heiden". Er kommt zu einer neuen, sein Leben fortan bestimmenden Gewissheit.

---

132) Siehe dazu unten Abschnitt 7.2.
133) Siehe dazu unten Abschnitt 7.4.

Kapitel 4: Gewissheit und Zweifel im Blick auf den Glauben

– Dem steht als bekanntes Beispiel aus der Wissenschaftsgeschichte die Entdeckung der Jupitertrabanten durch ihre Beobachtung mittels Fernrohr entgegen. Mit dem bis damals für gültig gehaltenen geozentrischen Weltbild ließ sich diese Beobachtung beim besten Willen nicht vereinbaren. Im Inquisitionsprozess gegen Galileo Galilei (1564-1641/42)[134] zeigt sich der Konflikt zwischen mitgebrachtem Vor-Urteil und neuer Erkenntnis. Zugleich wird daran sichtbar, wie man sich am besten gegen neue Einsichten wehrt, durch die eine bisherige Lehre oder Überzeugung in Zweifel gezogen wird: Man weigert sich, die Gründe und Argumente zur Kenntnis zu nehmen, aufgrund deren man seine bisherige Auffassung in Frage stellen müsste.

Auch unter diesem zweiten Aspekt, bei dem es um den Gegensatz zwischen *Öffnung* und *Abschottung* geht, ist nicht nur mit diesen Grenzwerten, sondern auch mit Zwischen- und Vermischungsgrößen zu rechnen.

a–b) Wenn diese knappe Analyse von Erscheinungsformen des Zweifels, die keinerlei Anspruch auf Vollständigkeit erhebt,[135] einigermaßen zutreffend ist, dann zeigt sie jedenfalls, dass man sich vor Pauschalaussagen über „*den* Zweifel" und vor Pauschalbewertungen „*des* Zweifels" möglichst hüten sollte. Was sich unter dem Begriff „Zwei-

---

134) Siehe B. Brecht, Leben des Galilei, in: Ders., GW, Bd. 3, Frankfurt/Main 1967, S. 1229-1345.
135) Es wäre hilfreich, wenn eine solche Phänomenologie des Zweifels in Zukunft ausgearbeitet würde.

fel" zusammenfassen lässt, ist zu vielfältig und auch zu widersprüchlich, um ein großes Maß an gemeinsamen Feststellungen und Bewertungen treffen zu können. Ob Glaube und Zweifel zusammengehören oder sich gegenseitig ausschließen, hängt davon ab, um *was für einen* Glauben und um *welchen* Zweifel es sich handelt. An der oben[136] gemachten Aussage: „Zweifel ist bzw. sind *Ungewissheit(en) oder Bedenken* im Blick auf die Wahrheit und Verlässlichkeit dessen, wovon Menschen überzeugt sind", möchte ich zwar festhalten, aber ausdrücklich hinzufügen, dass damit *noch nicht viel* gesagt ist.

An *einer* kleinen Ergänzung ist mir aber noch gelegen. Ich werde gelegentlich gefragt, ob man etwas tun könne, um Zweifel (in seinen negativen bzw. als negativ empfundenen Formen) zu überwinden. Eine wichtige Bedingung für eine solche mögliche Überwindung von Zweifel sehe ich darin, den vorhandenen, unter Umständen quälenden Zweifel *nicht zu verdrängen und zu verleugnen*, sondern ihn im Gebet und/oder vor (einem) vertrauenswürdigen Menschen *auszusprechen*. Das in Klammer gesetzte Wort „einem" soll aber auch davor warnen und bewahren, mit seinem Zweifel „hausieren zu gehen". Er kann sich dadurch leicht auf unangemessene und kontraproduktive Weise aufblähen und wichtig machen.

Dabei ist es hilfreich, im Gespräch oder Gebet dem Zweifel *auf den Grund zu gehen*, nach seinen Ursachen zu fragen und diese auf ihre Tragfähigkeit hin zu bedenken.

---

136) Siehe den Beginn von Abschnitt 4.2.

Dass Zweifel quälend ist, muss nicht heißen, dass er Unrecht hat.

Ich betrachte es schließlich als ein Gottesgeschenk, wenn einem beim Ringen mit dem Zweifel zwei biblische Aussagen nicht aus dem Blick geraten: „Wir vermögen nichts wider die Wahrheit" (2Kor 13,8) und „Die Wahrheit wird euch freimachen" (Joh 8,32). Dazu eine literarische Veranschaulichung:

Befreiung durch Zweifel
Im Jahr 2008 entstand aus dem Bühnenstück „Doubt: A Parable" von John Patrick Shanley ein beeindruckender Film mit demselben englischen Titel: „Doubt", der im Deutschen treffend mit „Glaubensfrage" wiedergegeben wurde. Der Film spielt 1964 in einer in der Bronx gelegenen katholischen Schule, die von einer Nonne namens Aloysius Beauvier (gespielt von Meryl Streep) mit strenger Hand und nach eisernen Grundsätzen geleitet wird. Sie wirkt auf die Schüler und ihre Mitschwestern gleichermaßen abschreckend und einschüchternd. Der liberal eingestellte Priester Flynn (gespielt von Philip Seymour Hoffmann) lässt sich von ihr aber nicht beeindrucken und schon gar nicht beeinflussen. Er engagiert sich für den einzigen dunkelhäutigen Schüler an der Schule, der von seinen Mitschülern gemobbt wird. Beauvier verdächtigt Flynn daraufhin, diesen Schüler sexuell zu missbrauchen. Sie hat dafür keine Beweise, ist sich aber gefühlsmäßig sicher und steigert sich immer mehr in diesen Verdacht und in den Kampf gegen den Priester, sodass sie schließlich sogar mit einer von ihr frei erfundenen angeblichen Zeugenaussage gegen den Pfarrer intrigiert. Der verlässt daraufhin die Schule und übernimmt eine Gemeindepfarrstelle. Beauvier wird aber immer mehr von Zweifeln gequält und gesteht schließlich einer Mitschwester, dass sie den entscheidenden Anklagepunkt frei erfunden habe. Sie ringt sich schließlich zu dem Eingeständnis durch: „Ich habe Zweifel". Und dieser Zweifel bezieht sich sowohl auf die angeblichen Vergehen des Pfarrers

4.3 Unterschiedliche Formen des Zweifels

als auch auf ihren Versuch, ihn zur Strecke zu bringen. Die unüberhörbare Botschaft des Films lautet: Dieser Zweifel und sein ehrliches Eingeständnis – und in diesem Fall nur sie – bewirken *Befreiung*.[137]

Gibt es Anzeichen oder Kriterien dafür, in welchen Fällen Zweifel nicht nur zulässig, sondern angezeigt oder sogar *geboten* ist? Das müssten Anzeichen und Kriterien sein, die sich als Wesensmerkmale der *Wahrheit* erweisen, die *frei* macht. Und dafür kommen meines Erachtens vor allem zwei Merkmale in Frage: die *Offenheit* für *jede* Form von sachorientierter *Kritik* und der prinzipiell uneingeschränkte *Geltungsanspruch* der eigenen Überzeugung für *jeden* Menschen.

Warum Offenheit für sachorientierte Kritik? Weil die Nichtzulassung solcher Kritik ein Zeichen dafür ist, dass es Elemente der eigenen religiösen Überzeugung gibt, für die man keine Gründe hat und die man darum gegen kritische Anfragen und Einwände von außen zu immunisieren oder abzuschirmen versucht. Das kann aus Starrsinn, aber auch aus Angst und innerer Unsicherheit geschehen und ist insofern psychologisch verständlich, aber es ist mit befreiender Wahrheit nicht zu vereinbaren. Dem steht der Satz aus 1Petr 3,15 gegenüber: „Seid allezeit bereit zur Verantwortung vor jedermann, der von euch Rechenschaft fordert über die Hoffnung, die in euch ist." Das verstehe ich als

---

137) Eine weitere literarische Veranschaulichung für solchen gebotenen Zweifel ist die Rede bzw. Predigt des Style Directors und Modekritikers T. Prüfer über Glaube und Zweifel in seinem Buch: „Weiß der Himmel ...?" (s. o. Kap. 2, Anm. 51), S. 163-167.

Kapitel 4: Gewissheit und Zweifel im Blick auf den Glauben

eine Aufforderung, sich jedenfalls dort nicht der Verantwortung in Form des Antwortgebens zu entziehen, wo man danach gefragt oder dazu aufgefordert wird.

Das zweite Kriterium für Zweifel im Dienst befreiender Wahrheit schließt sich an das bisher Gesagte gut an, ohne damit identisch zu sein. Es bezieht sich auf den prinzipiellen *Geltungsanspruch* von Glaubensaussagen für *jeden* Menschen und damit auf deren *Geltungsbereich*. Im Unterschied zu Religionen und Weltanschauungen, die nur für bestimmte Menschen gelten wollen – vor allem für sich selbst, für die eigene Gruppe oder das eigene Volk –, ist es ein Charakteristikum des Christentums, von einer heilsamen Botschaft *für alle* auszugehen. Das kommt in zahllosen biblischen Allaussagen oder Aussagen über „die Welt"[138] zum Ausdruck, besonders klar in 1Tim 2,4, wo von Gott gesagt wird, dass er „will, dass alle Menschen gerettet werden und sie zur Erkenntnis der Wahrheit kommen".

Wo die zum Antworten bereite Kommunikation über den Glauben *verweigert* wird oder wo bestimmte Menschen(gruppen) grundsätzlich von der christlichen Heilsbotschaft *ausgeschlossen* werden, da liegen Anzeichen dafür vor, dass Glaubensüberzeugungen mit dem Evangelium unvereinbar sind und es verdienen, bezweifelt zu werden. In *solchen* Fällen bezweckt und bewirkt Zweifel nicht die Zerstörung lebenstragender Glaubensgewissheit,

---

138) So zum Beispiel in Gen 12,3; 18,18; 22,18; 26,4; 28,14; 1Kön 8,43 und 60; Mt 28,19; Lk 2,10; Joh 3,16 f.; 2 Kor 5,19; Kol 1,19 f. und 1Tim 2,6. Auch Mk 10,45 und 14,24 gehören mit ihren Aussagen vom Tod Jesu „für viele" nach exegetischer Überzeugung zu diesen Allaussagen.

4.4 Rechtfertigung und Zweifel

sondern dient dem Gewisswerden der befreienden Wahrheit des Evangeliums.

4.4 Rechtfertigung und Zweifel

Glaubenszweifel können nicht nur einzelne Menschen erfassen und betreffen, sondern auch ganze Gruppen von Menschen (etwa die Angehörigen einer bestimmten Kirche oder Religionsgemeinschaft), ja sogar ganze Gesellschaften und Völker. Der Verlauf und Ausgang des 1. Weltkriegs in Deutschland ist für Letzteres ein Anschauungsbeispiel. Hier kam Mehreres zusammen:

– Der schroffe Kontrast zwischen einer auch religiös verklärten und gutgeheißenen Kriegsbegeisterung beim Kriegsausbruch 1914[139] und dem teilweise grausamen Kriegsverlauf, der 1918/19 in einer demütigenden Kapitulation endete.

Die Abdankung und Flucht des Deutschen Kaisers Wilhelm II., die das Ende der Monarchie („von Gottes Gnaden") in Deutschland bedeutete.[140]

---

[139] Als Ausdruck dieser Kriegsbegeisterung auf akademischer Ebene gilt der gegen Ende September 1914 veröffentlichte (von den prominenten liberalen Theologen W. Herrmann und A. von Harnack mitunterzeichnete) „Aufruf der 93 Intellektuellen", in dem die Kriegspolitik Wilhelms II. gerechtfertigt wurde. Siehe dazu W. Härle, Der Aufruf der 93 Intellektuellen und Karl Barths Bruch mit der liberalen Theologie, in: ZThK 72/1975, S. 207-224. Dort findet sich auch der Text des Aufrufs, den man lange Zeit auf Anfang August 1914 datiert hatte.

[140] Siehe dazu B. Hasselhorn, Königstod. 1918 und das Ende der Monarchie in Deutschland, Leipzig 2018.

Kapitel 4: Gewissheit und Zweifel im Blick auf den Glauben

– Das Ende des Bündnisses von Thron und Altar, das seit der Reformationszeit jedenfalls für die evangelischen Kirchen im Deutschen Reich in so enger Form bestanden hatte, dass die jeweiligen herrschenden Häupter als (Not-)Bischöfe der evangelischen Kirchen fungierten.

– Die Millionen von Kriegsopfern auf den Schlachtfeldern sowie unter der Zivilbevölkerung, auf die nach Kriegsende auch noch schwere Hungersnöte warteten, die ebenfalls viele Opfer forderten.

Insbesondere der Kontrast zwischen dem begeisterten Kriegsbeginn in der Überzeugung, für eine gerechte, gottgewollte Sache zu kämpfen, und dem desaströsen Verlauf und Ausgang des Krieges – trotz aller Gebete um Gottes Beistand und Hilfe – hatte für viele bis dahin gläubige Menschen den Verlust ihres Gottesglaubens oder jedenfalls der bisherigen Form ihres Gottesglaubens zur Folge. Das galt auch für manche Pfarrer und andere Theologen, insbesondere für solche, die den Krieg als Soldaten oder als Feldgeistliche auf den Schlachtfeldern miterlebten. Unter ihnen ist Paul Tillich ein herausragendes Beispiel. Auch er meldete sich 1914 begeistert zum Kriegsdienst in der Zuversicht, unter Gottes Schutz zu stehen. Er wurde für die gesamte Kriegsdauer als Feldgeistlicher eingesetzt und mit hohen Orden ausgezeichnet. Aber in seinen „Autobiographischen Betrachtungen" von 1952 schreibt er rückblickend: „Schon nach den ersten Wochen war meine ... Begeisterung vorüber. Nach wenigen Monaten war ich davon überzeugt, dass der Krieg unabsehbar lange dauern und ganz Europa vernichten würde."[141]

4.4 Rechtfertigung und Zweifel

Was er voraussieht und dann auch so miterlebt, ist aber nicht nur eine militärische und politische Katastrophe für ganz Europa, sondern auch ein Zusammenbruch seiner idealistisch-philosophischen, bürgerlich-gesellschaftlichen und supranaturalistisch-religiösen Überzeugungen. Er sieht sich vor einen Abgrund der Sinnlosigkeit gestellt. Bei sich selbst und bei der Mehrheit der Soldaten erlebt er das Zerbrechen des theistischen Bildes[142] von einem Gott, der in das Grauen des Krieges helfend eingreift. Als er in seiner Verkündigung die Auffassung vertritt, dass das Beten eines Soldaten ihn nicht vor feindlichen Kugeln und Granaten schützen könne, wird er auf Betreiben des zuständigen Generals strafversetzt.[143] Er bekommt aber immer mehr den Eindruck, dass die Soldaten trotz aller persönlicher Sympathie für ihn als Pfarrer *nicht* aus der Religion bzw. aus dem Glauben Zuversicht schöpfen können, sondern allenfalls aus der politischen Hoffnung auf ein baldiges Ende des Krieges. Dadurch verliert das traditionelle Gottesverständnis für ihn ebenso wie für „seine" Soldaten im Lauf des Weltkriegs seine Tragfähigkeit und Vertrauenswürdigkeit.

Das hatte aber für Tillich nicht zur Folge, dass er sich von der Theologie oder vom Christentum abwandte, sondern dass er im Religiösen Sozialismus und in einer erst

---

141) P. Tillich, GW Bd. XII, S. 67.
142) Siehe dazu oben Abschn. 3.3.
143) Siehe dazu W. und M. Pauck, Paul Tillich. Sein Leben und Denken, Bd. I, Stuttgart/Frankfurt/Main 1978, S. 62.

noch zu schaffenden Kulturtheologie[144] nach einer neuen, tragfähigen Grundlage für den christlichen Glauben suchte. Schon im ersten Nachkriegsjahr, 1919, verfasst er ein 45 Seiten langes Manuskript mit dem Titel „Rechtfertigung und Zweifel"[145], das er damals noch nicht veröffentlicht, sondern erst fünf Jahre später auf einer theologischen Konferenz in Gießen in stark gekürzter und völlig überarbeiteter Form vorträgt und dann auch publiziert.[146] Rückblickend hat Tillich die Bedeutung für seine theologische Neuorientierung, die in diesem Text zum Ausdruck kommt, in folgenden Worten zum Ausdruck gebracht:

> „Der Schritt, den ich selbst in diesen Jahren tat, war die Einsicht, dass das Prinzip der Rechtfertigung durch den Glauben sich nicht nur auf das religiös-moralische, sondern auch auf das religiös-intellektuelle Leben bezieht. Nicht nur der, der in der Sünde ist, sondern auch der, der im Zweifel ist, wird durch den Glauben gerechtfertigt. Die Situation des Zweifelns, selbst des Zweifelns an Gott, braucht uns nicht von Gott zu trennen. In jedem tiefen Zweifel liegt ein Glaube, nämlich der Glaube an die Wahrheit als solche, sogar dann, wenn die einzige Wahrheit, die wir ausdrücken können, unser Mangel an Wahrheit ist. Aber wird dies in seiner Tiefe und als etwas, das uns unbedingt angeht, erlebt, dann ist das Göttliche gegenwärtig; und der, der in solch einer Haltung

---

144) Vgl. dazu P. Haigis, Im Horizont der Zeit. Paul Tillichs Projekt einer Theologie der Kultur, Marburg 1998.
145) P. Tillich, Rechtfertigung und Zweifel (1919), in: Ders., Religion, Kultur, Gesellschaft. Unveröffentlichte Texte aus der deutschen Zeit (1909–1933), hg. v. Erdmann Sturm, Berlin/New York 1999, S. 127–185 und 185–230.
146) P. Tillich, Rechtfertigung und Zweifel (= Vorträge der theologischen Konferenz zu Gießen 39. Folge, Gießen 1924, S. 19–32), in: Ders., GW VIII, 85–100 (ebenso in MW/HW 6, S. 83–79), zitiert nach den GW.

4.4 Rechtfertigung und Zweifel

zweifelt, wird in seinem Denken ‚gerechtfertigt'. So ergriff mich das Paradox, dass der, der Gott ernstlich leugnet, ihn bejaht. Ohne dies hätte ich nicht Theologe bleiben können."[147]

Dieser Text ist nicht leicht zu verstehen. Das liegt nicht so sehr an den Begriffen, die in ihm vorkommen, sondern an den Differenzierungen und Facetten der Argumentation Tillichs, von denen gleich die Rede sein soll. Tillich knüpft hier an die paulinisch-reformatorische Lehre von der Rechtfertigung des Sünders durch den Glauben[148] an. Er nennt diese Lehre ein „Prinzip" und präzisiert diesen Ausdruck häufig, indem er sie als das „protestantische Prinzip" oder als das „Durchbruchsprinzip des Protestantismus"[149] bezeichnet und damit von der römisch-katholischen Lehre unterscheidet. Er bezeichnet dieses protestantische Prinzip gerne – so auch hier – als ein „Paradox", und das heißt als eine Lehre, die *widersprüchlich wirkt,* weil sie auf spannungsvolle Weise eine Bejahung (die im Begriff „Rechtfertigung" zum Ausdruck kommt) und eine Verneinung (die im Begriff „Sünder" steckt) miteinander verbindet. Und er vertritt in diesem Textabschnitt die programmatische These, dieses (paradoxe) Prinzip beziehe sich nicht nur auf das religiös-*moralische,* sondern auch auf das religiös-*intellektuelle* Leben. Deshalb müsse nicht nur die Recht-

---

147) P. Tillich, Die protestantische Ära (1948), in: Ders., GW VII, S. 14.
148) Davon soll unten in den Abschnitten 7.4 und 8.2 ausführlicher die Rede sein.
149) So mehrfach in seinem Aufsatz „Rechtfertigung und Zweifel" aus dem Jahr 1924 (siehe oben Anm. 146).

fertigung des Sünders, sondern auch die „Rechtfertigung des Zweiflers"[150] gelehrt werden.

Was versteht Tillich unter dem Zweifler, von dessen Rechtfertigung er spricht, und wie definiert er ihn?

> „Der Zweifler im religiös bedeutungsvollen Sinn ist derjenige Mensch, der mit dem Verlust der religiösen Unmittelbarkeit Gott, die Wahrheit und den Lebenssinn verloren hat oder auf irgendeinem Punkte des Weges zu diesem Verlust steht und doch nicht in diesem Verlust ausruhen kann, sondern getroffen ist von der Forderung, Sinn, Wahrheit und Gott zu finden. Der Zweifler ist also derjenige, den das Gesetz der Wahrheit mit seiner ganzen rücksichtslosen Gewalt gepackt hat und der, da er dieses Gesetz nicht erfüllen kann, der Verzweiflung entgegengeht. Der Zweifler befindet sich also in der Lage dessen, der an seinem Heil verzweifelt, nur dass für ihn das Unheil nicht das Verwerfungsurteil Gottes, sondern der Abgrund der Sinnleere ist."[151]

Tillich geht in allen seinen Schriften davon aus, dass zwischen der Reformationszeit und der Gegenwart insofern ein grundlegender Paradigmenwechsel stattgefunden hat, als die Menschen des 20. Jahrhunderts sich nicht mehr von Schuldgefühlen und Höllenfurcht, sondern vor allem vom Gefühl der *Sinnlosigkeit* bedroht fühlen. Trotzdem hält er an der Rechtfertigungsbotschaft fest, gibt ihr aber einen anderen Akzent. Das geht auch schon aus den ersten Sätzen des Aufsatzes „Rechtfertigung und Zweifel" hervor:

---

150) Diese Formel kommt a. a. O., S. 91 und 96–99 mehrfach vor.
151) A. a. O., S. 89.

4.4 Rechtfertigung und Zweifel

„Die Frage, die unser Thema uns stellt, ist folgende: Welche Bedeutung hat die Rechtfertigung, das Durchbruchsprinzip des Protestantismus, gegenüber dem Zweifel an seinen Voraussetzungen? – Wenn unbestreitbar ist, dass unsere ganze gegenwärtige Lage bestimmt ist durch diesen Zweifel, durch den Verlust der Voraussetzungen des Rechtfertigungsglaubens, so kann die Frage auch so gestellt werden: Was hat der *articulus stantis et cadentis ecclesiae* [= der Artikel, mit dem die Kirche steht und fällt] dem gegenwärtigen Protestantismus in seiner der Reformation gegenüber fundamental veränderten Lage zu sagen?"[152]

Die entscheidende Formulierung in diesen Sätzen ist die Rede vom *Zweifel an den Voraussetzungen* des Rechtfertigungsglaubens, der tendenziell von ihm gleichgesetzt wird mit dem *Verlust* dieser Voraussetzungen. Welche bezweifelten Voraussetzungen meint Tillich? Letztlich ist es für ihn der Glaube an Gott bzw. die „Gottesgewissheit", aber *dieser* Verlust schließt mit ein den Verlust „der Gewissheit der Wahrheit und des Sinnes"[153]. Dieser dreifache Verlust von Gottesgewissheit, Wahrheitsgewissheit und Sinngewissheit ist für Tillich die Signatur der Situation seit der Zeit des ersten Weltkriegs und damit die Beschreibung der Verzweiflung, in der die Menschen im 20. Jahrhundert leben. Gibt es daraus einen Ausweg?

Für Tillich gibt es keinen Ausweg, den der Mensch selbst finden und beschreiben könnte. Der einzig mögliche Ausweg besteht für Tillich in einem – zweifachen – Durchbruch, der Offenbarungscharakter hat und darum dem

---

152) A. a. O., S. 85.
153) A. a. O., S. 86.

Kapitel 4: Gewissheit und Zweifel im Blick auf den Glauben

Menschen *widerfahren* muss. Den ersten Durchbruch nennt Tillich „Grundoffenbarung" und beschreibt ihn wie folgt:

> „Die Rechtfertigung des Zweiflers ist nur möglich als Durchbruch der unbedingten Gewissheit durch die Sphäre der Ungewissheiten und Irrungen; es ist der Durchbruch der Gewissheit, dass die Wahrheit, die der Zweifler sucht, der Lebenssinn, um den der Verzweifelte ringt, nicht das Ziel, sondern die Voraussetzung alles Zweifels bis zur Verzweiflung ist."[154]

Inwiefern ist das so? Insofern, als der Zweifel an der Wahrheit von der ernsthaften Suche nach der Wahrheit lebt und der Zweifel am Sinn von der ernsthaften Suche nach Sinn und der Zweifel an Gott von der ernsthaften Suche nach Gott. Und das heißt: Wahrheit, Sinn und Gott sind beim *ernsthaft zweifelnden oder verzweifelten* Suchen immer schon vorausgesetzt und vorauszusetzen. Die Alternative dazu wäre, dass ein Mensch die ernsthafte Suche nach Wahrheit, Sinn und Gott *aufgibt,* damit dann aber auch nicht mehr zweifelt, sondern gleichgültig wird. Was in *dieser* Durchbruchserkenntnis offenbar wird, so Tillich, „ist der Gott der Gottlosen, die Wahrheit der Wahrheitslosen, die Sinnfülle der Sinnentleerten. Das ist kein leeres Paradox, kein Gedankenkunststück, denn gerade auf das Denken als Werk ist ja verzichtet, sondern es ist der Durchbruch der Fülle und des Sinnes."[155]

---

154) A. a. O., S. 91.
155) A. a. O., S. 92.

4.4 Rechtfertigung und Zweifel

Diese Grundoffenbarung ist als Rechtfertigung des Zweiflers noch nicht *das Ziel und Ende* der Heilsoffenbarung, wohl aber ist sie deren *Anfang* und ihre notwendige *Voraussetzung*. Sie macht für ihn die (zweideutige) Einsicht gewiss, dass er *in* seiner Gottlosigkeit die Wirklichkeit Gottes, *in* seiner Wahrheitslosigkeit die Wahrheit und *in* seiner Sinnlosigkeit den Sinn schon voraussetzt, nach dem er noch (vergeblich) sucht.

Die Heilsoffenbarung, in der diese Zweideutigkeit überwunden wird und der Mensch Rettung und Befreiung erfährt, geschieht demgegenüber in einem *eigenen, zweiten* Durchbruch:

> „... die Vollendung der zweideutigen Grundoffenbarung zur eindeutigen göttlichen Heilsoffenbarung ... ist da erfolgt, wo Gott sich als Geist und Liebe zeigte, unbeschadet seiner Majestät und Verborgenheit. Eben damit ist auch die Grundoffenbarung vollendet. ... Dieser Gott aber ist genannt der Vater Jesu Christi."[156]

Was hat der *Umweg* unter dem Namen „Rechtfertigung des Zweiflers" hin zu dieser bekannt wirkenden Beschreibung der göttlichen Heilsoffenbarung erbracht? War und ist er überhaupt nötig? Tillich bejaht das nachdrücklich und sieht in den theologischen Strömungen des 20. Jahrhunderts, die diesen Umweg verschmähen, missachten oder kritisieren ein gravierendes Defizit: einen Mangel an Wahrnehmung der großen Distanz, in der sich viele Menschen zum (christlichen) Glauben befinden, und einen

---
156) A. a. O., S. 98.

Mangel an ernsthaftem Engagement, diese Distanz einfühlsam und intellektuell redlich zu beschreiben und – so weit wie möglich – zu überwinden. Was er damit jedenfalls erreicht hat, ist die programmatische Einsicht, dass Zweifel (auch in seiner radikalsten Form) den nach Wahrheit, Sinn und Gott suchenden Menschen nicht auf Dauer vom Glauben fernhalten muss.

5
Vernunft und Glaube

5.1 Was ist unter Vernunft zu verstehen?

„Vernunft" verstehe und behandle ich hier als einen *Sammelbegriff*, der für ein ganzes sprachliches Feld steht, zu dem die Begriffe „Verstand", „Intellekt, „Erkenntnis", „Wissen", „Einsicht", „Verstehen" sowie „Geist" aber auch Lehnwörter aus dem Griechischen und Lateinischen wie z. B. Logos und Ratio gehören.

Für unseren Zweck ist es nicht erforderlich, alle diese Begriffe in ihrer besonderen Bedeutung zu definieren. Denn das heißt ja auch, sie deutlich voneinander abzugrenzen und einander zuzuordnen. Viel wichtiger ist es, das zu erfassen, was diese Begriffe miteinander *verbindet*, was also so etwas wie den gemeinsamen Nenner all dieser Begriffe ausmacht. So, wie ich diesen Sammelbegriff und dieses Begriffsfeld verstehe, gehören dazu folgende Merkmale:

– Zunächst gehört zur Vernunft der Anspruch auf intersubjektive *Verständlichkeit*, die man durch die Definition von Begriffen oder durch die Erläuterung von Argumenten erzielen kann. Ein wichtiges Kriterium für Verständlichkeit ist die Freiheit von (kontradiktorischen und konträren) Widersprüchen.[157] (Das gilt nicht immer für Gedichte, Märchen, Witze und Rätsel.)

– Sodann gehört zur Vernunft der Anspruch auf *Allgemeingültigkeit*, die für alle Menschen zustimmungsfähig sein will und soll, über die es sich darum lohnt zu streiten und nach Verständigung, möglichst nach Einmütigkeit zu streben. (Das gilt z. B. bekanntlich nicht für Geschmacksurteile.)

– Ferner gehört zur Vernunft ein Anspruch auf *Überprüfbarkeit*. Deshalb ist es sinnvoll, wenn nicht sogar notwendig, bei Behauptungen, die sich als vernünftig bezeichnen, nach Rechtfertigungen oder Begründungen zu fragen. (Das gilt z. B. nicht immer für Aussagen über innere Gefühlszustände oder persönliche Erlebnisse.)

– Schließlich gilt als Idealfall der Vernunft die *Beweisbarkeit* von Aussagen, d. h. die Möglichkeit, aus vorgegebenen Prämissen in logisch gültigen Schritten Folgerungen abzuleiten, die ein behauptetes Ergebnis schlüssig belegen. Hieran zeigt sich die Bedeutung der (bzw. einer) Logik für die Vernunft, wobei Logik zu verstehen ist als die Wissenschaft und Kunst folgerichtigen Denkens. (Das gilt z. B. nicht für manche kreative Ideen und logische Paradoxe.)

Eine Verengung ist es, wenn man für vernünftig *nur* das hält, was sich logisch ableiten oder begründen, in Form von Axiomen oder Theoremen ausdrücken oder auf natur-

---

[157] Im Neuen Testament kommt dieses Kriterium wiederholt (in Mt 5,37; 2Kor 1,18 f. und Jak 5,12) zum Ausdruck durch die Forderung, Ja *oder* Nein, aber nicht Ja *und* Nein zu sagen. Zur Begründung für diese Forderung siehe W. Härle, Widerspruchsfreiheit, in: NZSTh 28/1986, S. 223–237.

5.1 Was verstehen wir unter Vernunft?

wissenschaftliche Gesetze oder Regeln zurückführen oder in ihnen ausdrücken lässt. Aus solch einem verengten Vernunftverständnis würden viele für unser Leben wichtige Realitäten herausfallen, z. B. Träume, die man selbst gehabt hat und anderen erzählt, Gefühle und Empfindungen, von denen Menschen erfasst werden, Gebete, in denen Menschen das aussprechen, was sie im Innersten bewegt. All das ist weder unvernünftig noch gar widervernünftig, sondern erfahrbar, sinnvoll und kann in verständlichen Aussagen wiedergegeben werden, aber es lässt sich nicht logisch ableiten oder beweisen.

Deshalb sollte man die Logik weder verabsolutieren noch verachten, sondern in den Bereichen unseres Lebens und Denkens anerkennen, achten und praktizieren, für die sie zuständig ist. Aber Logik ist nicht identisch mit Vernunft. Zumindest müsste man, wenn man diese Gleichsetzung vornähme, den Begriff „Logik" enorm ausweiten und zwischen verschiedenen Formen der Logik unterscheiden, um das ganze Spektrum der vernünftigen Artikulation in den Blick zu bekommen. So gibt es z. B. neben der – traditionellen und modernen – Aussagenlogik, die deontische Logik, die sich nicht an dem orientiert, was *ist*, sondern an dem, was *sein soll*. Andere Beispiele sind die Modallogik, die danach fragt, welchen Geltungsanspruch eine Aussage hat (beschreibt sie eine Notwendigkeit, eine Faktizität oder eine Möglichkeit?), und die Interrogativlogik, die sich mit der Logik des Fragens beschäftigt.

Auf diesen Reichtum der Vernunft hat der berühmte religiöse Denker und Mathematiker Blaise Pascal (1623-

1662) in dem schönen Wortspiel andeutungsweise hingewiesen: „Le coeur a ses raisons, que la raison ne connaît point." („Das Herz hat seine Gründe [*raisons*], die der Verstand [raison] nicht kennt.") Und es können sehr gewichtige Gründe sein, die das Herz hat.

Was das unterschiedliche Reden von Vernunft aber generell miteinander verbindet, ist die Überzeugung, dass die Vernunft, wenn sie fehlerfrei arbeitet, dazu verhilft, dass wir *Wahrheit* erkennen und kommunizieren können. So kann man sagen: Erkenntnis, die zum Wissen und damit zur Wahrheit führt, ist die Domäne der Vernunft.

5.2 Wie verhalten sich Vernunft und Glaube zueinander?

Mit der Frage, wie sich Glaube und Vernunft zueinander verhalten, haben sich Theologen und Philosophen von der Antike bis in die Gegenwart intensiv beschäftigt. Ein Denkansatz, der untrennbar mit dem Namen Anselm von Canterbury verbunden ist, bezieht sich unter den Formeln: „fides quaerens intellectum" („Glaube, der nach Erkenntnis sucht") und „credo, ut intelligam" („ich glaube, um zu erkennen")[158], auf das Verhältnis von Glauben und Erkenntnis. Er hat in der neueren Geschichte der Theologie - insbesondere bei Friedrich Schleiermacher und Karl Barth[159] (1886–1968) und vermittelt durch sie bei zahlrei-

---

158) Beide Formeln kommen im Vorwort und Kap. 1 von „Proslogion" vor, das Anselm 1077/78 verfasst hat und das 1966 in Köln auf Deutsch publiziert wurde.
159) K. Barth, Fides quaerens intellectum. Anselms Beweis der Existenz Gottes

5.2 Wie verhalten sich Vernunft und Glaube zueinander?

chen anderen Denkern – eine breite und tiefe Wirkungsspur hinterlassen.

Schleiermacher hat seiner Glaubenslehre[160] auf dem Titelblatt als Motto zwei Zitate von Anselm von Canterbury mitgegeben. Das eine aus dem Proslogion: „Und ich suche nicht zu erkennen, um zu glauben, sondern ich glaube, um zu erkennen"[161], das andere aus dem „Liber de fide trinitatis et de incarnatione verbi"[162]: „Denn wer nicht glaubt, erfährt nicht, und wer nicht erfährt, erkennt nicht". Das Besondere an diesem zweiten Zitat und sein Fortschritt über das erste hinaus besteht darin, dass es Glauben und Erkenntnis nicht *unvermittelt* nebeneinander bzw. einander gegenüberstellt, sondern in einem Zwischenschritt zeigt, *wie* bzw. *wodurch* beide miteinander *verbunden* sind: durch Erfahrung. Damit zeigt Anselm, dass der Weg vom Glauben zur Erkenntnis darin besteht, dass ein Mensch sich vertrauend auf die christliche Botschaft *einlässt* und dadurch mit ihr Erfahrungen machen kann, die ihn zu der Erkenntnis führen, dass diese Botschaft wahr ist.[163]

---

im Zusammenhang seines theologischen Programms, Zollikon (1931) ²1958.

160) F. Schleiermacher, Der christliche Glaube, Berlin 1821 und ²1830.

161) Zitiert nach MPL 158, Sp. 227: „Neque enim quaero intelligere, ut credam; sed credo, ut intelligam."

162) A. a. O., Sp. 264: „Nam qui non crediderit, non experietur; et qui expertus non fuerit, non intelliget". In meiner Übersetzung habe ich Futur und Futur II dem deutschen Sprachgebrauch gemäß im Präsens wiedergegeben. Für die Ermutigung dazu danke ich Dr. Th. Hirschberg, Amöneburg.

163) Diese „Logik" ist auch in dem Jesus-Wort vorausgesetzt, das in Joh 7,16 f. überliefert ist: „Jesus antwortete ihnen und sprach: Meine Lehre ist nicht

Kapitel 5: Vernunft und Glaube

„Nur was wir glauben, wissen wir gewiss"
Der bekannte Humorist und Zeichner Wilhelm Busch hat den Satz formuliert: „Nur was wir glauben, wissen wir gewiss." Dieser Satz ist für ihn kein beiläufiges Bonmot, sondern kann als sein Lebensmotto bezeichnet werden.[164] Er hat das als knapp Fünfzigjähriger formuliert, nachdem er sich intensiv mit den „Bekenntnissen" Augustins beschäftigt hatte. Und er bringt damit zum Ausdruck, dass der Glaube nicht auf Wissen basiert (dann müsste es heißen: „Nur was wir wissen, glauben wir gewiss"), sondern umgekehrt: das Wissen auf Glauben. Dass wir nur das gewiss wissen, was wir glauben, zeigt sich daran, dass der Glaube als praktiziertes Vertrauen den Nachweis dafür liefert, wessen wir tatsächlich so gewiss sind, dass wir uns darauf in unserem Handeln und Leben einlassen – und sei es auch „nur" das Eis auf einem zugefrorenen See.

Lassen sich diese Einsichten von Anselm von Canterbury (und von Wilhelm Busch) so verallgemeinern, dass sie nicht nur für die Erkenntnis der christlichen Botschaft, sondern für *jede* menschliche Erkenntnis gelten? Wenn man den Begriff „Erfahrung" in einem denkbar *weiten* Sinn für alles verwendet, was einem Subjekt so widerfährt, dass es ihm zugänglich wird, kann man diese Frage bejahen. Damit umfasst Erfahrung (als Brücke vom Glauben zur Erkenntnis) dann sowohl das, was sich sinnlich wahrnehmen und experimentell überprüfen lässt und zum

---

von mir, sondern von dem, der mich gesandt hat. Wenn jemand dessen Willen tun will, wird er innewerden, ob diese Lehre von Gott ist oder ob ich aus mir selbst rede."

164) Siehe dazu Hans Balzer, Nur was wir glauben, wissen wir gewiss. Der Lebensweg des lachenden Weisen Wilhelm Busch, Berlin (1956) [7]1958. Man beachte, dass dieses in der DDR erschienene Buch innerhalb von zwei Jahren sieben Auflagen erreichte.

5.2 Wie verhalten sich Vernunft und Glaube zueinander?

Verfügungswissen werden kann, als auch das, was einem Menschen einleuchtet und evident wird und für ihn zum *Orientierungswissen* werden kann.[165] Beide Formen der Erfahrung konkurrieren nicht miteinander auf derselben Ebene, erschließen aber unterschiedliche Sachverhalte, die man als „Tatsachenwahrheit" und als „Existenzwahrheit" bezeichnen, voneinander unterscheiden kann. Der Unterschied zwischen beiden liegt darin, ob eine Aussage sich auf Ursprung, Sinn und Ziel der Welt und des menschlichen Lebens bezieht oder nur auf innerweltliche Sachverhalte, von denen der Sinn der Existenz und der Welt nicht abhängt.[166]

Zum Verhältnis von Glauben und Wissen gibt es seit mehr als 50 Jahren eine beeindruckende Untersuchung, die nicht von einem Theologen, sondern von einem der bedeutendsten Wissenschaftstheoretiker und Philosophen des 20. Jahrhunderts stammt: von Wolfgang Stegmüller (1923-1991).[167] Stegmüller stellt sich die sehr allgemeine, gut nachvollziehbare Frage nach den Voraussetzungen, auf de-

---

165) Zu dieser Unterscheidung von J. Mittelstraß s.o. Kap. 1, Anm. 15. Die Glaubensaussagen von Religion(en) und Weltanschauung(en) gehören natürlich zum Orientierungswissen.
166) Siehe dazu W. Härle, Das christliche Verständnis der Wahrheit, in: MJTh 21/2009, S. 61-89 und Ders., Was ist Wahrheit? Die Wahrheitsfrage als Grundfrage des Religionsunterrichts, in: Religion 5-10, Heft 36/2019, S. 4-7.
167) W. Stegmüller, „Metaphysik, Skepsis, Wissenschaft", die ²1969 in Heidelberg erschienen ist. Die 1. Auflage erschien 1954 unter dem Titel: „Metaphysik, Wissenschaft, Skepsis" in Frankfurt/Main. Die gründliche Verbesserung in dieser Zweitauflage erfolgte durch eine 70 Seiten umfassende neue Einleitung.

nen *alles Wissen und alle Wissenschaft* beruhen, und beantwortet sie so gründlich wie möglich. Bei der Beantwortung dieser Frage stößt man (und stößt er) zunächst auf eine wichtige Unterscheidung im Bereich der Wissenschaften: die Unterscheidung zwischen erfahrungsgestützten, also *empirischen* Wissenschaften wie zum Beispiel Physik, Medizin, Psychologie, Soziologie und Geschichtswissenschaft einerseits und rein *theoretischen* Wissenschaften wie zum Beispiel Logik und Mathematik andererseits.

Die *empirischen* Wissenschaften basieren auf Beobachtung, Messung, Experiment usw. und damit jedenfalls immer auf sinnlicher Wahrnehmung irgendwelcher Art. Die kann uns aber täuschen und irreführen, wie wir aus Erfahrung wissen. Aber wenn wir Zweifel an der Verlässlichkeit unserer Wahrnehmungsergebnisse bekommen, zum Beispiel weil andere zu anderen Resultaten kommen, dann werden wir die gefundenen Ergebnisse überprüfen, die Experimente (vielleicht unter veränderten Bedingungen) wiederholen und die eigenen Daten mit denen anderer abgleichen. Damit können wir möglicherweise unsere bisherigen Ergebnisse korrigieren und sogar die Fehlerquelle herausfinden, die uns irregeführt hat. Aber auch diese neuen Resultate unterliegen grundsätzlich denselben Bedingungen sinnlicher Wahrnehmung. Wir können uns auch hier täuschen oder irregeführt werden. Und das gilt für jede mögliche Überprüfung. Aber vermutlich wird sich bei solchen Überprüfungen im Laufe der Zeit etwas einstellen (und sogar zunehmen), was für die wissenschaftliche Arbeit ebenso wie für das Alltagswissen unverzichtbar ist: das Gefühl der Überzeugung oder Gewissheit, das uns sagt: „So ist es!" Irgendwann sehen wir vielleicht keinen vernünftigen Grund mehr, an unseren Ergebnissen zu zweifeln, auch wenn wir *eines* nicht können: *beweisen*, dass es so und nicht anders ist. Denn beweisen können wir etwas nur dadurch, dass wir es in gültigen logischen Schritten aus wahren Voraussetzungen ableiten.[168] Das heißt: Wir müssen die Wahrheit der Voraussetzungen und die Gültigkeit der Ableitungsschritte immer schon *voraussetzen*. An sie müssen wir glauben, ohne sie beweisen zu können.

Prinzipiell dasselbe gilt für die *theoretischen* Wissenschaften, die zwar nicht von Sinneswahrnehmungen, Beobachtungen, Messungen und Experimenten abhängen, wohl aber von logischen oder mathematischen Prämissen und Regeln, die man als *Axiome*[169] bezeichnet. Auch sie könnten wir nur beweisen, wenn wir sie in gültigen logischen Schritten aus anderen wahren Voraussetzungen ableiten könnten. Aber dabei müssen wir diese Prämissen und Verfahren schon als gültig voraussetzen. Auch solche Prämissen und Axiome können uns „ganz gewiss" sein, aber *beweisen* können wir sie nicht, ohne sie bereits als gültig vorauszusetzen. Unser Wissen ist auch in diesem Bereich nicht voraussetzungslos, sondern basiert auf Gewissheit und Glauben. Das ist nicht zu kritisieren oder zu be-

---

168) Siehe dazu W. Härle, Systematische Philosophie, München (1982) ²1987, S. 86–104.
169) Im 20. Jahrhundert haben A. N. Whitehead und B. Russell die Axiome der modernen Logik formuliert. Siehe ihr grundlegendes Werk: „Principia Mathematica" (1910, ²1927), dt. Frankfurt/Main 1986 (stw 593).

Kapitel 5: Vernunft und Glaube

klagen, aber es ist wichtig, das festzustellen und ernst zu nehmen.

Und das gilt auch für Glaubensaussagen und theologische Aussagen. Wir können sie nicht beweisen, aber wir können ihrer (mehr oder weniger) gewiss sein und ihnen deswegen vertrauen und uns auf sie einlassen. Insofern ist der oft behauptete Gegensatz zwischen Wissen und Glauben irreführend. Beides basiert auf Gewissheit, die uns im Lauf unseres Lebens zuteilwird, die durch Zweifel in Frage gestellt werden und sich verändern und verlorengehen kann, die sich aber nicht beweisen lässt. Und so kommt Stegmüller zu dem Ergebnis: *„Man muß nicht das Wissen beseitigen, um dem Glauben Platz zu machen. Vielmehr muß man bereits etwas glauben, um überhaupt von Wissen oder Wissenschaft reden zu können."*[170]

Dieser letzte Satz ist eine steile philosophische These. Wenn sie richtig ist, und ich sehe nicht, wie man sie bestreiten könnte, dann gibt es eine Verbindung zwischen Glauben und Wissen, die nicht nur die Entgegensetzung zwischen beidem in Frage stellt, sondern bei der das Wissen auf eine gut nachvollziehbare Weise vom Glauben – im Sinne von Vertrauen – abhängt. Und das eröffnet Gesprächsmöglichkeiten und Kooperationen, die lange Zeit nicht wahrgenommen wurden, aber nun allmählich immer mehr bewusst werden.[171]

---

[170] W. Stegmüller, Metaphysik, Skepsis, Wissenschaft, Berlin/Heidelberg/New York ²1969, S. 33. Am Ende des Buches, S. 451, gibt er dieser Einsicht die Formulierung: „Alle Wissenschaft setzt Evidenz voraus."

5.2 Wie verhalten sich Vernunft und Glaube zueinander?

Aber aus dieser Verbindung und Gesprächsmöglichkeit darf man natürlich keine Gleichsetzung zwischen den Methoden in Theologie und Naturwissenschaften folgern. Das ergibt sich schon daraus, dass die Theologie nicht nach empirisch zugänglichen und überprüfbaren Sachverhalten *an sich* fragt und sie zu verstehen versucht, sondern dass sie die Welt und das Menschsein im Ganzen von ihrem Ursprung, Sinn und Ziel her und damit auch die *Bestimmung des Menschen* zu verstehen versucht.[172] Damit überschreitet sie aber bewusst das an der Welt, worüber wir – möglicherweise – *verfügen* können, und fragt nach dem, woran wir uns in unserem Fühlen, Wollen und Denken *orientieren* können. Das entzieht sich aber unserer experimentellen Kontrolle. Dass der Mensch zur *Liebe* bestimmt ist und dass es deshalb die *Bestimmung* des Menschen ist, diese Erde in erhaltender Absicht zu beherrschen, zu bebauen und zu bewahren, und dass er dafür vor Gott und Menschen Verantwortung trägt, lässt sich weder naturwissenschaftlich noch geschichtswissenschaftlich begründen oder beweisen, und ist doch wahr.

---

171) Ein Indiz dafür sind die Sätze des Astrophysikers Barry Madore auf einem Anfang 2019 in Chicago durchgeführten Kongress, bei dem es um die verschiedenen Messwerte der Hubble- bzw. Lemaître-Konstante ging: „Nicht ‚Wem sollen wir glauben?', sondern ‚Was sollen wir glauben?' müsse es heißen, wenn die aktuellen Probleme der Kosmologie diskutiert würden." (Zitiert aus FAZ, „Natur und Wissenschaft" vom 09.10.2019, S. N1)

172) Siehe hierzu J. J. Spalding, Die Bestimmung des Menschen (1748–1794), Tübingen 2006 sowie C. Tippmann, Die Bestimmung des Menschen bei Johann Joachim Spalding, Leipzig 2011.

Wird dieser Unterschied nicht beachtet, dann kann es zu problematischen Konfusionen methodischer Art kommen. Das ist zum Beispiel dort der Fall, wo man die Wirksamkeit von Gebeten statistisch zu überprüfen versucht, wie das Sir Francis Galton im Jahr 1883 getan hat, indem er eine Untersuchung darüber anstellte und veröffentlichte,[173] ob Personen, für deren langes Leben überdurchschnittlich häufig gebetet wurde (wie zum Beispiel Angehörige von Herrscherhäusern oder kirchliche Amtsträger), tatsächlich eine längere Lebensdauer hatten als andere, bei denen das nicht der Fall war. Aus dem statistisch betrachtet negativen Ergebnis, zu dem er dabei kam, zog er den Schluss, dass Annahmen über die Wirksamkeit von Gebeten als Aberglaube zu beurteilen seien. Das ist ein eklatanter Fall einer Methodenkonfusion, die dem Sinn des Gebets nicht gerecht wird.[174] Eine umgekehrte Methodenkonfusion findet dort statt, wo aus den biblischen Erzählungen von der Urgeschichte (Gen 1-11) das Alter unseres Universums oder unseres Planeten oder der Menschheit errechnet wird.

Fragen wir von da aus, welche für das Christentum demgegenüber charakteristischen Erfahrungen es sind, die vom Glauben zur Erkenntnis führen können, so sind es vor allem folgende vier:

– Es ist erstens die Erfahrung und die daraus folgende Erkenntnis, *was* für unser menschliches Leben *grundlegend wichtig* (und was bloß beiläufig wichtig oder ganz unwichtig oder sogar schädlich und gefährlich) ist.

– Es ist zweitens die Erfahrung, dass wir uns das, was für unser menschliches Leben grundlegend wichtig ist,

---

173) F. Galton, Inquiries into the Human Faculty and its Development, London 1883, S. 280-294. Siehe dazu V. Brümmer, Was tun wir, wenn wir beten? Eine philosophische Untersuchung, Marburg 1985, S. 7-10.
174) Siehe dazu oben Abschnitt 2.5.

nicht selbst beschaffen können, sondern dass es uns zuteilwerden muss, ohne dass wir einen Anspruch darauf haben.

– Es ist drittens die Erfahrung, dass uns das, was für unser menschliches Leben grundlegend wichtig ist, oftmals in einer *Weise* und zu einem *Zeitpunkt* zuteilwird, wie und wann wir es nicht erdenken, wünschen oder erwarten können.

– Es ist viertens die Erfahrung, dass all das, was uns zuteilwird, uns für die *Aufgaben*, die das menschliche Leben uns stellt, nicht abstumpfen lassen oder gleichgültig machen darf, sondern vielmehr zu einem Handeln aus Dankbarkeit und Verantwortung *motivieren soll.*

Macht man sich bewusst, dass alle diese Erfahrungen Menschen *zuteilwerden,* dann wird auch verständlich, warum Menschen, die zum Glauben an Gott finden, dies oft so erleben, dass sie *von Gott gesucht und gefunden* wurden.[175] Damit ist aber das Suchen und Fragen nach Gott nicht ans Ende gekommen, sondern kann und soll zu einer Bewegung werden, die das Leben weiterhin begleitet.

5.3 Die Vernunft aus der Sicht des Glaubens

5.3.1 Vernunft als Schöpfungsprinzip

Dass unser Universum im Großen und im Kleinen ein staunenerregendes Maß an *Ordnung* aufweist, ist eine Ein-

---

175) Das hat T. Koch in seinem tiefsinnigen Buch: Mit Gott leben. Eine Besinnung auf den Glauben, Tübingen (1989) ²1993, auf S. 32–38 eindrücklich beschrieben.

sicht, die sowohl den Naturwissenschaften als auch der Religion – Letzterer in Gestalt des Schöpfungsglaubens[176] – zugänglich ist. Von dieser Ordnung hängt zweierlei ab: der (relative, d. h. begrenzte) *Bestand* des Universums und die (relative, d. h. begrenzte) *Erkennbarkeit* des Universums. Diese Einsichten werden in den Naturwissenschaften und in der Religion auf unterschiedlichen, aber einander nicht widersprechenden Wegen gewonnen und interpretiert. In den Naturwissenschaften geschieht das durch möglichst genaue, kontrollierbare Naturbeobachtungen, wiederholbare Experimente und exakte mathematische Berechnungen. In der Religion geschieht es durch Welt- und Lebenserfahrung und durch deren Interpretation im Horizont von Sinngewissheit.[177] Beide existieren und geschehen dabei selbst unter den begrenzten Bedingungen, die sie zu erkennen versuchen. Und beide müssen darum zunächst auf etwas vertrauen, es also glauben, bevor sie etwas erkennen können.[178]

---

176) Der biblische Schöpfungsglaube kommt vor allem in den beiden Schöpfungserzählungen aus Gen 1 und 2, in den Schöpfungspsalmen (z. B. Ps 19 und 104), in den letzten 5 Kapiteln des Buchs Hiob, in der Bergpredigt Jesu (Mt 6,25-34), im Prolog des Johannesevangeliums (Joh 1,1-14) und in den paulinischen Aussagen über die Erkennbarkeit Gottes aus der Schöpfung (Röm 1,19 f.) zu Worte.

177) Siehe dazu Ch. S. Peirce, Ein vernachlässigtes Argument für die Realität Gottes (1908), in: Ders., Religionsphilosophische Schriften, hg. v. H. Deuser (PhBM 478), Hamburg 1995, S. 329-339. Zum Zusammenhang von Gottesglaube und Sinnfrage siehe W. Weischedel, Der Gott der Philosophen, Bd. 2, Darmstadt 1972, S. 165-183 und V. Gerhardt, Der Sinn des Sinns. Versuch über das Göttliche, München (2014) ³2015, bes. S. 209-266.

178) S. o. Abschnitt 5.2 bei Anm. 171.

5.3 Die Vernunft aus der Sicht des Glaubens

Das gilt auch für alle praktischen Anwendungen naturwissenschaftlicher Erkenntnisse. Einerseits gehen sie von der Annahme aus, dass die Naturkonstanten (z. B. die Lichtgeschwindigkeit, das Planck'sche Wirkungsquantum, die Gravitationskonstante) in unserem Universum überall gleich sind[179] und dass die naturgesetzlichen Verlaufsregeln zuverlässig gelten. Andererseits überprüfen sie bei ihren Eingriffen in das Naturgeschehen diese Annahmen und finden sie bestätigt oder werden zu Korrekturen veranlasst. Als eine Sternstunde der naturwissenschaftlichen Forschung empfinde ich es, wenn es gelegentlich gelingt, aufgrund der uns bekannten Daten und Gesetze *Vorhersagen* über die Existenz von Teilchen oder Wellen zu machen, die bis dato nicht experimentell nachweisbar sind, dann aber irgendwann – wie berechnet – aufgefunden werden.[180] Aber auch für diese großartigen Forschungsleistungen gilt, dass es für Menschen keinen „archimedischen Punkt" gibt, von dem aus sie ihre Erkenntnisse als unfehlbar wahr erweisen könnten. Allerdings gibt es Möglichkeiten der *Bestätigung* oder der *Widerlegung* bisheriger Annahmen. Durch solche Widerlegungen und Bestätigungen[181] bilden sich Überzeugungen, die wir als „Wissen" bezeichnen und

---

179) Siehe M. Rees, Vor dem Anfang (1997), dt. ²2001, bes. S. 193–196.
180) So gelang z. B. in den Jahren 2012 und 2015 der Nachweis der Higgs Bosonen und der Gravitationswellen. Zwischen deren theoretischen Behauptung und ihrem experimentellen Nachweis lagen im ersten Fall mehr als 50 Jahre, im zweiten Fall sogar fast 100 Jahre.
181) An diesem Punkt besteht eine wissenschaftstheoretische *Asymmetrie* zwischen Verifikation und Falsifikation von Aussagen mit Allgemeingültigkeitsanspruch: Während jeder Wahrheitsbeweis nicht mehr als

unter deren Anwendung wir verantwortlich planen und handeln können.

Für religiöse Erkenntnisse spielen hingegen die Erfahrungen, die Menschen aufgrund ihres Glaubens im Leben machen (z. B. beim Hören oder Lesen von Texten, beim Beten oder bei der Befolgung oder Übertretung göttlicher Gebote) eine wichtige Rolle. Freilich ist hierbei insofern eine präzisierende Einschränkung erforderlich, als religiöse Erkenntnisse sich nicht auf dieses irdische Leben *begrenzen* (lassen), sondern als *Hoffnungsaussagen über den Tod hinausreichen* (können). Das gilt z. B. für das Christentum, das mit Jesu Verkündigung des anbrechenden Reiches Gottes in die Welt kam und die Hoffnung auf die Auferstehung der Toten, auf ein alles zurechtbringendes letztes Gericht und auf das ewige Leben einschließt.[182] Die noch ausstehende Verwirklichung dieser Hoffnung erfordert eine Erweiterung der Vergewisserungsperspektive über den Tod hinaus. Diese Erkenntnis, die schon in der Bibel verankert ist,[183] erhielt durch den englischen Religionsphilosophen John Hick (1922–2012) die Bezeichnung „eschatologische Verifikation" bzw. „Verifikation im Jen-

---

eine *vorläufige Bestätigung* der Aussage sein kann, ist jeder Falschheitsbeweis eine *definitive Widerlegung*.

182) Siehe dazu unten Abschnitt 7.4.
183) Sie ist vorausgesetzt im Streitgespräch Jesu mit den Saddudzäern über die Kraft Gottes, die nicht durch den Tod begrenzt ist (Mk 12,18-27), und sie wird ausdrücklich benannt in den paulinischen Unterscheidungen zwischen gegenwärtig-fragmentarischer und künftig-vollkommener Gotteserkenntnis (1Kor 13,12) sowie zwischen jetzigem Leben im Glauben und künftigem Schauen (2Kor 5,7).

seits".[184] Sie besagt, dass zahlreiche religiöse Aussagen, weil sie sich auf eine noch ausstehende, uns jetzt verborgene Wirklichkeit jenseits des Todes beziehen, unter zeitlichen, irdischen Bedingungen (noch) nicht als wahr *erwiesen* werden, sondern „nur" geglaubt werden können. Daraus folgt aber auch, dass diese Aussagen, wenn sie falsch sein sollten, nicht als falsch *erwiesen* werden könnten, weil es dann nichts gäbe, was von irgendjemandem als Widerlegung wahrgenommen werden könnte. Das ist allerdings kein (auch kein indirekter) Wahrheitserweis sondern das Ende jeder Verifikation und Falsifikation.[185]

Aus der Sicht des Glaubens kann man sagen: Die Religion teilt mit den Naturwissenschaften die Überzeugung, dass die Welt, in der wir leben, solche zuverlässigen Ordnungsstrukturen aufweist, dass sie für uns Menschen grundsätzlich (wenn auch auf irrtumsfähige Weise) *erkennbar, verstehbar und gestaltbar* ist. Die Naturwissenschaft hat aber nicht die Erkenntnis*mittel* und (darum?) nur selten das Erkenntnis*interesse*, den (absoluten) *Ursprung* und das (letzte) *Ziel* des Universums zu erkennen, zu beschreiben und zu deuten.[186] Religion beinhaltet hin-

---

184) J. Hick, Verifikation im Jenseits (1963), übersetzt ins Deutsche von H. Kliemt, in: Grundtexte der neueren evangelischen Theologie, hg. v. W. Härle, Leipzig ²2012, S. 274–279.

185) Dasselbe gilt für Pascals „Wette" auf Gott und das ewige Leben, bei der man nichts riskiert.

186) Ein bekanntes Buch, das mit dem *Anspruch* auftritt, aus physikalischer Sicht den Ursprung des Universums zu beschreiben (St. Weinberg, Die ersten drei Minuten. Der Ursprung des Universums, [1977] dt. 1980) muss schon auf S. 14 einräumen, dass der „früheste ... Zeitpunkt, über den wir

gegen ein vitales *Erkenntnisinteresse* sowohl am Ursprung als auch am Ziel und damit auch am Sinn des Universums. Als Erkenntnisquelle dafür steht ihr kein empirisches oder theoretisches *Wissen* zur Verfügung, wohl aber der *Glaube* an die *Selbsterschließung* Gottes als des schöpferischen Ursprungs und des Vollenders der Welt.

5.3.2 *Die Vernunft als göttliche Gabe an den Menschen*

War bisher von der Vernunft die Rede, sofern sie in den Strukturen der *Welt* vorauszusetzen und anzutreffen ist, also von der sogenannten *objektiven* Vernunft, so geht es nun um deren Pendant in Gestalt der *menschlichen*[187] bzw. *subjektiven* Vernunft. Dass diese menschliche Ausstattung mit Vernunft das charakteristische, den Menschen von allen anderen Lebewesen unterscheidende Merkmal ist, behauptet die philosophische Tradition seit der griechischen Antike durch ihre Definition: „Homo est animal rationale" (d. h. „der Mensch ist das bzw. ein vernunftbegabte[s] Lebewesen"[188]).

überhaupt mit einer gewissen Zuverlässigkeit etwas sagen können", einen winzigen Bruchteil einer Sekunde *nach* dem sogenannten Urknall liegt. Und wenn man annimmt, dass der Urknall in der Explosion einer gigantischen Menge bereits vorhandener Energie besteht, kann auch der Urknall selbst nicht der *Ursprung* des Universums sein.

187) Damit muss man nicht die Behauptung verbinden, dass es bei Tieren keine (Vor-)Formen von Vernunft gebe.

188) Von dieser Definitionsformel gilt laut G. Ebeling (Lutherstudien II, Disputatio de homine, 1. Teil, Tübingen 1977, S. 73, Anm. 4): „Die Entstehungs-, Interpretations- und Wirkungsgeschichte der Definition des Menschen als animal rationale ist ... noch nicht untersucht worden". Bei dem den Pythagoreern nahestehenden Arzt Alkmaion von Kroton findet

5.3 Die Vernunft aus der Sicht des Glaubens

Mit dieser philosophischen Definition des Menschen beginnt auch Luther in seiner ersten These der „Disputation über den Menschen"[189] aus dem Jahr 1536: „1. Die Philosophie, [als] die menschliche Weisheit, definiert, der Mensch sei ein vernunftbegabtes, sinnenhaftes, körperliches Lebewesen."[190]

Mit den drei Adjektiven „vernunftbegabt", „sinnenhaft" und „körperlich" knüpft Luther offenbar (in vager Form) an das an, was er in seinem Philosophiestudium in Erfurt über den Menschen gelernt hatte. Daraus entsteht hier eine etwas überfüllte Definition; denn der Zusatz, dass es sich beim Menschen um ein *körperliches* Lebewesen handelt, ist insofern überflüssig, als Körperlichkeit bereits im Begriff „Lebewesen" enthalten ist. Entscheidend ist aber, dass *dieses* Lebewesen vernunftbegabt ist. *Das* ist das Merkmal, durch das sich der Mensch von allen anderen Lebewesen *unterscheidet*. Davon geht Luther auch im Fortgang als philosophische Überzeugung aus. Er tut das aber nicht so,

---

sich schon im 6./5. Jh. v. Chr. die Aussage: „Der Mensch hat vor den übrigen Lebewesen den Vorzug, dass er allein denkt; die andern können wohl wahrnehmen, aber nicht denken." (Die Vorsokratiker, hg. v. W. Nestle, Wiesbaden 1956, S. 97). Bei Aristoteles (Politik, I/2 Nr. 1253a 10) findet sich dann im 4. Jh. v. Chr. die ähnliche Formulierung: „Vernunft aber hat unter den Lebewesen allein der Mensch". Was im Lateinischen mit *rationalis* wiedergegeben wird, heißt im Griechischen *logon echōn* (dt. Vernunft habend). In enger Verbindung zu dieser Definition findet sich bei Aristoteles die „soziale" Definition, der Mensch sei *physei* ein *politikon zōon*, d. h. „von Natur aus ein gemeinschaftsbezogenes Lebewesen" (a. a. O., 9 f.).

189) LDStA 1,663-669.
190) A. a. O., S. 665, Z. 1-3.

dass er deren Gültigkeit aufgrund der *Tradition* ungefragt voraussetzt, sondern so, dass er sie einer kritischen Prüfung unterzieht. Ebeling beschreibt das mit einem schönen Wortspiel: „Das Zitat, mit dem Luther seine Thesen De homine beginnt, wird zu einer förmlichen Zitation: Die philosophische Definition des Menschen wird gewissermaßen vor Gericht geladen."[191]

Bei dieser gerichtlichen Vorladung kommt Luther zu einem zweifachen Ergebnis:

Erstens: Diese Definition bezieht sich nur auf den Menschen *dieses Lebens*, also auf den irdischen Menschen in *dieser* Welt.[192] Sie reicht nicht darüber hinaus bis zu seinem Ursprung und Ziel, die jenseits dieser Zeit und Welt liegen. Diese Begrenzung ist nicht überraschend; denn sie ergibt sich aus dem Wesen der Philosophie als *menschliche* (und nicht göttliche) Weisheit.

Zweitens: Diese Definition sagt „beinahe nichts" über den Menschen, denn sie ist vage, ungenau und allzu sehr am Materiellen orientiert.[193] Das liegt vor allem daran, dass die menschliche Vernunft von sich aus nichts weiß über die Wirkursache (*causa efficiens*), der sich der Mensch verdankt, und über das Bestimmungsziel (*causa finalis*), das ihm gesetzt bzw. zugedacht ist.

---

191) G. Ebeling, Lutherstudien II, Disputatio de homine, 2. Teil, Tübingen 1982, S. 1.
192) So sagt Luther es in These 3 und begründet das in den Thesen 10 und 17 (LDStA 1,665,7-9 und 25-27).
193) So steht es in These 11 und 19, in denen Luther ein (Zwischen-)Fazit zieht (a. a. O. 665,29 f. und 667,7 f.).

5.3 Die Vernunft aus der Sicht des Glaubens

Aber diese zweifache Begrenzung hindert Luther nicht daran, von These vier bis neun[194] das Lob der menschlichen Vernunft in den höchsten Tönen zu singen:

> „4. Und tatsächlich ist es wahr, dass die Vernunft die Hauptsache von allem und vor allen übrigen Dingen dieses Lebens das Beste und etwas Göttliches ist.
>
> 5. Sie ist die Erfinderin und Lenkerin aller Künste, der Medizin, der Rechtswissenschaft und alles dessen, was in diesem Leben an Weisheit, Macht, Tüchtigkeit und Ruhm von Menschen besessen wird.
>
> 6. So dass sie von da aus mit Recht der wesentliche Unterschied genannt werden muss, durch den begründet wird, dass der Mensch sich von den Tieren und den anderen Dingen unterscheidet.
>
> 7. Auch die Heilige Schrift setzt sie als eine solche Herrin über die Erde, die Vögel, die Fische, das Vieh ein, indem sie sagt: Herrscht! usw. (1. Mose 1,28).
>
> 8. Das heißt, sie soll eine Sonne und eine göttliche Macht sein, gegeben um diese Dinge in diesem Leben zu verwalten.
>
> 9. Und auch nach dem Fall Adams hat Gott der Vernunft diese Majestät nicht genommen, sondern vielmehr bestätigt."

Als geballte Ladung aus der Feder eines Menschen, der angeblich[195] ein radikaler Verächter und Feind der menschlichen Vernunft ist, verdienen diese Thesen Beachtung. Nicht aufregend ist daran die Tatsache, dass er alle sieben Freien Künste, also die komplette mittelalterliche „Artis-

---

194) A. a. O., S. 665, Z. 10-24.
195) Dass an diesem Bild fast alles falsch ist, habe ich zu zeigen versucht in dem Aufsatz: Reformatorische Rationalität. Luthers Verständnis der Vernunft, in: Rationalität im Gespräch, hg. v. M. Mühling, Leipzig 2016, 261-274.

tenfakultät" mit all ihren Teildisziplinen ebenso wie die Medizin und Rechtswissenschaften und damit die gesamte damalige Universität (mit Ausnahme der Theologie) auf die menschliche Vernunft zurückführt. Worauf denn sonst? Nicht überraschend ist auch, dass Luther darin eine direkte Brücke zwischen der menschlichen Vernunft und dem biblischen Herrschaftsauftrag an den Menschen über die Erde sieht. Wie sollte man sonst den biblischen Auftrag an den Menschen, die Erde zu bauen, zu bewahren und zu beherrschen (also wie ein König zu verwalten und zu regieren) begründen?

Überraschend sind in diesen Thesen aber zwei andere Dinge: erstens, dass Luther die Vernunft zwei Mal als „etwas Göttliches" bzw. als eine „göttliche Macht" bezeichnet, und zweitens, dass er ausdrücklich hinzufügt, dass diese Majestät der Vernunft durch den Sündenfall *nicht* verloren gegangen, sondern von Gott bestätigt worden ist. Luther kann dabei nur an die Erneuerung des Herrschaftsauftrags nach der Sintflut (Gen 9,2) und als Echo darauf an Ps 8,6–9 denken. Das zeigt zugleich, woher die menschliche Vernunft ihre hohe Auszeichnung und Majestät hat: aus dem *göttlichen Auftrag*, der dem Menschen erteilt und auch dem sündigen Menschen nicht entzogen, sondern für ihn bestätigt wird.

5.3.3 Die Begrenztheit und Verführung der Vernunft

Die letzten Ausführungen haben schon gezeigt, dass das Lob der Vernunft das Wissen um ihre Begrenztheit und ihre Verführung nicht ausschließt. Die Begrenztheit ist ge-

5.3 Die Vernunft aus der Sicht des Glaubens

geben mit der Eigenart ihres *Gegenstandes*, des Menschen in den Grenzen *dieses* Lebens und *dieser* Welt. Sie ist auch gegeben mit der Erkenntnisquelle, die der Philosophie zur Verfügung steht, nämlich der *menschlichen* Weisheit. Das ist nicht im Ton der Klage oder gar des Vorwurfs vorzutragen, sondern ist einer kritischen (also auch selbstkritischen) Philosophie ganz angemessen. Das weiß die Philosophie selbst. Was bedeutet „Verführung der Vernunft" aber dann?

Die Verführung der Vernunft hat einen Doppelcharakter: Sie ist sowohl im aktiven Sinn *verführerisch* als auch im passiven Sinn *verführbar*. Und das hat beides mit der Begrenztheit der Vernunft auf dieses irdische Leben und auf diese Welt zu tun. Denn die Begrenztheit der menschlichen Vernunft hebt die Sehnsucht und das Streben nach einem bleibenden, ewigen Ziel und damit nach etwas, worauf man sich in Zeit und Ewigkeit verlassen kann, nicht auf. Und in dieser Situation ist die menschliche Vernunft ansprechbar und verführbar für das Angebot, selbst „wie Gott zu werden" (Gen 3,5) oder sich selbst irdische (Ab-)Götter zu *machen* oder *zu wählen*[196] und andere dazu zu verführen.

Dieses Geschehen nennen mehrere alttestamentliche Propheten, insbesondere Hosea, Jeremia und Hesekiel sowie im Neuen Testament die Offenbarung des Johannes, wiederholt „Hurerei" oder „Ehebruch". Das hat vor allem *metaphorische* Bedeutung, wobei vorausgesetzt ist, dass

---

196) Siehe dazu Ex 32,1-6; Jes 44,6-20; 46,5-7 und Röm 1, 21-23.

zwischen Gott und dem Volk Israel und der christlichen Gemeinde ein (Ehe-)Bund besteht, den das treulose Volk bzw. die treulose Gemeinde verlässt, um anderen Göttern oder Götzen nachzulaufen und anzuhangen. Teilweise hat die Rede von der Abgötterei als Hurerei aber auch *wörtliche* Bedeutung, sofern andere Kulte mit Kultprostitution oder sexuellen Orgien verbunden waren. Von daher gibt es im Alten Testament einen festen sprachlichen Zusammenhang zwischen „Abgötterei" und „Hurerei" bzw. „Ehebruch".

Das hat offensichtlich Luther veranlasst, die menschliche Vernunft, die er als verführerisch und leicht verführbar kennengelernt hatte, oft als „Hure" zu bezeichnen.[197] Ich war anfangs der Meinung, Luther wolle damit die *Käuflichkeit* der Vernunft (die es ja tatsächlich häufig gibt) benennen und brandmarken. Bezieht man aber den Kontext der Aussagen ein, so zeigt sich, dass nicht diese Käuflichkeit für Luther der Grund und Sinn seiner berühmt-berüchtigten Kennzeichnung der Vernunft als Hure ist, sondern deren Verführungskunst und Verführbarkeit. Verabsolutiert man jedoch diesen Aspekt, so entsteht ein Zerrbild, weil viele andere Aussagen Luthers über die Vernunft aus dem Blick geraten, z. B.

– die oben zitierten und kommentierten Aussagen Luthers über die Vernunft als göttliche Gabe,

– seine Berufung vor Kaiser und Reich in Worms auf die Vernunft als Kriterium neben der Heiligen Schrift,[198]

---

197) Belege dafür finden sich z. B. in WA 10/II,295,16; 11,227,30; 14,232,27 f.; 18, 164,26 und 51,126,32.

5.3 Die Vernunft aus der Sicht des Glaubens

– seine Aussage, dass das, was in der Frage nach der Gültigkeit der Klostergelübde der Vernunft offenkundig widerspricht, noch viel mehr Gott widerspricht[199] sowie

– seine These, dass altkirchliche Häresien großenteils aus logischen Fehlern resultieren.[200]

Diese Aussagen müssen mit in den Blick genommen werden, wenn man Luthers Sichtweise auf die menschliche Vernunft angemessen verstehen will. Die menschliche Vernunft ist für ihn aber immer dann gefährdet und wird gefährlich, wenn sie meint, von sich aus zu wissen, was von Gott her möglich und nicht möglich ist, und wenn sie darum nicht bereit und willens ist, sich belehren zu lassen und auf das zu hören, was ihr von Gott her gesagt wird.

5.3.4 Vernunft im Dienst der menschlichen Bestimmung

Zu dem Bösen, das aus dem Inneren des Menschen kommt und ihn unrein macht, zählt Jesus – überraschenderweise – an letzter und damit höchster Stelle „die Unvernunft" (Mk 7,22). Das legt im Umkehrschluss nahe, dass die Vernunft als *vernehmendes* „Organ" zumindest fähig ist, eine gute Orientierungsgröße für das menschliche Leben zu sein. Und diese Konsequenz zieht Paulus am Beginn des „ethischen" Schlussteils seines Römerbriefs, in dem er der ihm noch persönlich unbekannten Gemeinde in Rom seine Theologie vorstellt.

---

198) WA 7,838,4–8.
199) WA 8,629, 31 f.
200) So z. B. DDStA 2,675,37–41.

KAPITEL 5: VERNUNFT UND GLAUBE

„Ich ermahne euch nun, Brüder und Schwestern, durch die Barmherzigkeit Gottes, dass ihr euren Leib hingebt als ein Opfer, das lebendig, heilig und Gott wohlgefällig sei. Das sei euer vernünftiger Gottesdienst. Und stellt euch nicht dieser Welt gleich, sondern ändert euch durch Erneuerung eures Sinnes, auf dass ihr prüfen könnt, was Gottes Wille ist, nämlich das Gute und Wohlgefällige und Vollkommene." (Röm 12,1 f.)

Drei Aussagen aus diesem programmatischen kleinen Abschnitt scheinen mir besonders bemerkenswert, wobei ich mit dem Schluss beginne:

– Das Ethos, für das der Apostel die Gemeinde gewinnen will, orientiert sich nicht an gesetzlichen Vorschriften in Form von Verboten und Geboten, sondern an der Befähigung der Menschen, *selbst zu prüfen,* was das Gute, ja das Beste sei.[201] Diese Befähigung setzt freilich eine grundlegende Neuorientierung der Menschen, eine „Umkehr" bzw. „Bekehrung", voraus, die ihre Neuausrichtung aus der „Barmherzigkeit Gottes" bezieht. So versteht Paulus einer-

---

201) Das vertritt Paulus bereits in 1Thess 5,21 f. als allgemeine ethische Regel: „Prüft aber alles und das Gute behaltet. Meidet das Böse in jeder Gestalt." Es ist – im Anschluss daran – eine zentrale Einsicht, die Luthers ethischen Ansatz von dem der anderen Reformatoren unterscheidet, dass nicht eine besondere Form des *Gesetzes* (der sogenannte *tertius usus legis*) dem Christen verbindliche Verhaltensmaßstäbe gibt, sondern dass er unter Einsatz seiner von Glauben und Liebe geleiteten Vernunft dazu fähig ist zu erkennen, was in der jeweiligen Situation zu tun ist. So schreibt Luther in seiner Schrift „Von weltlicher Obrigkeit": „Ein richtiges, gutes Urteil darf und kann nicht aus Büchern gesprochen werden, sondern aus einem freien Geist, als gäbe es kein Buch. Aber ein derartig freies Urteil geben die Liebe und das natürliche Recht, von dem die ganze Vernunft voll ist." (DDStA 3,287,39–42)

seits seine eigene Bekehrung und Berufung zum Apostel als Akt der Barmherzigkeit Gottes, durch den seine apostolische Ermahnung gegenüber der Gemeinde in Rom legitimiert ist;[202] andererseits (und deswegen) ist die Barmherzigkeit Gottes für ihn der inhaltliche Maßstab für die Prüfung dessen, was dem Willen Gottes entspricht. Dabei rechnet Paulus durchaus mit der Möglichkeit, dass diese Prüfung anhand des Maßstabs der Barmherzigkeit auch unter Christen zu unterschiedlichen, ja gegensätzlichen Ergebnissen führen kann.[203] In solchen Fällen gilt es, einander weder zu verachten noch zu richten,[204] sondern zu achten und zu ertragen, also zu tolerieren.

– Ein solches ethisches Verhalten bezeichnet Paulus hier als *Opfer* und spielt damit bewusst auf die (Tier-)Opfer an, die im Kultus Israels und anderer Religionen eine tragende Rolle als Mittel zur Versöhnung Gottes und als Ausdrucksmittel menschlicher Dankbarkeit und Lebensfreude Gott gegenüber spielen. Aber er greift diesen Opfergedanken *als Christ* auf, der dessen gewiss ist, dass mit dem

---

[202] So interpretiert M. Wolter in seinem Römerbriefkommentar (Der Brief an die Römer, Teilband 2, Ostfildern/Göttingen 2019, S. 250) die paulinische Berufung auf die Barmherzigkeit Gottes.

[203] Das zeigt Paulus z. B. an der Einstellung zur Ehe, zum Halten von Feiertagen und zum Genuss von Fleisch, das für Götzenopfer bestimmt war und nun auf dem Markt zum Verkauf angeboten wird (1Kor 7 f.). Im Blick auf die Homosexualität ist ihm das, wie Röm 1,21–32 zeigt, leider nicht gelungen, weil er da grundlos voraussetzt, dass homosexuelle Praxis etwas ist, das *stets* aus der sündhaften Vertauschung von Schöpfer und Geschöpf resultiert.

[204] Das ist der Tenor des ganzen Kapitels Römer 14.

Kapitel 5: Vernunft und Glaube

Tod Jesu Christi, in dem *Gott die Welt* mit sich versöhnt hat, der tötende Opferkult ein für alle Mal an sein Ende gekommen ist. Das „Opfer", um das es aus christlicher Sicht nur noch gehen kann, ist das *lebendige* und als solches Gott zugehörende und wohlgefällige Opfer, das darin besteht, das eigene leibhafte Leben in den Dienst der Barmherzigkeit Gottes an seinen Geschöpfen zu stellen.

– Und dieses lebendige Opfer im Dienst der Barmherzigkeit bezeichnet Paulus als „vernunftgemäßen Gottesdienst" (griechisch: *logike latreia*). Was heißt das? Für die stoische Philosophie war der oben bereits erwähnte Gedanke zentral, dass die Welt von göttlicher Vernunft durchdrungen ist, die es zu erkennen und der entsprechend es zu leben gilt. Dieser Gedanke lag damals gewissermaßen in der Luft und wurde auch vom hellenistisch geprägten Judentum aufgenommen. Bei diesem Gedanken macht offensichtlich auch Paulus hier terminologische Anleihen.[205] Das heißt aber: Die leibhafte, lebendige Lebenshingabe im Geist der Barmherzigkeit Gottes ist der Gottesdienst, wie er im alltäglichen Leben stattfinden soll. Darin kommt das zur Geltung, was Jesus auf dem Höhepunkt der von Lukas überlieferten Feldrede mit den Worten zum Ausdruck bringt: „Seid barmherzig, wie auch euer [himmlischer] Vater barmherzig ist." (Lk 6,36)

---

205) So M. Wolter (s. o. Anm. 202), S. 253–255. Ich danke dem Autor herzlich für die präzisierenden Erläuterungen, die er mir brieflich zu dieser Textstelle gegeben hat.

5.3 Die Vernunft aus der Sicht des Glaubens

Dabei darf Barmherzigkeit nicht mit Weichlichkeit oder Nachgiebigkeit verwechselt werden. Barmherzigkeit ist das Einfühlungsvermögen und Mitgefühl, das sich am Wohl des in Not befindlichen Menschen orientiert und ihm wirksame, notfalls auch schmerzhafte Hilfe zuteilwerden lässt. *Das* ist vernunftgemäßer bzw. vernünftiger Gottesdienst.

6

Entstehung und Entwicklung des Glaubens in der Lebensgeschichte

6.1 Die Bedeutung von Vertrauen für die menschliche Entwicklung

In seinen beiden Bänden über den „Lebenszyklus"[206] hat der deutsch-amerikanische Psychoanalytiker Erik H. Erikson (1902–1994) ein aus acht Phasen bestehendes Schema der individuellen menschlichen Entwicklung vorgelegt. Es erfreut sich weitgehender Anerkennung und Rezeption – auch in der Theologie. Für diesen Erfolg lassen sich mehrere Gründe nennen:

– die von Erikson vorgenommene Ergänzung der frühen psychosexuellen, genauer: triebtheoretischen Konzeption Sigmund Freuds (1856–1939)[207] durch eine psycho*soziale* Betrachtungsweise;

– die Ausweitung der Analyse des (früh-)*kindlichen* Entwicklungszeitraums zu einer Untersuchung der *ge-*

---

[206] E. H. Erikson, Identität und Lebenszyklus (1959, dt. Frankfurt/Main 1966), S. 55–122, sowie Ders., Der vollständige Lebenszyklus (1982), dt. Frankfurt/Main (1988), ⁴1998, S. 70–110.

[207] Das wird von Freud zunächst 1905 in den „Drei Abhandlungen zur Sexualtheorie" entfaltet, später, beginnend mit „Das Ich und das Es" (1923) zu einer Persönlichkeitstheorie mit den Instanzen Ich, Es und Überich ausgebaut.

6.1 Die Bedeutung von Vertrauen

samten Lebensentwicklung von der Geburt bis zum hohen Alter;

– die alltagsweltliche und religiöse *Anschlussfähigkeit* der von Erikson verwendeten Begriffe, wie z. B. „Vertrauen", „Scham", „Zweifel", „Identität", „Verzweiflung", „Hochmut", „Hoffnung", „Liebe" und „Weisheit".

Insbesondere die Tatsache, dass der Begriff „Vertrauen" bzw. „Grundvertrauen"[208] an einer entscheidenden Stelle in seiner Theorie vorkommt, ist für unsere Themenstellung von großer Bedeutung, zumal er eine Nähe zur religiösen Sprache aufweist. Trotzdem wäre es ein Missverständnis, Eriksons „Grundvertrauen" mit „Glauben" im religiösen Sinn des Wortes gleichzusetzen, weil dadurch die Unterscheidung zwischen den inner- und den zwischenmenschlichen Beziehungsebenen einer *psychologischen* Betrachtungsweise einerseits und der gott-menschlichen Beziehungsebene der *religiösen* Betrachtungsweise[209] andererseits verlorengehen könnte. Beides sollte freilich auch nicht voneinander ganz getrennt oder nur bezie-

---

208) Im amerikanischen Original beider Bücher verwendet Erikson stets den Begriff „Basic Trust". In den deutschen Ausgaben wird der Begriff teils mit „Urvertrauen" übersetzt – so von Käte Hügel in „Identität und Lebenszyklus" (z. B. S. 60 und 150) –, teils mit „Grundvertrauen" – so von Waltrud Klüwer in „Der vollständige Lebenszyklus" (z. B. S. 36 und 73). „Grundvertrauen" ist die genauere und der Konzeption Eriksons angemessenere Übersetzung von „Basic Trust". Ich habe mich daher entschieden, in meinem Text, außer in Zitaten, in denen „Urvertrauen" vorkommt, stets den Begriff „Grundvertrauen" (bzw. „Grundmisstrauen") zu verwenden.
209) Siehe z. B. Ps 27,10: „Mein Vater und meine Mutter verlassen mich, aber der Herr nimmt mich auf."

Kapitel 6: Entstehung und Entwicklung des Glaubens

hungslos nebeneinandergestellt werden, weil die psychische Entwicklung auch eine *Konkretisierung* der religiösen Entwicklung des Menschen ist, die das Gottesbild und die Gottesbeziehung unweigerlich mitbetrifft und mitprägt. Zwischen beiden Ebenen besteht ein Wechselverhältnis, wie man das zum Beispiel an dem Verhältnis von Eltern- bzw. Vaterbildern und Gottesbildern gut beobachten kann.

Erikson ordnet den Begriff „Grundvertrauen" der *ersten* Phase der menschlichen Entwicklung, und zwar dem ersten Lebensjahr, zu. Er folgert das aus der menschlichen Verfassung, wie sie sich an dem Ausgeliefertsein des Neugeborenen an seine Eltern oder andere primäre Bezugspersonen zeigt. Von deren Verlässlichkeit hängt es entscheidend ab, ob im Kleinstkind Grundvertrauen entstehen kann. Aber dieser Ausgangspunkt beim Grundvertrauen bestimmt nicht nur die erste Entwicklungsphase, sondern fundiert, begleitet und umfasst – positiv oder negativ – den *gesamten* Entwicklungszyklus bis ins hohe Alter. Das Grundvertrauen ist die Grundlage für alles, was in der Lebensentwicklung folgt. Zwar geht es in jeder neuen Phase um *neue* Herausforderungen, denen sich der Mensch stellen muss, aber angesichts dieser neuen Herausforderungen steht immer auch die „Vertrauensfrage" in jeweils spezifischer Weise erneut zur Entscheidung an.

Daraus folgt als erste Einsicht, dass das Thema „Vertrauen" nicht mit der ersten Phase der Entwicklung abgehakt und – positiv oder negativ – erledigt ist, sondern dass es zwar in der ersten Lebensphase seinen eigentlichen Ort hat, dass es aber auch in den späteren Phasen zum Beispiel in Form von Selbstvertrauen, Initiative, Ichstärke und Intimität immer wieder vorkommt. Darin ist zugleich die wichtige – unter Umständen rettende – Einsicht enthalten, dass das, was in früheren Phasen versäumt wurde oder sich fehlentwickelt hat, in späteren Phasen *nachgeholt* werden kann. Damit unterscheiden sich die Phasen in Eriksons Schema von einer unumkehrbaren Abfolge abgeschlossener Stufen. Von daher wird auch verständlich, warum Erikson vom „Lebens*zyklus*", also einem Kreislauf, sprechen kann, in dem alle Phasen untereinander zusammenhängen.

Eine zweite Einsicht ist wichtig, um Eriksons Phasenmodell nicht misszuverstehen: Da ich bisher jeweils nur die *positiven* Entwicklungsziele (Vertrauen, Selbstvertrauen, Initiative, Ichstärke, Identität, Intimität usw.) genannt habe, kann der Eindruck entstehen, als gehe es in allen Phasen darum, nur das *Positive* zu entwickeln und sich anzueignen, das Negative (Misstrauen, Selbstzweifel, Schuld- und Minderwertigkeitsgefühle, Isolierung, Lebensüberdruss etc.) jedoch zu vermeiden oder zu eliminieren. Damit würde man Erikson und den Sinn seines Schemas jedoch missverstehen. Zwar kann er von der „Antithese von *Grundvertrauen* vs. *Grundmisstrauen* in der Kindheit" sprechen, aber er fügt dem sofort an: „vs. steht für ‚versus' [d. h. ‚gegen'], hat aber im Sinne wechselseitiger Ergänzung auch in etwa die Bedeutung von ‚vice versa' [d. h. ‚und umgekehrt']".[210] Das heißt aber: Das Ziel der Entwicklung ist

---

210) Der vollständige Lebenszyklus, (s. o. Anm. 206), S. 70.

nach Eriksons Verständnis *nicht* der vollständige Sieg des Grundvertrauens über das Grundmisstrauen usw., sondern ein *lebensdienliches Verhältnis* zwischen beiden Kräften, in dem auch das Misstrauen einen legitimen Platz hat. Das wäre nun aber nach der anderen Seite hin missverstanden, wenn man dabei an eine gleichgewichtige Mischung oder Synthese von Vertrauen und Misstrauen dächte. Schon die Standardformulierung „Grundvertrauen gegen Grundmisstrauen" (die bei den anderen Entwicklungsphasen strukturell genauso wiederkehrt) lässt sich im Sinne Eriksons nicht umkehren in ein „Grundmisstrauen gegen Grundvertrauen", sondern zeigt ein inneres *Gefälle*, das zugleich die Dynamik in Richtung einer positiven Verhältnisbestimmung zum Ausdruck bringt oder jedenfalls andeutet.

Ganz deutlich formuliert Erikson demzufolge auch die Zielsetzung dieses Entwicklungsprozesses mit der Aussage, „dass die Herausbildung beständiger Muster, nach denen das Individuum ein Übergewicht seines Urvertrauens über sein Urmisstrauen erreicht, eine Hauptaufgabe der erwachenden Persönlichkeit ist".[211] Die Formel „Übergewicht des Grundvertrauens über das Grundmisstrauen" kann als *Präzisierung* der oben zitierten Rede von „wechselseitiger Ergänzung" verstanden werden. In diesem Sinne kann und möchte ich sie mir auch selbst zu eigen machen.

---

211) Identität und Lebenszyklus (s. o. Anm. 206), S. 72.

6.2 Wie entsteht Glaube als Vertrauen?

In entscheidenden Hinsichten leben wir Menschen von Bezugspunkten außerhalb unserer eigenen Existenz her: Wir haben uns den Ort, die Zeit, die Familie und das Volk, in die hinein wir geboren wurden und die unser Leben von Anfang an mitbestimmen, nicht selbst gewählt. Wir sind auf das angewiesen, was wir vorfinden, was uns begegnet und lebensgeschichtlich „zugespielt"[212] wird. Ob in unserem Leben (christlicher) Glaube entsteht, hängt zunächst davon ab, ob der Glaube eine für unsere Eltern und Großeltern wertvolle, ihr Leben bestimmende Realität ist, an der sie ihre Kinder und Enkel teilhaben lassen möchten, und *wie* sie das tun. Diese versuchte Anteilgabe erfolgt sinnvollerweise vor allem durch das einladende Hineinnehmen der Kinder in die eigene Glaubenspraxis, wie sie z. B. Tisch- und Abendgebete,[213] das Singen von Liedern, das Feiern lebensgeschichtlicher und kirchlicher Feste, das Erzählen

---

212) So H. Weder in seinem Synodalvortrag: „Die Entdeckung des Glaubens im Neuen Testament", in: Glauben heute. Christ werden – Christ bleiben, Gütersloh ³1989, S. 53, in dem er die Entstehung von Glauben (in Analogie zu Lachen und Tanzen) anschaulich beschreibt. Seine These lautet: Alle drei Phänomene entstehen nicht durch eine Aufforderung, etwas zu tun, sondern durch das, was einem Menschen „zugespielt" wird – sei es in Form einer glaubwürdigen Botschaft, eines gelungenen Witzes oder einer mitreißenden Musik.

213) Lieder und Gebete wie „Nun ruhen alle Wälder", „Der Mond ist aufgegangen", „Müde bin ich, geh zur Ruh" und „Abend ward, bald kommt die Nacht" (EG 477, 482, 484, 487) bilden dafür einen bewährten Grundstock.

biblischer Geschichten, die Taufe und die Teilnahme am (Kinder-)Gottesdienst darstellen.

Das heißt nicht, dass auf diese Weise automatisch in Kindern Glaube erzeugt würde. Die Rede von der *Unverfügbarkeit* des Glaubens hat auch schon hier zentrale Bedeutung, und zwar in zweifacher Hinsicht: einerseits deswegen, weil Menschen vom Beginn ihres Lebens an darauf angewiesen sind, mit *welchen* Botschaften (verbaler und nonverbaler Art) sie konfrontiert werden. Das machen und wählen sie nicht (nur), sondern das empfangen sie zunächst. Andererseits haben sie es ebenfalls nicht in der Hand, ob diese Botschaften sie so erreichen, dass in ihnen lebenstragendes *Vertrauen* auf Gott geweckt wird. Auch das widerfährt ihnen von dem her, was ihnen vermittelt wird. *Insofern* ist es zutreffend, wenn der Glaube – seinem Zustandekommen nach – als „Werk Gottes" oder als „Gabe Gottes" bezeichnet wird. Aber die genannten Elemente der Glaubenspraxis bilden dafür eine *wichtige*, jedoch nicht *hinreichende* Voraussetzung.

Die Rede vom Glauben als Werk Gottes wird jedoch missverständlich, wenn durch sie der Eindruck entsteht, Gott sei das *Subjekt* des Glaubens oder der Glaube werde dem Menschen ohne oder sogar gegen dessen innere Beteiligung *zugeteilt oder zugefügt*, ihm gewissermaßen aufgepropft oder eingeimpft. Eine dementsprechende Vorstellung und Praxis kann sogar zu seiner Gottesvergiftung[214]

---

214) Diesen Begriff hat Tilmann Moser mit seinem gleichnamigen Buch (Frankfurt/Main 1976) in die Diskussion eingeführt. Dass das nicht die

6.2 Wie entsteht Glaube als Vertrauen?

mit lebenslangen Spätfolgen führen. Die nicht nur schönen, sondern auch sachlich angemessenen Formulierungen, dass der Glaube in einem Menschen „geweckt" oder „entzündet" wird (so wie Neugier, Interesse, Zuneigung oder Leidenschaft geweckt oder entzündet werden können), deuten schon an, dass es sich hierbei um ein Geschehen handelt, das den Menschen als *antwortfähige* Person betrifft und bei dem das Gefühl, der Wille und der Verstand des Menschen nicht ausgeschaltet, sondern auf intensive Weise *einbezogen* sind.

Aber wie ist bei diesem Geschehen das Verhältnis von menschlicher Passivität und Aktivität angemessen zu beschreiben? Dafür ist die Unterscheidung zwischen „Glaubensgewissheit" und „Glaubensakt" hilfreich. Dass einem Menschen etwas (mehr oder weniger) gewiss und zur persönlichen Überzeugung wird, hat er nicht in der Hand. Das geschieht auf eine für ihn unverfügbare Weise und hat den Charakter eines *Erlebnisses* und *Widerfahrnisses*.[215] Dabei ist das Charakteristikum dieser Gewissheiten oder Überzeugungen, dass sie einem Menschen im Rahmen des lebensgeschichtlichen und lebenslangen *Bildungs*prozesses[216] durch Personen, Ereignisse, Aussagen, Bilder, Erzäh-

---

einzige Form ist, wie Kindern Gott in ihrer Entwicklung nahegebracht wird, hat er Jahre später in seinem Buch „Von der Gottesvergiftung zu einem erträglichen Gott" (Stuttgart 2003) gezeigt.

215) In der populären Psychologie wurde dafür früher häufig der Begriff „Aha-Erlebnis" verwendet. In der Alltagssprache sagt man gelegentlich: „Jetzt ist der Groschen gefallen" oder „Das hat mir jetzt eingeleuchtet".

216) Siehe dazu R. Preul, Evangelische Bildungstheorie, Leipzig 2013, bes. S. 121-153 und F. Schweitzer, Bildung, Neukirchen-Vluyn 2014.

lungen usw. aus seiner Lebenswelt zuteilwerden, durch die sich ihm ein bestimmtes *Verständnis der Wirklichkeit* erschließt. Eine solche Glaubensgewissheit kann sich einstellen nach einem langen Prozess des Suchens und Fragens und wird dann in der Regel als beglückende und befreiende Erleuchtung empfunden. Sie kann sich aber auch ungesucht und überraschend oder sogar wider Willen einstellen. Letzteres geschieht oft dann, wenn sich bisherige Lebensüberzeugungen als brüchig und nicht mehr tragfähig erweisen und dem Betreffenden damit der Boden unter den Füßen wegbricht. So hat laut mehreren neutestamentlichen Beschreibungen[217] Saulus/Paulus von Tarsus das erlebt, was ihm vor Damaskus in der Begegnung mit dem auferstandenen Jesus Christus als Bekehrung und Berufung zuteilgeworden ist.

Wenn in einem Menschen die Hoffnung oder Sehnsucht vorhanden ist, Glauben als Vertrauen auf Gott zu finden, dann wird sich das naheliegenderweise auch daran zeigen, dass er Orte, Menschen, Botschaften und Texte aufsucht, die ihrerseits von diesem Glauben geprägt sind und für ihn stehen. Damit kann zwar weder das gefühlsmäßige Ergriffenwerden noch die verstandesmäßige Überzeugung noch die willentliche Zustimmung *hergestellt* werden, aber es ist auf diese Weise möglich, sich in die Hör- und Sichtweite der Zeichen zu begeben, die durch Gottes Geist diese Gewissheit schaffen *können*.

---

217) Siehe Gal 1,11-24 und Phil 3,1-11 sowie Apg 9,1-19; 22,3-16 und 26,4-18. Die genauere Beschreibung und Analyse dieses „Damaskuserlebnisses" folgt unten in Abschnitt 7.4.

6.2 Wie entsteht Glaube als Vertrauen?

Menschen können sich also diesen Zeichen entziehen oder sie suchen und sich ihnen zuwenden in der Hoffnung, dass dadurch in ihnen Glaubensgewissheit entsteht. Denn jedenfalls vom Jugendalter an werden Menschen nicht *nur* von dem ihnen *vorgegebenen* Lebenszusammenhang geprägt, sondern können *auch* (in begrenztem Umfang) wählen, welchen Botschaften sie sich aussetzen und welchen sie sich lieber entziehen wollen. Sie können dies tun in der Hoffnung, zum Glauben zu finden (oder in der Absicht, dies möglichst zu vermeiden). Eine *hinreichende* Bedingung für die Entstehung von Glaubensgewissheit ist das alles *nicht*, wohl aber ist es eine Weise, wie ein Mensch sich für das Zustandekommen einer solchen Gewissheit vorbereiten und öffnen kann.

Von diesem Zustandekommen von Glaubensgewissheit ist der Akt bzw. Prozess des *Sich-darauf-Einlassens* im Sinne der *vertrauensvollen Zustimmung* eines Menschen zu dem, was ihm gewiss geworden ist, zu unterscheiden. Denn von dem Zuteilwerden der Glaubensgewissheit ist zu unterscheiden, wie ein Mensch sich zu ihr *verhält*. Dabei eröffnet die zuteilgewordene Gewissheit überhaupt erst die Freiheit zu einer Entscheidung pro oder contra diese Gewissheit, aber sie nimmt dem Menschen diese Entscheidung nicht ab.

Aber ist denn der Glaubensakt nicht eine selbstverständliche, um nicht zu sagen: unvermeidliche Konsequenz aus dieser zuteilgewordenen Glaubensgewissheit? Kann es tatsächlich eine noch offene Frage sein, ob ein Mensch es wagt, sich auf sie einzulassen? Was könnte und sollte ihn daran hindern, auf eine erkannte und gewiss gewordene Wahrheit zu vertrauen? Dass es Gründe für diese Verweigerung gibt, wird plausibel, wenn man sich bewusst macht, dass es eine Zumutung für das Selbstwertgefühl bedeuten kann, *nicht* autonom oder autark zu sein, sondern sich von einer Wirklichkeit *außerhalb* seiner selbst bewegen zu lassen und ihr die Möglichkeit zu verdanken, dass das eigene Leben Erfüllung findet.

Hinzu kommt, dass ein solches neues Selbst- und Weltverständnis im *sozialen Umfeld* eines Menschen unter Umständen nicht geteilt, sondern als merkwürdig, abwegig oder gar als bedrohlich empfunden wird.[218] Das kann zur Folge haben, dass der Glaube eines Menschen ihn in eine soziale Isolierung, zur Vereinsamung, zur Stigmatisierung, zum Gemobbt- oder sogar zum Verfolgtwerden führt.[219] Auch im Blick darauf ist der Mensch der Gewissheit des Glaubens nicht alternativlos ausgeliefert, sondern kann das alles an sich geschehen lassen und erleiden oder sich ihm entziehen und verweigern.

---

218) Auf die Bedeutung der umgebenden „Plausibilitätsstrukturen" für die weltanschaulich-religiösen Überzeugungen von Menschen haben P. Berger und Th. Luckmann schon vor mehr als 50 Jahren hingewiesen. Siehe ihr Werk: Die gesellschaftliche Konstruktion der Wirklichkeit (1966), dt. Frankfurt/Main 1970, bes. S. 165-171 sowie P. Bergers Buch, Zur Dialektik von Religion und Gesellschaft (1967), dt. Frankfurt/Main 1973, bes. S. 122-146.

219) Davon berichtet seit 1955 regelmäßig das christliche Hilfswerk Open Doors, ohne damit zu Hass oder Rache anzustacheln, sondern mit dem Ziel, zur Fürbitte für die Opfer (und Täter) anzuregen. Die sollte sich freilich nicht nur auf verfolgte *Christen* beziehen, sondern auf alle *Menschen*, die um ihres Glaubens willen verfolgt werden.

6.2 Wie entsteht Glaube als Vertrauen?

Wird Glaube so als personaler Zustimmungsakt und -prozess verstanden, der auf zuteilgewordene Glaubensgewissheit positiv antwortet, dann wird auch verständlich, wie Glaube *vergehen* oder *verlorengehen* kann. Dass Menschen der Glaube abhandenkommt, der einmal ihr Leben als etwas Wertvolles (mit-)bestimmt hat, kann freilich unterschiedliche Gründe haben. Es kann daran liegen, dass ihnen die dem Glauben zugrundeliegende Gewissheit verlorengegangen ist. Das wiederum kann seine Ursache darin haben, dass diese Gewissheit nicht mit ihrer eigenen geistigen Entwicklung verbunden blieb, sondern zu einem Relikt und Fremdkörper aus Kindertagen wurde, oder dass andere Meinungen oder neue Erfahrungen andere, entgegengesetzte Gewissheiten in einem Menschen entstehen ließen. Der Verlust des Glaubens kann aber auch den Charakter einer allmählichen Erosion haben, die daraus resultiert, dass der Glaube immer seltener praktiziert wird und so nach und nach aus dem Leben entschwindet. Das wird seit einigen Jahren häufig als „Gewohnheitsatheismus" bezeichnet.

Die Abkehr vom christlichen Glauben kann aber schließlich auch auf die bewusste Entscheidung eines Menschen zurückgehen. Und diese Entscheidung kann entweder dadurch begründet sein, dass ein Mensch zu der Überzeugung gekommen ist, der Glaube sei ein *falsches, irreführendes Bewusstsein*, oder dass er sich von der *als wahr erkannten* Botschaft aus *religions- oder kirchenkritischen Gründen* abwendet und sie in seinem Denken, Reden und Verhalten bewusst ablehnt oder sogar bekämpft.

Aber selbst solches Verleugnen oder Wegwerfen des Glaubens muss im Leben eines Menschen nicht das letzte Wort bleiben.[220] Deswegen verdient die zweimalige (als Warnung gut gemeinte) Behauptung des Hebräerbriefs, dass es keine Möglichkeit einer zweiten Buße für Menschen gebe, die vom Glauben abgefallen sind,[221] *keine* Zustimmung, sondern energischen *Widerspruch*, wie schon Luther das erkannt und deutlich ausgesprochen hat.[222] Das ist einer der wichtigen Punkte, an denen man vom Evangelium Jesu Christi her dem Wortlaut einer biblischen Aussage nicht nur widersprechen *kann*, sondern widersprechen *muss*.[223]

---

220) Das geht auch aus dem weithin brillant geschriebenen und faszinierend zu lesenden Buch von T. Prüfer, Weiß der Himmel ... (s. o. Kap. 2, Anm. 51) hervor.
221) Hebr 6,4-6: „Denn es ist unmöglich, die, die einmal erleuchtet worden sind und geschmeckt haben die himmlische Gabe und Anteil bekommen haben am Heiligen Geist ... und dann abgefallen sind, wieder zu erneuern zur Buße ..." (ähnlich Hebr 10,26-29).
222) In seiner Vorrede zum Hebräerbrief (WA DB 7,344,15 f.) stellt Luther fest, dass die in Hebr 6 und 10 enthaltene Bestreitung der Möglichkeit einer zweiten Buße „gegen alle Evangelien und Paulusbriefe" sei. Das ist so, weil diese Bestreitungen gegen *das Evangelium* sind, das Jesus Christus gebracht, verkündigt und gelebt hat. Und zu diesem Evangelium gehört die (metaphorische) Aussage Jesu gegenüber Petrus, es sei nicht genug, seinem Bruder „siebenmal" zu vergeben. Es müsse „siebzigmal siebenmal", das heißt: unbegrenzt, geschehen (so Mt 18,22).
223) Siehe dazu meine Bemerkungen zum Verhältnis von Bibel und Jesus Christus im Vorwort dieses Buches.

6.3 Die Entwicklung des Glaubens in der Lebensgeschichte

6.3.1 Biblische Zugänge

Hat sich im ersten Abschnitt dieses Kapitels gezeigt, welche Rolle das Grundvertrauen *in* der menschlichen Entwicklung und *für* sie spielt, so soll nun der Blick darauf gerichtet werden, dass und wie sich der Glaube als Gottvertrauen im Rahmen der menschlichen Lebensgeschichte *seinerseits* entwickelt. Dabei geht es auch um die Frage nach einer *entwicklungsbezogenen Begleitung*[224] von Kindern, Jugendlichen und Erwachsenen in ihrer Lebens- und Glaubensgeschichte.

Dass es eine Entwicklung des Glaubens gibt, ist selbstverständlich. Das war auch schon Paulus bewusst, der an die Gemeinde in Korinth schrieb: „Als ich ein Kind war, redete ich wie ein Kind und dachte wie ein Kind und war klug wie ein Kind, als ich aber ein Mann wurde, tat ich ab, was kindlich[225] war." (1Kor 13,11)

Die trivial klingende Einsicht, dass es relevante Unterschiede zwischen kindlichem und erwachsenem Reden und Denken gibt, wendet Paulus ausdrücklich auf den (christlichen) Glauben an. Das ergibt sich aus dem Kontext

---

224) Ich formuliere das so in Anlehnung an folgende These von F. Schweitzer (Lebensgeschichte und Religion, [München 1987] Gütersloh ⁷2010, S. 241): „Die Grundaufgabe einer entwicklungsbezogenen religiösen Erziehung lässt sich als *Begleitung* der Entwicklung oder, wie K. E. Nipkow formuliert, als ‚*Lebensbegleitung*' beschreiben."
225) Besser wäre, wenn es „kindisch" hieße. Das Kindliche kann, darf und soll ruhig beibehalten werden.

dieser Aussage, der von dem handelt, was im Urteil Gottes Wert hat und darum *bleibt*. Als Kontrast dazu nennt Paulus hier dasjenige, was *keinen* bleibenden Wert hat, sondern vergänglich und wertlos ist (obwohl es eindrucksvoll *wirken* kann): z. B. prophetisches Reden, Besitz allen Glaubens, umfassende Erkenntnis aller Geheimnisse, Hingabe der gesamten Habe an Arme und sogar des eigenen Lebens für andere Menschen. Das alles nennt Paulus – wenn es *ohne Liebe* ist und geschieht – „Stückwerk" (1Kor 13,9 f.), das *vergehen* wird. Dieser Vergleich zwischen dem vergänglichen Stückwerk und dem, was bleiben wird, weckt bei Paulus offenbar die Assoziation der Entwicklung vom Kind zum Erwachsenen. Dabei setzt er aber nicht das erwachsene Reden, Denken und Erkennen mit dem Vollkommenen gleich, sondern sieht zwischen beidem nur eine Entsprechung der Ähnlichkeit (Analogie): Wie sich Kindliches zum Erwachsenen verhält, so etwa verhält sich unser jetziges Erkennen zu dem noch ausstehenden Erkennen, das so sein wird, wie wir jetzt schon von Gott erkannt sind. Das ist eine höchst kunstvolle, ganz sachgemäße Verschlingung von Gegenwart und Zukunft sowie von Passiv und Aktiv in Bezug auf die Erkenntnis des Glaubens. Daran zeigt sich aber auch, dass dieser bildhafte Vergleich mit dem Erwachsenwerden sich *nicht* (nur) auf die Entwicklung *kognitiver* Fähigkeiten im Allgemeinen bezieht, sondern auf die Reifung im *Glauben*, die in der *Liebe* (*agape*) ihr Ziel erreicht.

Die Pointe der bisherigen Aussagen besteht darin, dass der kindliche Zustand als defizitär charakterisiert

6.3 Die Entwicklung des Glaubens in der Lebensgeschichte

wird. Er ist zumindest unvollkommen und damit veränderungs- bzw. reifungsbedürftig.

Einen deutlichen *Kontrast* zu dieser Pointe bilden die Erzählungen über Kinder in der neutestamentlichen *Evangelien*überlieferung. Da tauchen Kinder nicht auf als Bildspender für einen *defizitären* geistlichen oder geistigen Zustand, der sich erst noch entwickeln oder radikal verändern muss, sondern in ganz *anderen* Funktionen.[226] Unter ihnen ragt – insbesondere im Blick auf unser Thema – eine allgemein bekannte Erzählung heraus, welche die Überschrift trägt: „Die Segnung der Kinder", und folgenden Wortlaut hat:

> „Und sie brachten Kinder zu ihm [sc. Jesus], damit er sie anrühre. Die Jünger aber fuhren sie an. Als es aber Jesus sah, wurde er unwillig und sprach zu ihnen [sc. den Jüngern]: Lasset die Kinder zu mir kommen und wehret ihnen nicht, denn solchen gehört das Reich Gottes. Wahrlich, ich sage euch: Wer das Reich Gottes nicht empfängt wie ein Kind, der wird nicht hineinkommen. Und er herzte sie und legte die Hände auf sie und segnete sie." (Mk 10, 13-16)

Bekannt aus dieser Erzählung ist vor allem der mittlere Satz: „Lasset die Kinder (bzw. Kindlein) zu mir kommen und wehret ihnen nicht, denn solchen gehört das Reich Gottes."[227] Damit wehrt Jesus (unwillig) seinen Jüngern, die Kindern den Zugang zu ihm und damit zum Reich Gottes verwehren wollen. Die Botschaft dieses Satzes lautet:

---

226) Siehe z. B. Mk 9,36 f.; 10,13-16; Mt 18,3-5; 19,13-15; 21,15 f.; Lk 9,47 f. und 18,15-17.
227) Zur Bedeutung des Begriffs „Reich Gottes" und „Himmelreich" siehe unten Kap. 7.3, Anm. 269.

Auch (kleinen) Kindern gehört das Reich Gottes, darum darf ihnen der Zugang zu Jesus nicht verwehrt werden. Aber nicht diese *defensive* Botschaft ist die Pointe dieser Erzählung, sondern die darauffolgende *offensive* Aussage: „Wer das Reich Gottes nicht empfängt wie ein Kind, wird nicht hineinkommen". Damit wird aus der *Eröffnung* des Zugangs für die Kinder ein Zugangs*kriterium* auch für Erwachsene, für das Kinder den *Maßstab* bilden. Anders formuliert: Aus dem Zugeständnis: „*auch* Kinder" wird eine Einlassbedingung: „*nur wie* Kinder". Das ist eine kühne Aussage Jesu. Aber was besagt sie eigentlich?

Wenn man Auslegungen, Predigten und Ansprachen zu diesem Abschnitt in der Erinnerung oder Literatur durchgeht, stößt man auf eine Vielzahl von erläuternden Erklärungen dafür, dass man das Reich Gottes nur wie ein Kind empfangen könne: die Kleinheit, Bescheidenheit, Demut, Absichtslosigkeit, Verspieltheit, Unschuld oder Leichtgläubigkeit von Kindern habe ich selbst schon in diesem Zusammenhang als Interpretationen gehört oder gelesen.[228] Manchmal muss man sich fragen, was für ein idealisiertes Bild von Kindern die Betreffenden haben oder

---

228) Auch das Matthäusevangelium gerät auf eine solche Spur, indem es den mittleren Vers aus diesem Abschnitt herausnimmt und in einen Abschnitt über den „Rangstreit der Jünger" einfügt und ihm folgenden Wortlaut gibt: „Wenn ihr nicht umkehrt und werdet wie die Kinder, so werdet ihr nicht ins Himmelreich kommen. Wer nun sich selbst erniedrigt und wird wie dieses Kind, der ist der Größte im Himmelreich." (Mt 18,3 f.) Hiernach wären Kinder Vorbilder für Selbsterniedrigung und Demut. Man muss wohl annehmen, dass Matthäus keine oder sehr außergewöhnliche Kinder hatte.

6.3 Die Entwicklung des Glaubens in der Lebensgeschichte

Jesus unterstellen. Dabei ergibt sich die Aussageabsicht und folglich die angemessene Auslegung ganz umstandslos aus dem *Wortlaut* des Textes, wie er bei Markus und Lukas überliefert ist: Es geht um das „Empfangen" bzw. „Annehmen wie ein Kind" (Mk 10,15 und Lk 18,17). *Darin*, also im Empfangen bzw. Annehmen sind Kinder vorbildlich, auch wenn es um die Teilhabe am Reich Gottes geht. Denn wenn man Kinder nicht anders dressiert hat, sind sie in der Tat „Weltmeister" im Annehmen und Empfangen, und allein darauf kommt es offensichtlich in diesem Text an. Alle Vorbehalte und Hemmungen, die wir uns im Prozess des Heranwachsens und Erwachsenwerdens gegen das Empfangen und Annehmen angeeignet haben, sind Kindern von Hause aus fremd. Ich kann mich jedenfalls aus meinem langen Leben (auch als Vater von drei Kindern und Großvater von zehn Enkelkindern) an *keine einzige* Szene erinnern, in der ein Kind ein Geschenk abgelehnt oder nur unter Bedenken (wie einem der folgenden) entgegengenommen bzw. angenommen hätte:

– Ist das nicht ein zu großes Geschenk?
– War das nicht zu teuer?
– Habe ich das verdient?
– Wozu verpflichtet mich das in Zukunft?

Das alles sind keine Kinder-, sondern typische Erwachsenengedanken, die auf ein ökonomisches Denkmuster verweisen. Das passt aber nicht zu der Art und Weise, wie wir Menschen Zugang zu dem Reich Gottes bekommen, das Jesus Christus verkündigt, verkörpert und gebracht hat: bedingungslos, aber nicht folgenlos.

Dabei rechnet Jesus allerdings, wie sein im Johannesevangelium erzähltes Gespräch mit dem alten Nikodemus zeigt,[229] mit der Möglichkeit, dass man auch noch als erwachsener oder sogar als alter Mensch zu dieser kindlichen (nicht: kindischen) Art des Empfangens und Annehmens befähigt werden kann: durch ein neues, von Gott her geschehendes Geborenwerden „aus Wasser und Geist", das heißt aus den Elementen des *Taufgeschehens*. Das ist eine bemerkenswert *anti*zyklische Antwort auf die Frage nach der Entwicklung des Glaubens in der Lebensgeschichte, die beim Alter beginnen und zur Geburt hinführen kann.

6.3.2 *Psychologische und pädagogische Aspekte*[230]

Die meisten entwicklungspsychologischen Theorien und Schemata sind für unser Thema nicht sehr ergiebig, sondern allenfalls diejenigen, die ihre Aufmerksamkeit sowohl auf das Thema *Religion bzw. Glaube* als auch auf die lebensgeschichtliche *Entwicklung von der Kindheit bis ins Erwachsenenalter* richten, und selbst hieraus lässt sich nur wenig an Gewinn ziehen.

So, wie Erik H. Erikson der Autor ist, der für die Verortung des Grundvertrauens im Lebenszyklus den entschei-

---

229) Siehe dazu Joh 3,1–21, bes. Vers 4 f.
230) Aus der schier uferlosen Literatur, die es inzwischen dazu gibt, ragen meines Erachtens heraus von F. Schweitzer, Lebensgeschichte und Religion (s. o. Anm. 224) und sein Aufsatz: Fortschritt, Kontinuität und Wandel (in: Evangelischer Erzieher 42/1990, S. 277–292) sowie von G. Büttner und V.-J. Dieterich, Entwicklungspsychologie in der Religionspädagogik, Göttingen (2013) ²2016. Diese Veröffentlichungen zeichnen sich durch Kenntnisreichtum, Klarheit der Darstellung und Urteilskompetenz aus.

6.3 Die Entwicklung des Glaubens in der Lebensgeschichte

denden Anstoß gegeben hat, so hat schon lange vor ihm der Schweizer Biologe und Entwicklungspsychologe Jean Piaget[231] (1896-1980) durch seine epochemachenden Untersuchungen zur *kognitiven* Entwicklung des Kindes die Grundlagen gelegt, auf denen Jahrzehnte später – vermittelt durch die Theorie moralischer Urteilsbildung von Lawrence Kohlberg[232] (1927-1987) – auch die *religionspsychologische* Theoriebildung von Paul Gmünder (1891-1984) und Fritz Oser (1937-2020) sowie von James W. Fowler (1940-2015) und anderen aufbaute, welche die Entwicklung der *Religion* bzw. des *Glaubens* im menschlichen Leben zum Gegenstand ihrer Forschung machten. Piaget selbst hat sich nur in seiner Frühzeit vorübergehend und am Rand mit der weltanschaulich-religiösen Entwicklung von Kindern im Rahmen der Ausbildung ihres Weltbildes[233] und ihres moralischen Urteils[234] beschäftigt. Später ver-

---

231) Siehe vor allem J. Piaget, Das Erwachen der Intelligenz beim Kinde, 1959 (dt. Stuttgart 1973 und München 1992), sowie Ders., Meine Theorie der geistigen Entwicklung", 1970 (dt. hg. v. R. Fatke, Frankfurt/Main 1983). Von Prof. Fatke, Zürich, habe ich wichtige Impulse und Erklärungen zum Verstehen der komplexen Theorie Piagets erhalten, die leider nicht in dieses Buch eingehen konnten, mir aber wesentliche Einsichten erschlossen haben. Dafür möchte ich ihm auch an dieser Stelle herzlich danken.

232) L. Kohlberg, Die Psychologie der Moralentwicklung, hg. v. W. Althof, Frankfurt/Main 1996.

233) J. Piaget, Das Weltbild des Kindes, 1926 (dt. Stuttgart 1978 und München ⁷2003). Er bezieht sich dabei vor allem auf das Traumverständnis von Kindern, auf ihren Animismus, d. h. auf die Annahme der Lebendigkeit aller Gegenstände, und auf ihre Vorstellungen vom Ursprung der Dinge.

234) J. Piaget, Das moralische Urteil beim Kinde, 1932 (dt. Stuttgart ²1983). Er untersucht darin, ausgehend von Regeln für kindliche Spiele, wie Kinder ein Verständnis für Verhaltensnormen und deren Herkunft entwickeln.

trat er die nicht begründete Ansicht, mit dem Erwerb des naturwissenschaftlichen Weltbildes in der Pubertät verliere Religion ihre Bedeutung für den Menschen. Er hat diesem Themenaspekt deshalb nicht mehr sein Forschungsinteresse zugewandt. Aber sein Schema der kognitiven Entwicklung auf drei Niveaus mit je zwei Stufen,[235] hat sich auf die Entwicklungspsychologie insgesamt prägend ausgewirkt.

Das Interesse dieser entwicklungspsychologischen Forschung richtet sich *nicht* auf die *Varianten* der religiösen Entwicklung, wie sie sich aus Unterschieden der Kulturen, Milieus und Lebensschicksale sowie der Bildung, Begabung und intellektuellen Fitness ergeben, sondern vor allem auf die übergreifenden *Gemeinsamkeiten*, die sich oft auch bestimmten Lebensaltern zuordnen lassen. Von ihnen wird meist angenommen, dass sie stets einen *linear aufsteigenden* Charakter haben. Dabei lassen sich zwar relevante Befunde erheben, die teilweise auch experimentell oder statistisch zu überprüfen und zu belegen sind. Das gilt aber vor allem für die *kognitive* und *moralische*, weniger für die *religiöse* Entwicklung. Da die kognitiven und moralischen Aspekte jedoch in die Religion hineinreichen, besitzen diese Ergebnisse auch für die religiöse Entwicklung eine gewisse Bedeutung. Für die Wahrnehmung und Begleitung der *religiösen* Entwicklung bzw. der Entwick-

---

235) Diesen sechs Stufen wird regelmäßig eine allererste Phase vorgeordnet, die nicht in die Stufeneinteilung integriert wird, sondern deren Voraussetzung und Basis bildet. Gelegentlich wird dem auch eine letzte Stufe nachgeordnet, die „außen vor" bleibt.

6.3 Die Entwicklung des Glaubens in der Lebensgeschichte

lung des *Glaubens* verdienen jedoch die lebensgeschichtlich *unvorhersehbaren* Erfahrungen und die teilweise *dramatischen* Ein-, Um- und Abbrüche mindestens ebenso starke Beachtung wie die gleichförmig verlaufenden Aufwärtsentwicklungen. Darauf hat Reiner Preul (*1940) bei der Skizzierung seines „dramatischen Modells"[236] der religiösen Entwicklung zu Recht hingewiesen, in dem neben geradlinig-aufsteigenden Fortschritten „auch radikale Umbrüche, Rückschläge und plötzliche Befreiungserfahrungen"[237] ihren legitimen Ort haben. Das entfaltet er „im Unterschied zu allen Stufenmodellen",[238] die ihm in ihrer Einlinigkeit zu unrealistisch sind. Dabei ist es ihm zugleich wichtig, dass jedes Lebensalter und jede Entwicklungsstufe in religiöser Hinsicht die gleiche Würde und Wertigkeit besitzen.

6.3.3 Beiträge zum Symbolverständnis

Fragt man, bei welchen Themen trotzdem die *allgemeinen* und *unspektakulär* verlaufenden lebensgeschichtlichen Veränderungen auch für die Entwicklung des *Glaubens* von erheblicher Bedeutung sind, so sind m. E. vor allem

---

236) Die Grundzüge dieses Modells hat Preul erstmals in einem Beitrag über „Ökumenisches Lernen" (in: MJTh XII/2000, S. 107-110) knapp vorgestellt und es in seiner Monographie „Evangelische Bildungstheorie" (Leipzig 2013, S. 129-140) in acht Punkten skizziert und den gängigen religiösen Entwicklungstheorien gegenübergestellt. Eine noch genauere Ausarbeitung und Entfaltung dieses leistungsfähigen Modells wäre allerdings wünschenswert.
237) Ders., Evangelische Bildungstheorie (s. o. Anm. 236), S. 133.
238) Ebd.

zwei Themen zu nennen: einerseits das *Symbolverständnis*, andererseits die *Pluralismusfähigkeit*. Da ich mich im letzten Kapitel dieses Buches (10) mit dem Thema „Pluralismus" beschäftigen werde, kann und will ich mich hier auf das Symbolverständnis beschränken. Dabei werde ich mich auf drei Texte konzentrieren, aus denen meiner Überzeugung nach für unser Thema wertvolle Einsichten zu gewinnen sind: zunächst auf Paul Tillichs Studie über Recht und Bedeutung religiöser Symbole; sodann auf ein differenziertes entwicklungspsychologisches Schema zum Symbolverständnis, das James W. Fowler anhand seiner empirischen Forschung (mittels halboffener Interviews[239]) herausgearbeitet hat; schließlich auf den viel beachteten, leistungsfähigen Theorieansatz zum Umgang mit Symbolen des französischen Philosophen Paul Ricoeur (1913–2005).

a) Tillichs Beitrag zum Symbolverständnis
Es besteht ein breiter, sachlich gut begründeter Konsens darüber, dass Symbole und ihr Verständnis für die menschliche Entwicklung immer und überall eine große, unverzichtbare Rolle spielen. Um das in seiner Bedeutung erken-

---

239) Bei halboffenen Interviews sind die Leitfragen verbindlich vorgegeben, aber die Antwortmöglichkeiten sind nicht vorformuliert, folglich auch nicht nur anzukreuzen, sondern vom Interviewten selbst frei zu formulieren. Die Interviewfragen, die Fowler im Anschluss an R. L. Selman (Die Entwicklung des sozialen Verstehens [1980], dt. Frankfurt/Main 1984, S. 291-300) formuliert hat, finden sich bei ihm in seinem Hauptwerk: Stufen des Glaubens (1981), Gütersloh 1991, auf S. 327-330.

6.3 Die Entwicklung des Glaubens in der Lebensgeschichte

nen zu können, ist ein Blick auf die Frage, was Symbole eigentlich sind, unerlässlich.

Der *Begriff* „Symbol" ist aus der griechischen Sprache abgeleitet und bedeutet wörtlich genommen „Zusammengeworfenes" – während der damit verwandte Begriff „Metapher" (ebenfalls griechischen Ursprungs) „Übertragung" bedeutet. Damit ist aber für das Verstehen beider Begriffe noch nicht viel gewonnen. Etwas weiter führt die Einsicht, dass in beiden Begriffen auf einen Sprach*vorgang* verwiesen wird, in dem (mindestens) zwei Bedeutungen eines Wortes entweder zusammengeworfen oder von einer auf die andere übertragen werden. So kann das Wort „Kreuz" sowohl *buchstäblich* auf eine geometrische Figur verweisen, in der sich zwei Linien rechtwinklig schneiden, als auch *symbolisch* auf das besondere Leiden, das ein Mensch in seinem Leben zu ertragen hat.[240] Ebenso kann das Wort „Bein" sowohl im wörtlichen Sinn einen bestimmten Körperteil bezeichnen als auch im *metaphorischen* Sinn ein Tisch- oder Stuhlbein, das eine ähnliche Funktion hat. In beiden Fällen geht es um das Zusammentreffen von (mindestens) *zwei* Bedeutungsaspekten, die meist eine Ähnlichkeit untereinander aufweisen, aber nicht miteinander identisch sind. Deshalb müssen sie sowohl in ihrer Bezogenheit aufeinander als auch in ihrer Unterschiedenheit wahrgenommen werden. Der Sinn und Zweck von Symbolen ist teils rein ästhetisch, dient also nur dem schöneren

---

240) Beide Bedeutungen sind miteinander vermittelt durch das Kreuz als Hinrichtungswerkzeug für Jesus.

Kapitel 6: Entstehung und Entwicklung des Glaubens

Ausdruck, teils aber auch sprachlich essentiell, wenn nur mit Hilfe eines Symbols oder einer Metapher etwas ausgesagt oder benannt werden kann, was sonst ohne Bezeichnung bliebe.

Unter den zahlreichen Symboltheorien des 20. Jahrhunderts hat vor allem die von Paul Tillich breite theologische Anerkennung und Aufnahme gefunden und wurde auch in den Entwicklungstheorien von Oser/Gmünder und Fowler rezipiert bzw. vorausgesetzt. Das gilt vor allem für Tillichs ausgereifteste Ausarbeitung zur Symboltheorie, die 1962 von ihm unter dem Titel „Recht und Bedeutung religiöser Symbole" auf Deutsch veröffentlicht wurde.[241]

Tillich unterscheidet in seiner Symboltheorie „diskursive" Symbole, wie sie etwa in der Mathematik und Logik als Zeichen verwendet werden, von „repräsentativen" Symbolen, die in der religiösen Sprache, aber auch in der Dichtung und im sozialen Leben vorkommen. Was macht das Besondere dieser repräsentativen Symbole aus, was sind also ihre gemeinsamen „Wesensmerkmale"?

– Symbole weisen über ihre wörtliche Bedeutung hinaus. Das gilt auch für die Bezeichnung Gottes als „Vater" oder Jesu Christi als „Sohn" oder der Kirche als „Leib Christi" etc. Verkennt man den symbolischen Charakter und gebraucht sie als buchstäblich zu verstehende Begriffe, so entstehen leicht gravierende Missverständnisse.

---

241) P. Tillich, The Meaning and Justification of Religious Symbols (1961), in: Ders., MW 4, Berlin/New York 1987, S. 415-420; dt. 1962, in: Ders., GW V, Stuttgart 1964, S. 237-244.

– Symbole haben an der Wirklichkeit teil, auf die sie hinweisen. So steht zum Beispiel eine Nationalflagge zugleich für das Ansehen eines Landes, und wer eine solche Fahne verbrennt, beleidigt damit zugleich das Land, für das sie steht.

– Symbole können nicht willkürlich erfunden werden, sondern sie werden gewissermaßen geboren und können auch wieder sterben. Das geschieht dadurch, dass sie in einer Gemeinschaft Anerkennung finden oder diese Anerkennung (wieder) verlieren.

– Symbole haben die Fähigkeit, Dimensionen der Wirklichkeit zugänglich zu machen, die normalerweise verborgen sind. Das gilt z. B. für das Reden von Gott als dem „Grund" oder „Ursprung" der Welt, der nicht sichtbar wird, sondern unter Alltagserfahrungen verborgen gegenwärtig ist.

– Symbole können auf einzelne Menschen und auf ganze Gemeinschaften aufbauende oder zersetzende Wirkungen ausüben. Das heißt: Symbole sind keine harmlosen Mittel der Kommunikation, sondern sind kraftgeladen und können heilende (Segenszeichen) oder zerstörerische (Aggressions- oder Hasszeichen) Wirkungen hervorrufen.

Mit dieser Symboltheorie hat Tillich zusätzlich zur Metapherntheorie eine Antwort auf die Frage gegeben, wie es möglich ist, angemessen von Gott und vom Glauben an Gott zu reden, obwohl die Sprache unserer Begriffe dafür nicht (gut) geeignet ist. Diese beiden Theorieansätze sind nicht miteinander identisch, aber sie schließen sich auch nicht gegenseitig aus, sondern ergänzen sich in verschiedenen Hinsichten. So beschreibt die Metapherntheorie den *Vorgang* der Übertragung, durch den aus einem Begriff eine Metapher wird. Anderseits kann die Symboltheorie beschreiben, dass und wie nicht nur Worte, sondern auch *Bilder, Gegenstände und Personen* zu Symbolen werden können, die auf Gott verweisen.

Von diesen Überlegungen zu Metaphern und Symbolen her fällt übrigens auch schon vorausblickend[242] ein Licht auf die Tatsache, dass Jesus in seiner Verkündigung besonders oft Metaphern und Symbole im Rahmen von *Gleichnissen* verwendet hat, um vom Glauben und vom Reich Gottes zu reden. Dabei bietet die Verwendung von Gleichnissen und Parabeln noch einen zusätzlichen Hinweis für das angemessene Reden von Gott: Die Anschaulichkeit und der Lebensbezug, der mit der *erzählenden* Form der Gleichnisse gegeben ist, tragen dazu bei, dass Gleichnisse gut zu verstehen sind und leicht im Gedächtnis haften bleiben. Allerdings weist Jesus auch darauf hin, dass Gleichnisse das Verstehen nicht nur durch ihre Anschaulichkeit *erleichtern*, sondern auch durch ihre Rätselhaftigkeit *erschweren* können.[243] Wenn er trotzdem so reichlich von Metaphern und Symbolen im Rahmen von Gleichnissen Gebrauch gemacht hat, dann kann dies eigentlich nur als Hinweis darauf verstanden werden, dass er gerade sie als sprachliche Mittel für das Reden von Gott und vom Glauben für besonders *geeignet* hielt.

---

242) S. u. Abschnitt 7.3.2.
243) Siehe dazu Mk 4,10–12; Mt 13,10–17 und Lk 8,9 f.

6.3 Die Entwicklung des Glaubens in der Lebensgeschichte

b) Die Entwicklung des Symbolverständnisses nach Fowler
Betrachtet man die Symbolfunktionen in den Untersuchungen Fowlers[244], so wird erkennbar, dass der Umgang mit Symbolen für das Verständnis der Entwicklung des menschlichen Lebens und der menschlichen Person eine große Rolle spielt. Das gilt nicht nur in *religions*psychologischer Hinsicht, sondern nach Piaget generell in *kognitions*psychologischer Hinsicht.[245] Konzentrieren wir uns auf die für Fowler grundlegenden *Symbolfunktionen*, anhand derer sich auch der religionspädagogische Ertrag seines Stufenschemas erkennen lässt, so ergibt sich ein *Entwicklungsschema*,[246] das eine allererste, vorsprachliche Phase (o) voraussetzt, in der sich die Symbolfähigkeit des Kleinkindes erst entwickelt. Dem folgen dann:

1. im Vorschulalter das *magisch-numinose* Verstehen von Symbolen, bei dem die Symbole noch nicht unterschieden werden können von dem, worauf sie verweisen, und selbst als die – sei es ängstigende, sei es tröstliche – *Sache* erlebt werden, für die sie stehen;

2. das *eindimensional-wörtliche* Symbolverstehen, bei dem Symbole zwar vom Symbolisierten unterschieden, aber noch nicht in ihrem indirekten Verweischarakter auf-

---

244) J. W. Fowler, Stufen des Glaubens (s. o. Anm. 239), S. 263.
245) Und zwar insofern, als nach Piagets Ergebnissen Symbole innere Bilder sind, mittels derer schon Kleinkinder sich an ihre äußere und innere Welt anpassen und so Intelligenz im Sinne eines fortschreitenden Erkenntnisprozesses ausbilden.
246) In meiner folgenden Darstellung schließe ich mich weitgehend F. Schweitzer, Lebensgeschichte und Religion (s. o. Anm. 224), S. 192–195 an.

gefasst werden können, sondern nur in ihrer konkreten Bezeichnungsfunktion im wörtlichen Sinn, wie das z. B. an der räumlichen, mythologischen Lokalisierung von „Himmel" und „Hölle" deutlich wird;

3. das *mehrdimensional-symbolische* Verstehen, bei dem Symbole in ihrem Verweischarakter erkannt, aber nicht von dem Symbolisierten getrennt werden können, was sich daran zeigt, dass dem Symbol dieselbe Würde oder Heiligkeit zuerkannt wird wie dem Symbolisierten, weshalb es nicht durch ein anderes oder verändertes Symbol (z. B. ein anderes Bild oder Wort) ersetzt werden kann;

4. das *symbolkritische* Verstehen, bei dem gedanklich eine Trennung zwischen Symbol und Symbolisiertem vollzogen werden kann und damit auch die Frage nach der Bedeutung und Angemessenheit des Symbols kritisch gestellt wird, woraus sich eine „Tendenz zur *Entmythologisierung*" von Symbolen ergibt;

5. das *nachkritische* Verstehen, bei dem das Symbol zwar nicht mehr – wie auf den ersten Stufen – *un*kritisch verstanden und als unantastbar behandelt wird, aber auch nicht nur – wie auf der vierten Stufe – *kritisch* als durch etwas Anderes *ersetzbar* betrachtet wird, sondern in seiner eigenständigen Bedeutung als Verweis auf den Sinn der Welt und des Lebens sowie als Zugang zu ihm entdeckt, verstanden und in Anspruch genommen wird.

c) Der Beitrag Ricœurs zum Symbolverständnis[247]
Für das, was mit dieser fünften Ebene des Symbolverstehens gemeint ist, hat der französische Philosoph Paul

6.3 Die Entwicklung des Glaubens in der Lebensgeschichte

Ricœur den glücklichen Ausdruck *zweite Naivität* geprägt.[248] Unter „erster Naivität" versteht Ricœur dabei die fraglose Unmittelbarkeit, in der ein Kleinkind das Symbol (wie z. B. das Symbol des Himmels) auffasst und aufnimmt. Auf die Frage, ob wir in diese erste Naivität zurückgelangen könnten, antwortet Ricœur:

> „Keineswegs. Auf jeden Fall ist etwas verloren, unrettbar verloren: die Unmittelbarkeit des Glaubens. Aber wenn wir nicht mehr mit dem uranfänglichen Glauben in der großen Symbolwelt des Heiligen leben können, so können wir Heutige doch in der Kritik und durch sie einer zweiten Naivität zustreben. Kurz, indem wir *interpretieren*, können wir aufs neue *verstehen* ... ‚Man muss verstehen, um zu glauben, und man muss glauben, um zu verstehen.'"[249]

Mit dieser Anknüpfung an und Ergänzung zu Anselms Prinzip: „Ich glaube, um zu verstehen"[250], weist Ricœur einen Weg auf, wie das kritische Denken und seine Entwicklung bezogen auf den Glauben voll zu seinem Recht kommt, *ohne dass damit* ein Abschied vom Glauben vollzogen wird, der faktisch bedeutet, dass ein Mensch den Horizont wegwischt und die Erde von ihrer Sonne loskettet, wie Nietzsche das anschaulich formuliert hat.[251] Im Gegenteil: Wem ein solches kritisch geläutertes Vertrauen zu

---

247) Siehe dazu P. Ricœur, Die Interpretation (1965), dt. Frankfurt/Main 1969, bes. S. 18-32. Wichtig ist für Ricœur die Charakterisierung des Symbols als „Doppelsinn".
248) P. Ricœur, Symbolik des Bösen (1960), dt. München 1971, S. 399 f. und 405.
249) A. a. O., S. 399.
250) S. o. Abschnitt 5.2.
251) S. o. Abschnitt 3.4.

Gott zuteilwird, der kann dann auch zu Gott als „Vater im Himmel" beten oder sich zu Jesus Christus als dem „Sohn Gottes" bekennen, ohne dabei die mythologischen Vorstellungen mitzuschleppen, die für das „eindimensionalwörtliche" Symbolverstehen der frühen Kindheit angemessen waren, aber in der späteren geistigen und religiösen Entwicklung zum Ballast oder Hemmschuh werden können.

Wenn man nach einem Text sucht, in dem die zweite Naivität Worte gefunden hat, dann ist es für mich zum Beispiel die fünfte Strophe von Matthias Claudius' (1740–1815) Abendlied: „Der Mond ist aufgegangen" (EG 482):

> „Gott, lass dein Heil uns schauen,
> auf nichts Vergänglichs trauen,
> nicht Eitelkeit uns freun;
> lass uns einfältig werden
> und vor dir hier auf Erden
> wie Kinder fromm und fröhlich sein."

Ich sehe in der programmatischen Idee des *nachkritischen Symbolverstehens* bzw. der *zweiten Naivität* („wie Kinder", aber nicht „als Kinder") den bedeutendsten und ergiebigsten Ertrag und Beitrag, den Entwicklungstheorien (pädagogischer und religionspsychologischer Art) bisher erbracht haben. In dieser Idee kommen kognitive und religiöse Entwicklungsaspekte nicht nur nebeneinander, sondern in Verbindung miteinander vor. In dieser Idee wird nicht nur deutlich, warum die menschliche Lebensgeschichte als Geschichte des Vertrauens im günstigen Fall

6.3 Die Entwicklung des Glaubens in der Lebensgeschichte

auch einen Fortschritt im kritischen Verstehen darstellt, der nicht mit dem Verlust des Glaubens bezahlt werden muss, sondern zu einer Wiederaneignung der Sinn-Beheimatung führen kann, die (fast) „allen in die Kindheit scheint".[252]

---

252) So in bewusster Kurzform zitiert aus dem letzten Satz von E. Bloch, Das Prinzip Hoffnung (1959), Frankfurt/Main, stw 3, 1973, S. 1629. Was das unter gegenwärtigen Lebens- und Leidensbedingungen bedeuten *kann*, ist dem ganzen Buch von T. Prüfer, „Weiß der Himmel ...?", Gütersloh 2018, zu entnehmen.

7

Glaube in der biblischen Überlieferung

Bisher haben wir uns mit den *Grundfragen* beschäftigt, die sich beim Nachdenken über den Glauben an Gott stellen, und diese so weit wie möglich zu klären versucht. In diesem und dem nächsten Kapitel richtet sich der Blick nun auf den Glauben, wie er in biblischen und reformatorischen Quellen vorkommt und dort konkret erlebt und durchdacht wird. Die Auswahl, die dabei vorgenommen wird, soll *exemplarischen* Charakter haben. Das heißt einerseits: Sie soll nur einen überschaubaren *Ausschnitt* aus der unüberschaubaren Fülle von Glaubenserfahrungen und -reflexionen wiedergeben, die in der Geschichte des Judentums und Christentums vorkommen. Und es heißt andererseits: Sie soll möglichst *repräsentative* Beispiele darstellen, aus denen wichtige Einsichten gewonnen werden können. Daraus ist ein dreifacher Zugewinn zu erhoffen:

– an *Verständnis für die geschichtliche Herkunft* dessen, wie Glaube (aus biblischer und reformatorischer Sicht) zu verstehen ist;

– an *Differenziertheit* dessen, was sich (in biblischer und reformatorischer Perspektive) für das Verständnis des Glaubens angesichts alter und neuer Herausforderungen ergibt;

– an *Anschaulichkeit* dessen, was Glaube an Gott als lebenstragendes Vertrauen, auch im Ringen mit dem Zweifel, bedeutet (in der Bibel und in der reformatorischen Theologie).

Um der Anschaulichkeit willen bietet es sich für mich auch an, mich in der Darstellung nicht an Themen oder Theorien, sondern an *Personen* zu orientieren.[253] Dabei konzentriere ich mich auf alt- und neutestamentliche Gestalten, bei denen das Thema „Glaube" eine zentrale Rolle spielt, und beginne mit Abraham und Sara.[254]

7.1 Abraham und Sara

Abraham hat sich auf unterschiedliche Weise in das Gedächtnis der drei monotheistischen Religionen: Judentum, Christentum und Islam, eingeprägt. Für den Islam ist Abraham der Begründer des *Monotheismus* und der Vater *Ismaels und Isaaks*,[255] wobei Ismael, der Erstgeborene, als

---

[253] Einen Zugang zum Glauben im Alten Testament, der sich vor allem an wichtigen *Themen* und *Institutionen* orientiert, bietet W. H. Schmidt mit seinem Buch: Alttestamentlicher Glaube, Neukirchen-Vluyn [11]2011.

[254] Wollte man möglichst weit hinter die biblische Überlieferung zurückgehen und nach noch früheren Spuren für religiösen Glauben in der Geschichte der Menschheit suchen, so würde man vermutlich bei den Neandertalern (ca. 50.000 v. Chr.) ankommen, wo erstmals lebenswichtige Grabbeigaben (wie Körner, Amulette und Schminke) gefunden wurden, die dafür sprechen, dass die Menschen die Erwartung eines Lebens über den Tod hinaus hatten (s. dazu F. Schrenk, Die Frühzeit des Menschen, München [4]2003, S. 113 f.).

[255] Siehe z. B. Koran, Sure 2,130-135; 3,95; 16,123 (ich zitiere den Koran hier und im Folgenden nach der deutschen Übersetzung und Verszählung von Rudi Paret, Stuttgart [3]1983).

Kapitel 7: Glaube in der biblischen Überlieferung

Abrahams legitimer erster Spross und Erbe gilt. Für das Christentum und das Judentum gilt Abraham als *Vater des Glaubens*[256] und Isaak als sein von Gott verheißener Sohn, den er von seiner Frau Sara als rechtmäßigen Erben bekommen hat. Daher soll laut der biblischen Überlieferung (Gen 21,8–13) Ismael nicht *zusammen* mit Isaak erben. Aber auch Ismael soll zu einem großen Volk werden, weil er ein Sohn Abrahams ist.

– Unter den Verhaltensweisen Abrahams, die ihn zum Vater des Glaubens machen, steht in der biblischen Überlieferung an erster Stelle die Tatsache, dass er auf Gottes Weisung hin seine angestammte Heimat verließ und sich auf den Weg in ein von Gott verheißenes, ihm aber völlig unbekanntes Land machte (Gen 12,1–9 und Hebr 11,8–10). Er gehorchte Gott im Vertrauen auf Gottes Verheißung.

– An zweiter Stelle folgt, dass er auch der Verheißung Gottes vertraute, er werde trotz seines und seiner Frau hohen Alters noch einen leiblichen Sohn bekommen, aus dem ein ganzes Volk hervorgehen werde (Gen 15,1–6 und 21,1–7). Es ist allerdings erstaunlich, wenn im Hebräerbrief im selben Atemzug hinzugefügt wird: „Durch den Glauben empfing auch *Sara*, die unfruchtbar war, Kraft, Nachkommen hervorzubringen trotz ihres Alters; denn sie hielt den für treu, der es verheißen hatte." (Hebr 11,11)

Liest man in Gen 15–21 die ganzen Erzählungen, die von der Verheißung der Geburt eines Sohnes bis zu der Er-

---

[256] Das ist abgeleitet aus Gen 15,6 („Abraham glaubte dem Herrn, und das rechnete er ihm zur Gerechtigkeit") und aus Röm 4,11, wo Abraham ein „Vater aller, die glauben" genannt wird.

7.1 Abraham und Sara

füllung dieser Verheißung für Abraham und Sara durch die Geburt Isaaks handeln, dann muss man diese Darstellung von Saras Rolle und Geschick zumindest als „verkürzt" bzw. „vereinfacht" bezeichnen. Denn dabei ist der gewichtige Teil ausgeblendet, der mit dem Namen der ägyptischen Magd Hagar verbunden ist. Sie empfängt (und gebiert) auf Saras Anregung hin an ihrer Stelle von Abraham einen Sohn, der den Namen Ismael erhält und bis heute als Stammvater der arabischen Völker gilt und verehrt wird. Weil Sara nach langem Warten *nicht mehr daran glaubt*, dass Gott seine Verheißung an ihr erfüllen werde, greift sie ein und wählt mit Abrahams Zustimmung diesen – damals nicht ganz ungewöhnlichen – Umweg über ihre Magd, um „durch sie zu einem Sohn zu kommen" (Gen 16,2). Das Verfahren erinnert an eine Leihmutterschaft. Was theologisch zu Hagar zu sagen ist, hat der Dichterpfarrer Albrecht Goes (1908–2000) in seiner Predigt über „Hagar am Brunnen"[257] meisterhaft zum Ausdruck gebracht. Von den dadurch entstehenden Verwirrungen und von dem Herzeleid beider Frauen ist in den biblischen Erzählungen ausführlich und gut nachfühlbar die Rede. Von da aus zurückblickend muss man sagen, dass es nicht der *Glaube*, sondern der menschlich verständliche *Zweifel* oder *Unglaube* Saras[258] war, der zu alledem geführt hat. Und bis heute wirken sich die Folgen dessen in Form von

---

257) Siehe A. Goes, Hagar am Brunnen, Frankfurt/Main 1958, S. 21–26.
258) Für diesen Zweifel oder Unglauben Saras steht ihr *Lachen* angesichts der Verheißung eines späten Sohnes (Gen 18,12–15). Dabei wird allerdings oft übersehen, dass auch Abraham mit Lachen auf diese Verheißung rea-

KAPITEL 7: GLAUBE IN DER BIBLISCHEN ÜBERLIEFERUNG

Streit, Hass und Krieg zwischen Israel und der arabischen Welt, die sich auf Isaak *oder* auf Ismael als die legitimen Erben des Landes berufen, dramatisch aus.

– An dritter Stelle folgt schließlich, dass Abraham bereit war, diesen Sohn, Isaak, auf Gottes Geheiß hin als Brandopfer darzubringen (Gen 22,1-19)[259].

Während der Aufbruch Abrahams in ein verheißenes Land und sein Vertrauen auf die Geburt eines Sohnes weithin Anerkennung, ja Bewunderung auslösen, stößt das dritte Element auf Unverständnis, Ablehnung und Empörung. Es handelt sich sogar meist um eine *zweifache* Empörung: einerseits über *Gott*, der von einem Menschen, der an ihn glaubt, eine solche Gehorsamsprobe fordert, andererseits über *Abraham*, der bereit ist, auf Gottes Befehl hin, sein eigenes Kind zu opfern. Dabei spielt es für die Empörung kaum eine Rolle, dass es sich bei diesem Sohn auch noch um den von Gott verheißenen spätgeborenen Erben handelt. Es wäre aus unserer Sicht nicht weniger schlimm, wenn es um eines von mehreren Kindern ginge oder wenn man erwarten dürfte, dass das Ehepaar noch einmal ein Kind bekommen könnte. Und ebenfalls spielt es für die Empörung aus unserer Sicht keine entscheidende

---

gierte (Gen 17,17). In diesem Lachen verbinden sich vermutlich Verlegenheit und Zweifel bzw. Unglaube miteinander.

259) Diese Erzählung wird auch im Koran (in der in Sure 37,99-107) überliefert. Allerdings wird der Name des Sohnes nicht genannt, sodass undeutlich bleibt, ob von Isaak oder von Ismael die Rede ist. Da erst einige Verse später (Sure 37,112) die Verheißung der Geburt Isaaks erwähnt wird, geht es wohl um die Opferung Ismaels. Den Hinweis darauf verdanke ich Frau Prof. U. Spuler-Stegemann, Marburg.

Rolle, dass das Kindesopfer im letzten Moment doch nicht gefordert, sondern durch ein Tieropfer ersetzt wird. Dass Gott durch seine Forderung Abraham so weit brachte, dass es von ihm heißt: Er „reckte seine Hand aus und fasste das Messer, dass er seinen Sohn schlachtete" (Gen 22,10), das können viele Menschen weder Gott noch Abraham verzeihen. Und das ist verständlich. Wenn *das* im Sinne der Bibel ein vorbildliches Beispiel für *Glauben* sein sollte, dann rückt damit für viele Menschen der Glaube in weite Ferne oder wird zu etwas, was sie nur ablehnen können.

Ich bin davon überzeugt, dass diese Versuchung Abrahams *nicht* zu Abraham als Vater des *Glaubens* passt, sondern darin – aus mehreren Gründen – einen *Fremdkörper* darstellt.

Der erste Grund dafür ist schon dem Text der biblischen Erzählung aus Gen 22,1-19 zu entnehmen. Insbesondere die göttliche Aussage, die in Vers 18 gemacht wird, zeigt, dass es in dieser Erzählung *nicht um Glauben* geht, sondern um (blinden) *Gehorsam*; denn die Verheißung, ein großes Volk zu werden, durch das alle Völker auf Erden gesegnet werden sollen, wird hier begründet mit den Worten: „weil du meiner Stimme gehorcht hast." Aber – so kann man einwenden – Glaube und Gehorsam bilden doch keinen Gegensatz, sondern können sogar ganz eng zusammengehören. Ja, aber das gilt nur, wenn es sich um *Gehorsam aus Vertrauen* handelt. Ist es dann also die eigentliche Pointe dieser Erzählung, dass Abraham im *Vertrauen auf Gottes Verheißung* dem Befehl Gottes gehorchte und bereit zu diesem schrecklichen Opfer war?

Dagegen spricht die Tatsache, dass der Befehl an Abraham, seinen Sohn Isaak als Brandopfer darzubringen, der Verheißung Gottes nicht entspricht, sondern *widerspricht*.[260] Er fordert nicht Vertrauen in Gottes Verheißung, sondern fordert Gehorsam gegenüber einem Befehl, der Gottes Verheißung widerspricht.

Aber *für* diese Vermutung spricht die Tatsache, dass die Erzählung zwei Aussagen enthält, die wie Lügen erscheinen, in denen aber tatsächlich die Stimme des Gottvertrauens aus Abrahams Mund laut wird, und zwar eines Vertrauens, das sich faktisch darauf richtet, den Sohn *nicht* opfern zu müssen: Die eine Aussage macht Abraham den Knechten gegenüber, die ihn und Isaak begleitet haben, aber nun auf der letzten Wegstrecke zum Opferberg zurückgelassen werden: „Und Abraham sprach zu seinen Knechten: Bleibt ihr hier mit dem Esel. Ich und der Knabe wollen dorthin gehen, und wenn wir angebetet haben, *wollen wir wieder zu euch kommen*." (Gen 22,5; Hervorhebung von W. H.)

Die andere Aussage macht Abraham seinem Sohn Isaak gegenüber, der ihn gefragt hatte, wo denn das „Schaf zum Brandopfer" sei: „Abraham antwortete: Mein Sohn, *Gott wird sich ersehen ein Schaf* zum Brandopfer." (Gen 22,8; Hervorhebung von W. H.)

---

260) Dass es sich bei dem von Gott verheißenen Sohn um *Isaak* handelt, geht aus Gen 17,19 hervor: „Sara, deine Frau, wird dir einen Sohn gebären, den sollst du Isaak nennen, und ich will meinen Bund mit ihm aufrichten als einen ewigen Bund für seine Nachkommen."

Beide Aussagen muss man aus der Perspektive dessen, was Abraham *weiß*, als Irreführungen bzw. Lügen bezeichnen. Aus der Perspektive dessen, worauf Abraham *vertraut*, sind sie Ausdruck einer (verzweifelten) *Hoffnung* und doch erweisen sie sich beide als *wahr*, indem sie im Fortgang der Erzählung wahr *werden*. Auf der Oberfläche der Erzählung geht es zwar tatsächlich um Abrahams Gehorsam, der dem Glauben widerspricht.[261] Aber in der Tiefe der Erzählung wird der Glaube erkennbar, der entgegen dem Opferbefehl auf Gottes Verheißung vertraut und damit von Gott ins Recht gesetzt wird.

Wie sperrig sich die Erzählung von Abrahams Versuchung nicht nur textintern, sondern auch zu dem biblischen *Gottesverständnis* im Ganzen verhält, geht nicht nur aus dem von Gott gegebenen Tötungsverbot (z. B. Gen 9,6; Ex 20,13 und Dtn 5,17) hervor, sondern noch klarer aus einem Satz, der beim Propheten Jeremia gleich dreimal als Wort Gottes zitiert wird: „Die Judäer haben getan, was mir missfällt, spricht der Herr. Sie haben ... Höhen ... gebaut, um ihre Kinder zu verbrennen, was ich nie geboten habe und mir nie in den Sinn gekommen ist." (Jer 7,30 f.; 19,5 und 32,35) An der letztgenannten Stelle wird diesen Worten noch angefügt: „dass sie solche Gräuel tun sollten, um Juda in Sünde zu bringen".

---

[261] So deutet S. Kierkegaard diese Erzählung in seiner Schrift „Furcht und Zittern" (1843), Gütersloh o. J., bes. S. 7–12, indem er vier denkbare Ausgänge dieser Geschichte ersinnt, die alle darauf hinauslaufen, dass Abraham oder Isaak durch diese Versuchung *den Glauben an Gott verlieren*.

Schärfer kann man sich die Ablehnung von Kindesopfern aus dem Mund Gottes kaum vorstellen: „nie geboten", „nie in den Sinn gekommen", „Gräuel, die Juda in Sünde bringen". Doch genau das sollte von Abraham angeblich aufgrund des Befehls Gottes laut Gen 22,1 f. getan werden: die Opferung des eigenen Sohnes als Brandopfer auf einem Berg. Auf der Textoberfläche, und das heißt: im Wortlaut dieser Erzählung, kann ich den Gott nicht wiedererkennen, an den Juden und Christen *glauben*, auf den sie also vertrauen.

7.2 Hiob

In vielen Passagen des Alten Testaments wird ein Zusammenhang zwischen Tun und Ergehen der Menschen vorausgesetzt, z. B. in der Deutung von kriegerischen Niederlagen oder von Dürre und Missernten als göttlichen Strafen für die Sünde des Volkes, aber auch in den Verheißungen von Erfolg, Wohlstand und Macht als göttliche Belohnung für Bundestreue und Gehorsam.

Dieses Denkmuster ist bis heute in vielen Menschen verankert. Es steht auch im Hintergrund der Frage: „Womit habe ich das verdient?" Durch dieses Denkmuster und die entsprechende Vorstellung vom Wirken Gottes ist das *Scheitern des Glaubens* geradezu vorprogrammiert. Das schließt natürlich nicht aus, dass es tatsächlich einen Tun-Ergehen-Zusammenhang in dem Sinn gibt, dass unser Tun *Folgen* hat, die häufig unseren Handlungen entsprechen und zuzurechnen sind. So kann man nicht ernsthaft bestreiten, dass waghalsiges oder tollkühnes Verhalten im Straßenverkehr, beim Freizeitsport oder bei Geldanlagen schwere Schäden nach sich ziehen kann, die man dann als „Strafe" versteht, die „auf dem Fuß folgt". Und das Umgekehrte ist oft der Fall bei besonnenem und vorsichtigem Verhalten, bei dem positive Folgen als „Belohnung" empfunden werden. Dass beides nicht lückenlos oder als ein gesetzlicher Zusammenhang eintritt, ist allgemein bekannt, aber *nicht das* macht den Unterschied zum archaischen Glauben an einen Tun-Ergehen-Zusammenhang aus, sondern dass es sich im *einen* Fall um eine *von Gott verhängte oder verordnete Sanktion* im Sinne einer Strafe oder Belohnung, im *anderen* Fall um eine *Folge* handelt, die sich aus einer Tat oder einem Verhalten *von selbst ergibt*. Damit sind wir bei dem *eigentlichen Thema* des Hiobbuchs in seiner Gesamtheit: bei der Frage nach dem Verhältnis zwischen (gutem oder bösem) *Tun* und (gutem oder schlechtem) *Ergehen* im irdischen Leben.

Dabei ist Hiob im Alten Testament einer der großen *Dulder*. Das schließt aber in seinem Fall nicht aus, sondern ein, dass er auch ein großer *Glaubender* war. Seine Lebensgeschichte, die in der sogenannten Rahmenerzählung des Buches Hiob in Kapitel 1-2 und 42,10-16 überliefert wird, ist schnell erzählt: Hiob, der im Land Uz lebte, war ein frommer und überdies wohlhabender Mann, der zehn Kinder hatte. Unter Gottes Zulassung verliert er durch den Satan in kurzer Zeit seinen gesamten Besitz, alle seine Kinder und seine Gesundheit. Aber er hält trotzdem – auch gegen den Rat seiner Frau – an seinem Gottesglauben fest. Gott wendet schließlich Hiobs Schicksal: Er schenkt ihm erneut zehn Kinder und von allen Gütern „doppelt so viel, wie er gehabt hatte" (Hiob 42,10).

Diese – an ein Märchen erinnernde – Erzählung erhält ihre besondere theologische Brisanz einerseits durch eine in der himmlischen Umgebung Gottes spielende Hintergrunderzählung und andererseits durch die Gespräche zwischen Hiob und seinen Freunden[262] sowie mit Gott, die den Hauptteil des Buches ausmachen (Kapitel 3-41), der nachträglich in die Rahmenerzählung eingefügt worden ist.

Blicken wir zunächst auf die *Hintergrunderzählung*, die in der Umgebung Gottes spielt und an welcher der Satan als Ankläger der Menschen teilnimmt (Hiob 1,6-12 und 2,1-6).[263] Als Gott den Satan auf Hiob und dessen Frömmigkeit anspricht, zeigt der Satan sich davon nicht sonderlich beeindruckt, da er Hiobs Frommsein lediglich für eine Reaktion auf sein materielles und gesundheitliches Wohlergehen hält. Wenn das aber angetastet würde, wäre es mit Hiobs Frömmigkeit schnell vorbei, meint er. Gott erteilt dem Satan daraufhin die Erlaubnis, diesen Versuch zu unternehmen. Aber Hiob bleibt standhaft. Er reagiert zunächst mit zwei berühmt gewordenen Sätzen auf diese

---

[262] Zunächst (Hiob 2,11-27,23) treten drei Freunde namens Elifas, Bildad und Zofar auf, die das Unglück Hiobs für eine *Strafe* halten, die von Gott zu Recht über Hiob verhängt wird. In den Kapiteln 32-37 taucht nachträglich ein vierter Freund namens Elihu auf, der das Unglück als eine *Prüfungs- und Erziehungsmaßnahme* Gottes deutet.

[263] Diese Szene hat bekanntlich im „Prolog im Himmel" in Goethes „Faust" ihren Niederschlag gefunden.

schweren Schicksalsschläge und Verluste: „Der Herr hat's gegeben, der Herr hat's genommen; der Name des Herrn sei gelobt" (Hiob 1,21) und: „Haben wir Gutes empfangen von Gott und sollten das Böse nicht auch annehmen?" (Hiob 2,10)

Auch Hiob wird also mit Gottes Zustimmung – ähnlich wie Abraham – einer Versuchung und Prüfung ausgesetzt. Ihm wird freilich nicht abgefordert, ein eigenes Kind selbst als Opfer darzubringen, sondern „nur", den Tod seiner Kinder (neben dem Verlust seiner Habe und seiner Gesundheit) *hinzunehmen, also zu erdulden*, und dazu ist Hiob zunächst auch bereit. Im Gegensatz zu der Vermutung des Satans ist Hiobs Gottesglaube bis dahin also *nicht* abhängig von seinem Wohlstand und Wohlergehen, sondern er nimmt das Gute und das Böse als Ausdruck von Gottes Geben und Nehmen an. Das heißt: Hiob versteht und akzeptiert sein *ganzes* Leben als etwas, das ihm von Gott gegeben ist und für das er Gott lobt. Dafür wird er am Ende der Erzählung und am Ende des Hiobbuchs von Gott reichlich belohnt.

Diese *Rahmenerzählung* ist geprägt von der Überzeugung, dass es in der Welt einen Tun-Ergehen-Zusammenhang im Sinne ausgleichender Gerechtigkeit gibt. Das teilt sie mit der älteren Weisheitstradition in Israel. Dadurch, dass das ganze Buch in der vorliegenden Gestalt mit diesem glücklichen Ausgang *abschließt*, kann es so erscheinen, als sei *dies* das letzte, bestätigende Wort zum Tun-Ergehen-Zusammenhang. Aber diese Deutung beruht auf einem gravierenden *Missverständnis* der Botschaft des Hiobbuchs;

denn in seinem Hauptteil stellt dieses Buch einen solchen Zusammenhang, der der Forderung nach ausgleichender Gerechtigkeit genügt, gerade *in Frage*. Und in dieser Infragestellung besteht die große theologische Leistung und bleibende Bedeutung des Hiobbuchs im Ganzen.

Dessen *Hauptteil* beginnt mit einem Protest Hiobs in Form einer radikalen Selbstverfluchung[264], die sich auf seine Geburt und damit auf sein ganzes Dasein bezieht:

> „Danach tat Hiob seinen Mund auf und verfluchte seinen Tag. Und Hiob sprach: Ausgelöscht sei der Tag, an dem ich geboren bin, und die Nacht, da man sprach: Ein Knabe kam zur Welt! Jener Tag sei Finsternis, und Gott droben frage nicht nach ihm ... Warum bin ich nicht gestorben im Mutterschoß? Warum bin ich nicht umgekommen, als ich aus dem Mutterleib kam?" (Hiob 3,1-11)

Dieser – angesichts seines maßlosen Leides menschlich verständliche – Wunsch Hiobs, gar nicht geboren worden zu sein, wird für seine Freunde zum Auslöser dafür, ihn in immer neuen Gesprächsgängen zurechtzuweisen, indem sie Gottes Gerechtigkeit gegen Hiobs Aufbegehren verteidigen. Dazu nimmt Gott am Ende des Hiobbuches an die Adresse der Freunde gerichtet Stellung mit den Worten: „Mein Zorn ist entbrannt über dich und über deine beiden Freunde; denn ihr habt nicht recht von mir geredet wie mein Knecht Hiob." (Hiob 42,7)

Hiob antwortet auf jede Rede seiner Freunde, aber er beugt sich ihren Argumenten nicht; denn er ist von seiner

---

264) Eine solche Selbstverfluchung findet sich auch bei Jeremia (Kap. 20,14-18).

7.2 Hiob

Unschuld überzeugt[265] und fordert von Gott eine gerechte Behandlung in Gestalt eines fairen Prozesses.

Aber dann macht Hiob die Erfahrung, dass Gott selbst zu ihm redet und ihm antwortet (Hiob 38,1–41,26), wobei Gottes *Antworten* fast ausnahmslos aus *Fragen* an Hiob bestehen. Deren Sinn ist es, in Hiob eine Ahnung von dem unermesslichen schöpferischen Reichtum Gottes zu wecken, der sich nicht anhand von menschlichen Maßstäben beurteilen lässt. Dadurch kommt es zu einer radikalen Infragestellung eines nach menschlichem Empfinden gerechten Tun-Ergehen-Zusammenhangs in der Welt, von dem die ältere Weisheitstradition Israels noch ausgegangen war. Indem die regelmäßige Entsprechung zwischen Tun und Ergehen in diesem Leben grundsätzlich in Frage gestellt wird, leitet das Hiobbuch an zu einer Unterscheidung zwischen göttlicher und menschlicher Gerechtigkeit, die grundlegende Bedeutung hat.

> „An die Stelle des ‚berechenbaren' Gottes der traditionellen Weisheit tritt nicht der unberechenbare Willkürgott, wie Hiob es in seiner Verzweiflung allein sehen konnte, sondern Gott in seiner erhabenen Schöpferweisheit, deren Wahrnehmung an den Schöpfungswerken den Menschen dazu ermutigt, sich diesem Gott anzuvertrauen, auch wenn er ihn dunkle und unverständliche Wege führt."[266]

---

265) Siehe Hiob 23,10-12 und 27,1-6. Dort findet sich auch das Fazit seiner Selbsteinschätzung: „Das sei ferne von mir, dass ich euch recht gebe; bis ich sterbe, will ich von meiner Unschuld nicht lassen." (Hiob 27,5)

266) Das Buch Hiob. Einführung, in: Stuttgarter Erklärungsbibel, Stuttgart 1992, S. 628.

Kapitel 7: Glaube in der biblischen Überlieferung

Indem Hiob diese Antwort Gottes hört und versteht, wird ihm in seiner Glaubensnot wirklich weitergeholfen, und das bringt er zum Ausdruck in den Worten:

> „Ich erkenne, dass du alles vermagst, und nichts, das du dir vorgenommen, ist dir zu schwer ... Darum hab ich ohne Einsicht geredet, was mir zu hoch ist und ich nicht verstehe ... Ich hatte von dir nur vom Hörensagen vernommen; aber nun hat mein Auge dich gesehen. Darum gebe ich auf und bereue in Staub und Asche." (Hiob 42,2-6)

Dieser Beitrag des Buches Hiob zum Verständnis dessen, was Glaube an Gott ist oder sein kann, hat bis heute nichts an Bedeutung verloren. Kein anderes alttestamentliches Buch *bricht* so konsequent mit der Vorstellung, dass diese Welt (von Gott) so geordnet wäre oder dass Gott durch sein Eingreifen dafür sorgen würde, dass in diesem Leben regelmäßig dem guten Tun von Menschen ein gutes Ergehen und dem bösen Tun ein schlechtes Ergehen entspräche.[267]

Wenn man das Buch Hiob nicht von seinem „happy end" in Kap. 42,10-17 her liest, sondern von der Gottesbegegnung Hiobs in Kap. 38,1-42,9 als dem eigentlichen Höhepunkt her, dann wird deutlich, welch grundlegender und epochemachender Beitrag in diesem Buch zu einem angemessenen Verständnis Gottes, seines Wirkens und seines Verhältnisses zum Menschen zu finden ist.

---

267) Siehe z. B. Hiob 21,7-16. Es gibt allerdings in den Psalmen und bei einzelnen Propheten Passagen, in denen sich diese Erkenntnis ebenfalls Bahn bricht: so z. B. in Ps 73,2-16 und in Jer 12,1 f.

7.2 Hiob

Der archaische Glaube an einen von Gott verordneten oder bewirkten Folgezusammenhang zwischen bösem Tun und schlechtem Ergehen hat über das bisher Gesagte hinaus eine weitere *fatale* Konsequenz, die auch in der Argumentation der Freunde Hiobs erkennbar wird: Wenn es einen solchen Zusammenhang gäbe, dann könnte (oder müsste sogar) aus dem schlechten Ergehen eines Menschen auf ein dem zugrundliegendes böses Tun dieses Menschen geschlossen werden. Das besagt in Kurzform: Wem es schlecht geht, der ist selbst daran schuld.[268] Die Umkehrung, die daraus ebenfalls folgt, heißt: Wem es gut geht, der hat es auch verdient. Das mag für das Selbstgefühl derer, denen es gut geht, angenehm und schmeichelhaft sein, aber es wird dadurch nicht wahr.

Dass dieses Denken auch noch in neutestamentlicher Zeit (unter den Jüngern Jesu) vorhanden war, belegt eine Erzählung, die in Joh 9,1-41 überliefert ist: Jesus und seine Jünger begegnen einem Blind*geborenen*, und das löst bei den Jüngern die Frage aus: „Rabbi, wer hat gesündigt, dieser oder seine Eltern, dass er blind geboren ist? Jesus antwortete: Es hat weder dieser gesündigt noch seine Eltern, sondern es sollen die Werke Gottes offenbar werden an ihm." (V. 2 f.)

Deutlicher kann man den (negativen) Tun-Ergehen-Zusammenhang im Sinne einer Strafe für Sünden kaum ablehnen. Zugleich wird die alternative, zielorientierte Betrachtungsweise sichtbar, die an die Stelle der kausalen Frage nach der verursachenden Sünde tritt und danach fragt, wie aus menschlichem Unglück Gutes werden *kann*.

---

268) Es gibt Religionen und auch angeblich christliche Gruppen und vor allem einzelne Menschen, die das tatsächlich vertreten und damit – soweit sie damit Glauben finden – großen Schaden anrichten können.

7.3 Jesus Christus

Der Glaube spielt in der Verkündigung sowie im Wirken und Leben Jesu eine grundlegende und umfassende Rolle. Deshalb kann man sich in der Darstellung dieses Themas nicht beschränken auf Aussagen Jesu oder über ihn, in denen das Wort „glauben" vorkommt, sondern muss versuchen, zumindest umriss- und skizzenhaft das Ganze seines öffentlichen Wirkens und Geschicks von seiner Taufe im Jordan bis zu seiner Auferstehung in den Blick zu nehmen. Das will ich zumindest versuchen.

7.3.1 Jesu Sendung und Botschaft

Zu den Erkenntnissen der neutestamentlichen Wissenschaft, die nicht umstritten sind, gehört es, dass Jesus mit der Botschaft von der nahe herbeigekommenen Königsherrschaft Gottes[269] auftrat. Sie wird im Markusevangelium mit folgenden Worten wiedergegeben: „Nachdem aber Johannes [sc. der Täufer] überantwortet wurde, kam

---

269) Der für Jesu Verkündigung und Wirken zentrale Begriff heißt im Hebräischen *malkut Jahwe* und im Griechischen *basileia tou theou*. Die deutsche Übersetzung mit „Reich Gottes" trifft den Sinn dieser Begriffe nicht gut, da „Reich" im Deutschen als Gebietskörperschaft oder als geographisches Gebilde verstanden wird, während die hebräischen und griechischen Begriffe das *Geschehen* bzw. *Ereignis* bezeichnen, in dem Gott sich als König erweist. Da der Begriff „Reich Gottes" aber in den klassischen Bibelübersetzungen: Zürcher Bibel, Luthers Bibelübersetzung und katholische Einheitsübersetzung, verwendet wird, gebrauche auch ich ihn in diesem Buch. Vgl. zu diesem Thema M. Wolter, Jesus von Nazaret, Göttingen 2019, S. 95–123.

7.3 Jesus Christus

Jesus nach Galiläa und predigte das Evangelium Gottes und sprach: Die Zeit ist erfüllt, und das Reich Gottes ist nahe herbeigekommen. Tut Buße und glaubt an das Evangelium." (Mk 1,15[270])

Diese zusammenfassende Beschreibung der Botschaft Jesu enthält folgende wichtigen Elemente:

– Durch die Formel: „Die Zeit ist erfüllt",[271] wird die Sendung Jesu in einen geschichtlichen Ablauf eingeordnet, der ein Ziel hat, das mit dem Kommen Jesu erreicht wird. Damit wird eine geschichtliche Zeit der Vorbereitung und Erwartung vorausgesetzt, die nach biblischem Verständnis schon mit der Erschaffung der Welt beginnt[272] und zu der die alttestamentlichen Propheten mit ihren Verheißungen und Warnungen ebenso gehören wie Johannes der Täufer mit seiner Verkündigung, die zur Umkehr ruft. In Jesu Person und Wirken bricht sich dieses seit Urzeiten verheißene und erhoffte Reich Gottes auf Erden Bahn.

– Die Verbindung zwischen Johannes dem Täufer und Jesus ist nicht nur zeitlicher, sondern auch inhaltlicher Art. Das zeigt schon die Tatsache, dass Jesus sich von Johannes im Jordan taufen ließ. Zugleich wurde Johannes der Täufer (im Licht von Jes 40,3) als der Vorläufer des in Jesus Christus gekommenen Messias Israels und Heilands

---

270) Ich zitiere – wo es mehrere Quellen gibt – die Jesusüberlieferung nach *Markus* als dem ältesten Evangelium. Das unterscheidet mich methodisch von M. Wolter (a. a. O., S. 37-40), der in der Regel Lukas folgt.
271) Dieselbe Formulierung verwendet Paulus in Gal 4,4: „Als aber die Zeit erfüllt war, sandte Gott seinen Sohn".
272) Siehe dazu Joh 1,3 und 10; 8,58; 1Kor 8,6; Kol 1,15 f. sowie Hebr 1,2.

KAPITEL 7: GLAUBE IN DER BIBLISCHEN ÜBERLIEFERUNG

der Welt verstanden. Beide riefen in ihrer Verkündigung die Menschen zur Buße, also zur Umkehr, auf und verwiesen dabei auf das unmittelbar bevorstehende bzw. sich jetzt ereignende Herbeikommen des Gerichts bzw. des Reiches Gottes (Mk 1,15 und Mt 3,1 f.). Allerdings hatte diese Ankündigung bei Johannes den Charakter einer *Warnung* vor dem drohenden *Gericht* Gottes, das von ihm verglichen wird mit einer Axt, die an die Wurzeln unfruchtbarer Bäume gelegt ist. Bei Jesus ist diese Ankündigung hingegen eine *Einladung* in die anbrechende *Heilszeit*. Das schließt nicht aus, dass auch in der Verkündigung Jesu vom *Gericht* die Rede ist. Aber das Gericht ist bei Jesus nicht das Ziel des Reiches Gottes, sondern dessen *Kehrseite*. Das heißt: Wer die Einladung zur Umkehr und zum Glauben an das Evangelium nicht annimmt, verfehlt damit das ihm angebotene Heil, und dieser Verlust der Heilsgabe ist selbst das Gericht.[273]

– Der Unterschied zwischen Jesus und Johannes dem Täufer zeigt sich auch daran, dass die Taufe (durch Untertauchen) als zeichenhafte Abwaschung der Sünden, die *das* Tätigkeitsmerkmal des Täufers war, im Wirken Jesu keine Rolle spielte.[274] Jesus versteht und bezeichnet die „Taufe" neu: einerseits als seinen *Tod* und das *Mitsterben* mit ihm

---

[273]) Das bringt Joh 3,18 so zum Ausdruck: „Wer an ihn [Jesus] glaubt, der wird nicht gerichtet; wer aber nicht glaubt, der ist schon gerichtet; denn er hat nicht geglaubt an den Namen des eingeborenen Sohnes Gottes."

[274]) In den synoptischen Evangelien ist nirgends von einem Täuferwirken *Jesu* die Rede. In Joh 4,1 f. heißt es sogar ausdrücklich, Jesus selbst habe nicht getauft, sondern nur seine Jünger.

(Mk 10,35-40), andererseits als das *Erfülltwerden* mit dem *Heiligen Geist* (Mk 1,8 und Joh 1,33). Das findet dann seine Aufnahme und Fortsetzung in der christlichen Lehre und Praxis der Taufe als Sakrament (Röm 6,3 f.; Kol 2,12), die schon unmündigen Kindern gespendet werden kann und soll.

– Der *Inhalt* der Sendung und Botschaft Jesu wird in Mk 1 dreimal mit dem Wort „Evangelium"[275], also „gute Nachricht" bzw. „frohe Botschaft", bezeichnet: Dieses „Evangelium von Jesus Christus" (Vers 1) ist das „Evangelium Gottes" (Vers 14), an das die Menschen *glauben*, dem sie also *vertrauen* dürfen und sollen (Vers 15). *Der Glaube an das Evangelium ist der Botschaft Jesu zufolge die Umkehr aus der Gottesferne in die Gemeinschaft mit Gott.*

An der in Lk 4,16-30 überlieferten Erzählung von der ersten Predigt Jesu in Nazareth, seinem Heimatort, wird auch ein charakteristischer Unterschied zwischen der prophetischen Verkündigung im Alten Testament und der Verkündigung des Evangeliums bei Jesus wie in einem Brennglas sichtbar: Bei seinem gewohnten Synagogenbesuch erhält Jesus die Schriftrolle des Jesajabuches gereicht und liest daraus die beiden ersten Verse aus Jesaja 61 vor: „Der Geist des Herrn ist auf mir, weil er mich gesalbt hat und gesandt, zu verkündigen das Evangelium den Armen, zu predigen den Gefangenen, dass sie frei sein sollen, und den Blinden, dass sie sehen sollen, und die Zerschlagenen zu entlassen in die Freiheit und zu verkünden das Gnadenjahr des Herrn." Damit beendet Jesus die Lesung mitten im Satz. Der Text geht

---

275) Dieser Begriff ist auch im römischen Kaisertum verankert und bezeichnet dort eine Freudenbotschaft, zum Beispiel von der Geburt eines Thronfolgers, einem militärischen Sieg oder einem kaiserlichen Gunsterweis.

aber in Jes 61,2 weiter mit den Worten: „und einen Tag der Rache unseres Gottes, zu trösten alle Trauernden". Diese für das Alte Testament wichtige Ankündigung des Tages der Rache als Trost, d. h. als Genugtuung für die Trauernden, lässt Jesus in seiner Schriftlesung weg. Danach legt er den Text aus mit den Worten: „Heute ist dieses Wort der Schrift erfüllt vor euren Ohren." Diese Szene endet mit einem Versuch der anwesenden Bürger Nazareths, Jesus den Bergabhang hinabzustürzen und so zu töten. Aber er geht mitten durch sie hinweg.

Die Botschaft Jesu vom herbeigekommenen Reich Gottes ist so eng mit seiner Person verbunden, dass sich schon im Neuen Testament (und zwar bereits in den ältesten Überlieferungsschichten) die Überzeugung durchsetzt, dass man nicht nur – *wie* Jesus selbst – an das Kommen des Reiches Gottes glauben kann, sondern dass man *an ihn* als den Bringer dieses Reiches glauben darf und soll. Die Tatsache, *dass er Gottes Wesensart verkörpert,* wie das in seiner Charakterisierung als „Ebenbild seines [sc. Gottes] Wesens" (Hebr 1,3) zum Ausdruck kommt, macht ihn zum Sohn Gottes. Diese *Wesenseinheit* zwischen dem Vater und dem Sohn ist in den synoptischen Evangelien die *Voraussetzung* der Verkündigung und des Wirkens Jesu Christi. Im Johannesevangelium wird sie dann zu deren ausdrücklichem *Inhalt.*[276] Dadurch wird christlicher Glaube zum Glauben *an Jesus Christus.*

---

276) „Ich und der Vater sind eins" und „Wer mich sieht, der sieht den Vater" (Joh 10,30; 12,45 und 14,9).

7.3 Jesus Christus

7.3.2 Jesu Verkündigung und Wirken

Jesus bringt die Herrschaft Gottes auf Erden vor allem durch seine *Verkündigung*. In ihr dominieren allen vier Evangelien zufolge Bildworte, Gleichnisse, Parabeln und Beispielgeschichten, also metaphorische oder symbolische[277] Sprachformen, gegenüber der lehrhaften Vermittlung, die in der Bergpredigt (Mt 5–7) und Feldrede (Lk 6,17–49) sowie in den Abschiedsreden Jesu (Joh 13–17) den Ton angibt. Das Herbeikommen des Reiches Gottes ist mit diesen bildhaften Erzählungen und lehrenden Reden Jesu eng verknüpft. Diese wirken einerseits wie ein *Spiegel*, in dem Menschen ihre Ferne oder Nähe zu Gott erkennen können, andererseits wie eine *geöffnete Tür*, durch die sie in das Reich Gottes eintreten und an ihm Anteil bekommen können. Stets zielt die Verkündigung Jesu darauf, durch ihre Form und ihren Inhalt in den Zuhörern *Glauben*, also Vertrauen auf Gottes Nähe, zu wecken oder sie sogar für den engeren oder weiteren Jüngerkreis zu gewinnen, zu dem die gehörten, die mit ihm zogen und das Evangelium verkündigten.[278]

Die Verkündigungstätigkeit Jesu und seiner Jünger wurde von Anfang an begleitet von Heilungen physisch oder psychisch erkrankter und leidender Menschen sowie von anderen wunderbaren *Zeichen*,[279] wie zum Beispiel die

---

277) S. o. Abschnitt 6.3.3.
278) So Mk 1,16–20 und 6,7–13; Mt 4,18–22 und 10,5–15; Lk 5,1–11 und 9,1–6 sowie Joh 1,35–51.
279) Siehe dazu das Standardwerk zur Erforschung der neutestamentlichen Wunder von G. Theißen: Urchristliche Wundergeschichten, Gütersloh (1974) [8]2019. Die Spitzenaussage dieses Werkes (auf S. 133) lautet: „man kann in der gegenseitigen Bedingung von Glauben und Wunder das

KAPITEL 7: GLAUBE IN DER BIBLISCHEN ÜBERLIEFERUNG

Speisung großer Menschenmengen oder die Stillung von Stürmen. Dabei verdient allerdings Zweierlei besondere Beachtung:

Erstens: Zahlreiche Heilungen von Kranken und Besessenen werden von Jesus auf den *Glauben der Geheilten* zurückgeführt. Die Standardformulierung, die sich dafür in den Evangelien *(aber niemals und nirgends sonst in der antiken Welt*[280]*)* findet, heißt: „Dein Glaube hat dir geholfen." (Mk 10,52; Mt 9,22; Lk 7,50; 8,48; 17,19; 18,42[281]) Das ist weder Ausdruck falscher Bescheidenheit Jesu, noch ist es als Verweis auf die Selbstheilungskräfte der Menschen zu verstehen, sondern es verweist darauf, *wie* die heilenden Kräfte wirksam werden, die von Jesus ausgehen: dadurch, dass sie in Menschen das Vertrauen auf Gott wecken, das *heil macht und Heilung bewirken kann.*[282]

Eigentümliche des neutestamentlichen Wunderglaubens sehen, das ihn weit über alle antike Magie und Mirakelsucht hinaushebt." Zum Begriff und Thema „Wunder" im Neuen Testament siehe M. Wolter, Jesus von Nazaret (s. o. Anm. 269) S. 125–151. Insbesondere überzeugt mich sein Vorschlag, zwecks Vermeidung von Missverständnissen auf den Begriff „Wunder" möglichst zu verzichten und stattdessen – mit dem Neuen Testament – von „Machttaten" und „Zeichen" zu sprechen.

280) Diese wichtige Information verdanke ich (ebenfalls) Prof. Gerd Theißen.

281) Dass es der *Glaube* ist, der hilft und heilt, wird auch in Mk 9,23 und in Apg 3,16 vorausgesetzt und im Umkehrschluss auch in Mk 6,5 f., wo die Unfähigkeit Jesu, in Nazareth Krankenheilungen zu vollbringen, auf den *Unglauben* der dortigen Bevölkerung zurückgeführt wird.

282) Solche heilenden Kräfte und Fähigkeiten nimmt Jesus nicht exklusiv für sich in Anspruch, sondern gibt sie auch seinen Jüngern (Mk 6,7 und 13; Mt 10,1 und 8; Lk 9,1 und 6). Er setzt auch bei den „Söhnen" der Pharisäer (Mt 12,27 und Lk 11,19) und bei anderen Menschen (Mk 9,38–40 und Lk 9,49 f.) diese Gabe voraus und akzeptiert sie. Dass Heilung trotz Gebet

7.3 Jesus Christus

Zweitens: Jesu Reden und Taten lösen immer wieder großes Staunen, erschreckte oder begeisterte Bewunderung und spontane Nachfolgebereitschaft aus. Die Begeisterung kann sogar in der Absicht gipfeln, Jesus zum König zu machen (Joh 6,10). Aber dem entzieht er sich; denn *das* ist nicht sein Auftrag. Daran zeigt sich, dass die Machttaten Jesu „nur" begleitende *Zeichen* sind, die auf das Kommen des Reiches Gottes hinweisen, aber sie sind nicht selbst die „Sache", zu der er sich gesandt weiß.

Aber für viele Menschen bleibt im Blick auf die im Neuen Testament erzählten Machttaten und Zeichen (Jesu und der Apostel) die Frage, ob man diese Erzählungen für wahr halten kann. Die Antwort darauf schwankt zwischen einer Bibelgläubigkeit, die diese Erzählungen ausnahmslos für bare Münze nimmt, und einer Bibelskepsis, die nichts davon für wahr hält und Jesus und den Aposteln nicht mehr zutraut, als man auch selbst zustande bringt. Wer die erstere Position vertritt, stößt spätestens bei der Wiederbelebung von Toten an Grenzen. Zwar sind von Jesus drei solche Wiederbelebungen[283] und von Petrus und Paulus je eine[284] überliefert, aber es fällt auf, dass an zwei Stellen[285] ausdrücklich gesagt wird: „Das Kind ist nicht ge-

---

auch ausbleiben kann, hat Paulus am eigenen Leib erlebt (siehe 2Kor 12, 7-10).

283) Die Tochter des Jairus (Mk 5,22-43; Mt 9,18-26 und Lk 8,40-56), der Jüngling zu Nain (Lk 7,11-17) und Lazarus aus Bethanien (Joh 11,1-45).

284) Tabita in Joppe (Apg 9,36-42) und Eutychus in Troas (Apg 20,7-12).

285) Mk 5,39b und Apg 20,10. Dazu kann man auch Mk 9,26 zählen, wo alle über den Geheilten sagen: „Er ist tot", Jesus aber wortlos seine Hand ergreift und ihn aufrichtet.

storben, sondern es schläft" bzw. „seine Seele ist in ihm". Wer trotzdem davon ausgeht, dass diese Menschen wirklich tot waren und wiederbelebt wurden, muss aber auch zur Kenntnis nehmen, dass Jesus laut der Aussendungsrede in Mt 10,8 seinen Jüngern den Auftrag erteilt hat: „weckt Tote auf". Wenn Nachfolger Jesu *das* könnten, gäbe es für sie viele Anlässe, schwerstes Leid zu überwinden. Ich kenne aber niemanden, der das auch nur versucht.

Andererseits kann man nicht bestreiten, dass Jesus (und teilweise auch seine Jünger) die Fähigkeit hatten, Kranke und Besessene zu heilen, genauer gesagt: in ihnen heilendes Vertrauen zu wecken.[286] Anders wäre die Fülle der einschlägigen Berichte und die Resonanz unter den Menschen (damals und bis heute) nicht zu erklären.

Gilt das *nur* für Heilungen? Die neutestamentliche Erzählung von der Speisung der 4.000 oder 5.000 gibt darauf eine nachdenkenswerte Antwort. Sie wird in den Evangelien insgesamt *sechsmal*[287] überliefert, so oft wie keine andere Evangelienerzählung. In dieser Geschichte *zaubert* Jesus *nicht* aus fünf Broten und aus zwei Fischen überreichliche Verpflegung für tausende von Menschen. Er speist das hungernde Volk auch nicht – wie Mose – mit Manna (Koriandersamen) und Wachteln, sondern er fragt

---

286) Insofern besteht ein Zusammenhang zwischen diesen Heilungen und dem medizinischen Placeboeffekt. Beide zeigen, welch große Bedeutung *Vertrauen* für die Heilung hat. Und Jesus *benennt* das auch so (s. o. bei Anm. 282).

287) Mk 6,30-44; 8,1-9; Mt 14,13-21; 15,32-39; Lk 9,10-17; Joh 6,1-13.

nach dem Wenigen, das die Jünger haben bzw. ein Knabe hat, und teilt dieses Wenige aus, und alle werden satt:

> „Da hob Jesus seine Augen auf und sieht, dass viel Volk zu ihm kommt, und spricht zu Philippus: Wo kaufen wir Brot, damit diese zu essen haben? ... Philippus antwortete ihm: Für zweihundert Silbergroschen ist nicht genug für sie, dass jeder auch nur ein wenig bekomme. Spricht zu ihm ... Andreas, der Bruder des Simon Petrus: Es ist ein Knabe hier, der hat fünf Gerstenbrote und zwei Fische. Aber was ist das für so viele? Jesus aber sprach: Lasst die Leute sich lagern ... Da lagerten sich etwa 5.000 Männer. Jesus aber nahm die Brote, dankte und gab sie denen, die sich gelagert hatte; desgleichen auch von den Fischen, so viel sie wollten. Als sie aber satt waren, spricht er zu seinen Jüngern: Sammelt die übrigen Brocken, damit nichts umkomme. Da sammelten sie und füllten zwölf Körbe mit Brocken von den fünf Gerstenbroten, die denen übrig blieben, die gespeist worden waren." (Joh 6,5-13)

Die Pointe dieser Erzählung ist der *Kontrast* zwischen dem Wenigen, das völlig unzureichend, ja geradezu nichts ist, und der Sättigung aller, dadurch dass dieses Wenige *(aus-) geteilt* wurde. Wie das geschieht, erfahren wir nicht. Es könnte sein, dass das Beispiel des Jungen die anderen angesteckt hat, auch das auszupacken und zu teilen, was sie bei sich hatten. Und dann bleiben angeblich zwölf Körbe voll übrig, die eingesammelt (und nicht weggeworfen) werden. In der Spannung zwischen dem „Was ist das für so viele?" und den übrigbleibenden, bewusst übertreibenden „zwölf Körben", mit denen niemand rechnen konnte, liegt die *Ermutigung* dieses Textes gegen die Angst: „Was wir haben, reicht nicht".

7.3.3 Jesu Tod und Auferstehung

Man sollte meinen, dass ein Mensch, der mit einer solch erfreulichen Botschaft auftritt und mit solchen lebensdienlichen Zeichen, die seine Verkündigung begleiten, allgemeine Anerkennung und Zustimmung erntet. Derartige positive Reaktionen gibt es auch tatsächlich oft, bis hin zu seinem Begeisterung auslösenden Einzug in Jerusalem (Mk 11,1–11), aber es gibt auch das Gegenteil. Von Anfang an wird Jesu Wirken und seine Verkündigung auch begleitet von Ablehnung, Kritik, Empörung, Anfeindung und Tötungsabsichten vor allem von Seiten der Pharisäer, Schriftgelehrten und Hohenpriester.[288] Die Pläne zur Tötung Jesu scheitern aber für längere Zeit daran, dass die religiöse Obrigkeit sich vor der Unterstützung fürchtet, die Jesus in weiten Teilen der Bevölkerung genießt.

Dabei fällt auf, dass es vor allem Jesu Einstellung und praktische Haltung gegenüber dem *Sabbatgebot* ist, die seine Gegner so gegen ihn aufbringt, dass sie seine Tötung anstreben.[289] Das kann man nur verstehen, wenn man sich Zweierlei bewusst macht: die *große Bedeutung* des Sabbatgebots für das Judentum und Jesu *relativierenden* Umgang mit der damals führenden Auslegung dieses Gebots:

– Das Sabbatgebot ist ein Bestandteil des Dekalogs und genießt schon deshalb hohes Ansehen in Israel. Seine Übertretung durch Arbeit zieht die Todesstrafe nach sich.[290] Im

---

288) Siehe dazu Mk 3,6; 11,18; 14,1 f.; Mt 12,14; 26,3–5; Lk 4,28–30; 6,11; 19,47 f.
289) Siehe dazu die Berichte über Jesu Verhalten am Sabbat in Mk 3,1–6; Mt 12,9–14, Lk 6,1–6, Joh 5,15–18 und 7,19–24. Daneben scheinen es auch kritische Aussagen Jesu über den Tempel in Jerusalem gewesen zu sein, die

7.3 Jesus Christus

Gefolge des babylonischen Exils, durch das der jüdischen Bevölkerung der Tempel in Jerusalem als Kultstätte verlorenging, bekam das Halten des Sabbats als Identitätsmerkmal für gläubige Juden erhöhte Bedeutung. Es wurde geradezu zum Erkennungszeichen für rechtgläubige, fromme Juden. Das zog die verstärkte Aufmerksamkeit der rabbinischen Gesetzesauslegung mit der Frage auf sich, was am Sabbat erlaubt ist und was nicht. Das wurde in hunderten von Einzelvorschriften formuliert. Kein anderes Dekaloggebot wurde von so vielen Verboten umhegt wie dieses. Wer das ignorierte, stellte ein zentrales Element des jüdischen Glaubens in Frage.

– Jesus, der als frommer Jude lebte, hob das Sabbatgebot nicht auf, sondern trat dafür ein, dieses Gebot, das seinem eigentlichen Sinn nach eine *Wohltat und Erlaubnis* ist, wieder in diesem ursprünglichen, befreienden Sinn zur Geltung zu bringen. Das tat er durch den Grundsatz: „Der Sabbat ist um des Menschen willen gemacht und nicht der Mensch um des Sabbats willen." (Mk 2,27)[291] Und er tat es durch eine – rhetorische – Frage an seine Gegner: „Was ist

---

  seine Kritiker auf den Plan gerufen und zu seiner Verurteilung und Hinrichtung geführt haben (siehe Mk 14,58 und 15,29; Mt 26,60 f. und 27,39 f.).
290) Das geht aus den alttestamentlichen Geboten in Ex 31,14; 35,2 und Num 15,32–35 hervor. Eine Ausnahme von der Todesstrafe lässt die rabbinische Auslegung nur für lebensrettende Handlungen an Menschen und Tieren am Sabbat zu. Darunter fallen die Heilungen Jesu und die Handlungen seiner Jünger aber nicht.
291) Das wird durch den folgenden Satz noch gesteigert: „So ist der Menschensohn Herr auch über den Sabbat" (Mk 2,28), wobei nicht zweifelsfrei zu entscheiden ist, ob mit dem „Menschensohn" an dieser Stelle nur Jesus oder jeder Mensch gemeint ist.

am Sabbat erlaubt: Gutes tun oder Böses tun, Leben retten oder töten?" (Mk 3,4) Jesus selbst heilt am Sabbat, und zwar Menschen, deren Leben nicht akut bedroht ist, und er erlaubt seinen Jüngern, auch am Sabbat Ähren auszuraufen, um ihren Hunger zu stillen (Mk 2,23–3,6).

Damit prallen zwei Gebotsauffassungen und -auslegungen von grundsätzlicher Bedeutung aufeinander und führen zu dem Konflikt, der für Jesus am Kreuz tödlich endet. Dabei spielten für die *jüdische* Obrigkeit offenbar sowohl die überlieferungskritische Auslegung des Sabbatgebots als auch der in ihr sichtbar werdende Hoheitsanspruch Jesu eine entscheidende Rolle. Die Todesstrafe der Kreuzigung konnte jedoch nur die *römische* Besatzungsmacht verhängen und hat das auch getan. Sie war freilich weder an dem Streit um die richtige Dekalogauslegung noch an Jesu angeblicher religiöser Anmaßung als solcher interessiert. Ihr musste vermittelt werden, dass es sich bei Jesus um einen *politisch* gefährlichen Aufrührer handle. Und das gelang mittels der Anklage, er habe sich selbst zum „König der Juden" (Mk 15,2 und 26) erklärt und wiegele das Volk auf (Lk 23,5).

So wird Jesus von Pilatus auf Drängen der jüdischen Obrigkeit und mit Zustimmung der versammelten Volksmenge zum Tod durch Kreuzigung verurteilt und stirbt diesen schmählichen, qualvollen Sklaventod. Seine männlichen Jünger haben ihn auf dem Weg dorthin samt und sonders verraten, verleugnet und verlassen. Die Frauen jedoch, die ihm nachfolgten, hielten ihm bis zu seinem Tod am Kreuz die Treue[292] – und auch noch danach, indem sie

7.3 Jesus Christus

am dritten Tag nach der Kreuzigung, also am ersten Tag der folgenden Woche, seinen Leichnam einbalsamieren wollten. Dadurch wurden sie völlig überraschend zu den ersten Zeugen dafür, dass die Sendung und das Wirken Jesu mit seinem Tod am Kreuz nicht ans Ende gekommen waren, sondern dass er von den Toten *auferweckt* wurde. Dabei ist diese Auferweckung *keine Wiederbelebung und Rückkehr* in *seine irdische Existenz*, andernfalls hätte er den Tod erneut vor sich gehabt. Die Auferweckung bzw. Auferstehung Jesu ist seine radikale *Verwandlung* durch den Tod hindurch, die zugleich seine *Erhöhung* zur göttlichen Würde ist.[293]

Für die Menschen, die während seines irdischen Wirkens an Jesus glaubten und ihm nachfolgten, stellte sich dadurch die *Glaubensfrage* neu, und zwar in zweifacher Hinsicht:

Erstens: Kann man glauben, dass Jesus von den Toten auferweckt und zu Gott erhöht worden ist? Aus allen vier Evangelien geht hervor, dass die Antwort der männlichen Jünger zunächst *negativ* war.[294] Sie konnten das überwie-

---

[292] Dass auch der „Lieblingsjünger" mit Maria unter dem Kreuz Jesu stand, ist eine späte Überlieferung, die sich nur im Johannesevangelium findet. Wäre sie verbürgt, hätten die anderen, älteren Evangelien diese Tatsache sicher nicht verschwiegen.

[293] Das sagt schon einer der ältesten Texte des Neuen Testaments: der Christushymnus aus Phil 2,6–11. Dass der *irdische* Jesus diese göttliche Würde für sich (noch) nicht in Anspruch nimmt, geht auch aus Mk 10,18 hervor: „Jesus sprach zu ihm: Was nennst du mich gut? Niemand ist gut als der eine Gott."

[294] So in Mk 16,1–14; Mt 28,1–10; Lk 24,1–12 und Joh 20,1–18. In meinem Buch:

KAPITEL 7: GLAUBE IN DER BIBLISCHEN ÜBERLIEFERUNG

gend nicht glauben. Erst indem ihnen *persönliche Begegnungen* mit dem Auferstandenen zuteilwurden, kamen (auch) sie zu der Gewissheit: „Er ist wahrhaftig auferstanden." (Lk 24,34) Damit ist zugleich die oft geäußerte Vermutung widerlegt, die Jünger Jesu hätten die Botschaft von seiner Auferstehung „erfunden", um damit ihre Schuldgefühle zu überwinden nach dem Motto: Es ist ja gar nicht so schlimm, dass wir ihn verleugnet und verlassen haben; denn er lebt ja. Nicht die Jünger, sondern die Frauen, die ihn *nicht* verlassen hatten, waren die ersten Auferstehungszeugen. Die Jünger haben diese Botschaft zunächst bezweifelt.

Zweitens: Wie ist es zu verstehen, dass Gott es zuließ, dass sein Sohn und Gesandter am Kreuz gestorben ist? Die Erschütterung, die der Kreuzestod Jesu für seine Jünger bedeutete, geht andeutungsweise hervor aus dem, was zwei von ihnen auf dem von Resignation geprägten Rückweg von Jerusalem nach Emmaus sagen: „Wir aber hofften, er sei es, der Israel erlösen werde." (Lk 24,21) Sie erhalten von dem Auferstandenen selbst, den sie freilich (noch) nicht erkennen, auf ihre Frage eine Antwort aus den alttestamentlichen Propheten, die zusammengefasst besagt: „Musste nicht der Christus dies erleiden und in seine Herrlichkeit eingehen?" (Lk 24,26) Fragt man, anhand welcher konkreten prophetischen Aussagen sich ihnen diese Einsicht erschloss, dann sieht man sich auf die in Jesaja überlieferten

---

Von Christus beauftragt. Ein biblisches Plädoyer für Ordination und Priesterweihe von Frauen, Leipzig/Paderborn 2017, habe ich alle diese Texte auf S. 101–110 zusammengestellt und kurz erläutert.

7.3 Jesus Christus

Lieder vom leidenden Gottesknecht verwiesen, in denen die frühe Christenheit die Person und das Geschick Jesu Christi wiedererkannte:

> „Fürwahr, er trug unsre Krankheit und lud auf sich unsre Schmerzen. Wir aber hielten ihn für den, der geplagt und von Gott geschlagen und gemartert wäre. Aber er ist um unsrer Missetat willen verwundet und um unsrer Sünde willen zerschlagen. Die Strafe liegt auf ihm, auf dass wir Frieden hätten, und durch seine Wunden sind wir geheilt." (Jes 53,4 f.)

Der entscheidende Gegensatz und Erkenntnisfortschritt kommt in diesem Text zum Ausdruck in den Worten: Er ist *nicht* „von Gott geschlagen", wie wir dachten, *sondern* er ist „um unsrer Sünde willen zerschlagen". Das heißt: Der Kreuzestod Jesu ist keine Strafaktion, in der Gottes Zorn Jesus (an unserer Stelle) trifft, sondern Jesus hat sich durch seine Menschwerdung und Bereitschaft zum Leiden in die zerstörerische Macht des Bösen in Gestalt der menschlichen Sünde hineinziehen lassen und sie *mit* uns und insofern *für* uns erduldet. Und diese Aussage ist der zentrale Teil des Evangeliums, das Jesus nicht nur *verkündigt*, sondern auch mit seiner Person und seinem ganzen Leben *verkörpert* und bis zum Tod *durchlitten* hat. Deshalb können die Evangelien „Passionsgeschichten mit ausführlicher Einleitung" genannt werden,[295] und deshalb konnte der Apostel Paulus, von dem nun die Rede sein soll, an die Ge-

---

[295] Diese treffende Kennzeichnung stammt von dem Bibeltheologen Martin Kähler aus seiner Schrift „Der sogenannte historische Jesus und der geschichtliche, biblische Christus" (1892), München ²1956, S. 60, Anm. 1.

meinde in Korinth schreiben: „Ich hielt es für richtig, unter euch nichts zu wissen als allein Jesus Christus, ihn, den Gekreuzigten." (1Kor 2,2)

7.4 Paulus[296]

Über Paulus wissen wir biographisch nicht viel, aber das Wenige teilweise aus erster Hand, also aus seinen eigenen Briefen, die er an verschiedene Gemeinden geschrieben hat. Wir sind also nicht nur auf die Darstellungen seiner Lebensgeschichte, seiner Missionsreisen, seiner Verfolgungen und Prozesse angewiesen, die den Hauptteil der Apostelgeschichte des Lukas ausmachen. So schreibt Paulus an die Gemeinden in Philippi und Galatien:

> „Wenn ein anderer meint, er könne sich aufs Fleisch verlassen, so könnte ich es viel mehr, der ich am achten Tag beschnitten bin, aus dem Volk Israel, vom Stamm Benjamin, ein Hebräer von Hebräern, nach dem Gesetz ein Pharisäer, nach dem Eifer ein Verfolger der Gemeinde, nach der Gerechtigkeit, die das Gesetz fordert, untadelig." (Phil 3,4–6[297])

---

[296] Sein jüdischer Geburtsname lautet Saulus. So wird er auch in der Apg von 7,58 bis 13,9 genannt. Dort erfolgt der Übergang mit der Formel „Saulus aber, der auch Paulus heißt". Paulus ist der Beiname, den er vermutlich aufgrund seines römischen Bürgerrechts (aber nicht aufgrund seiner Bekehrung) annahm. Dass jemand sich von einem Saulus zu einem Paulus gewandelt habe, ist folglich eine missglückte Metapher für eine Bekehrung. Siehe zu diesem Abschnitt im Ganzen das Buch von M. Wolter, Paulus. Ein Grundriss seiner Theologie, Neukirchen-Vluyn (2011) ³2021, bes. Kap. IV–VI und XIII.

[297] Ähnlich 2Kor 11,22.

"Denn ihr habt ja gehört von meinem Leben früher im Judentum: wie ich über die Maßen die Gemeinde Gottes verfolgte und sie zu zerstören suchte und übertraf im Judentum viele meiner Altersgenossen in meinem Volk weit und eiferte über die Maßen für die Überlieferungen meiner Väter." (Gal 1,13 f.)

Dem entspricht, was Lukas in Apg 22,3 f. als Paulusrede in Jerusalem überliefert:

"Ich bin ein jüdischer Mann, geboren in Tarsus in Kilikien, aufgewachsen aber in dieser Stadt [sc. Jerusalem] und mit aller Sorgfalt unterwiesen im väterlichen Gesetz zu Füßen Gamaliels, und war ein Eiferer für Gott, wie ihr es heute alle seid. Ich habe diesen Weg[298] verfolgt bis auf den Tod; ich band Männer und Frauen und warf sie ins Gefängnis ..."

Sein Geburtsort war also das kilikische Tarsus, das heute im südöstlichen Teil der Türkei liegt. Über seine Familie erfahren wir nichts, wohl aber über sein Torastudium und seine vorbildliche Treue gegenüber dem alttestamentlichen Gesetz sowie über seinen fanatischen Eifer bei der Verfolgung der christlichen Gemeinden und ihrer Mitglieder. Diese Verfolgungstätigkeit wirkt in den zitierten Texten wie etwas, worauf der Apostel stolz ist, weil es seinen Eifer für das Gesetz und die Überlieferungen beweist. Aber dieser Eindruck entsteht nur dadurch, dass Paulus da aus der *jüdischen* Perspektive schreibt. Aus seiner *christlichen* und erst recht aus seiner *apostolischen* Perspektive sieht er in dieser ehemaligen Verfolgertätigkeit eine schwere

---

298) „Weg" ist in der Apostelgeschichte hier, aber auch in 9,2 und 24,14 eine Bezeichnung für das Christentum.

KAPITEL 7: GLAUBE IN DER BIBLISCHEN ÜBERLIEFERUNG

Schuld und einen Makel,[299] der auf seiner Lebensgeschichte und seinem Apostelamt lastet: „Denn ich bin der geringste unter den Aposteln, der ich nicht wert bin, dass ich ein Apostel heiße, weil ich die Gemeinde Gottes verfolgt habe. Aber durch Gottes Gnade bin ich, was ich bin." (1Kor 15,9 f.)

Wenn man verstehen will, welch radikale Wende die Begegnung mit dem auferstandenen Christus für das Selbstverständnis, Leben und Wirken von Paulus bedeutete, muss man Antworten auf vier Fragen suchen:

Erstens: Welche Bedeutung hatte für ihn als Juden und Pharisäer die Beachtung des Gesetzes?

Zweitens: Warum veranlasste seine Stellung zum Gesetz ihn zur Verfolgung Jesu Christi und der Christen?

Drittens: Worin bestand die Lebenswende, die Paulus durch die Begegnung mit dem auferstandenen Christus widerfuhr?

Viertens: Welche Bedeutung bekam die Bekehrung und Berufung von Paulus für die Christenheit?

Zum *Ersten*: Für das Volk Israel als Glaubensgemeinschaft sind die Herausführung aus der Knechtschaft in Ägypten und der darauffolgende Bundesschluss am Sinai die beiden großen Heilstaten Gottes, welche die religiöse Identität dieses Volkes bis heute begründen und erhalten.[300] Auf dem Weg von der Flucht aus Ägypten zur Einnahme des Heiligen Landes ist der Bundesschluss am Sinai

---

299) Siehe dazu auch 1Tim 1,12–15. Laut Apg 9,4 f.; 22,7 f. und 26,14 f. hat Paulus nicht nur die christliche Gemeinde, sondern dadurch den auferstandenen Jesus Christus selbst verfolgt.

300) Siehe dazu Ex bis Dtn sowie den religionsgeschichtlich-literarischen

der entscheidende Einschnitt. Hier empfängt das Volk von Gott durch Mose in Gestalt der Tora Gesetz, Recht und Ordnung und damit den bleibend gültigen Willen Gottes für sein kultisches und alltägliches Leben. Diese Urheberschaft *Gottes* verleiht der Tora ihre Heiligkeit und absolute Verbindlichkeit, deren Verletzung durch menschliche Sünde den Tod verdient und nur durch Opfer und Umkehr gesühnt werden kann. Dass Gott diese Möglichkeit der Sühne durch Opfer und Umkehr gegeben hat, ist Ausdruck seiner Gnade und Barmherzigkeit, hat aber kein laxes Verständnis der Gehorsamsforderung des Gesetzes zur Folge.

Dasselbe gilt für die Begründung des Bundes, die allein darin ruht, dass *Gott* Israel als seinen Bundespartner *erwählt* hat. Es gründet weder in irgendwelchen vorzugswürdigen Qualitäten dieses Volkes noch in dessen Gehorsam, mit dem es ohnehin nicht weit her ist. Israel ist nicht nur klein, sondern auch „halsstarrig", wie ihm immer wieder bescheinigt wird.[301] Aber wie ernst, ausnahmslos und umfassend die Forderungen des göttlichen Gesetzes auch gegenüber diesem halsstarrigen Volk gemeint sind und gelten, geht schon aus dem alttestamentlichen Glaubensbekenntnis und Grundgebot, dem „Schema Israel" (Dtn 6, 4-7[302]) hervor:

Kommentar, den J. Assmann dazu in seinem Werk: „Exodus. Die Revolution der Alten Welt", München (2015) 2019, vorgelegt hat.

301) So in Ex 32,9; 33,3 und 5; 34,9 sowie Dtn 9,6,13 und 27; 31,27; ebenso in Jer 17,23 und 19,15.

302) Im Neuen Testament wird das aufgenommen von Jesus (Mk 12,29) und von Paulus (1Kor 8,4-6).

Kapitel 7: Glaube in der biblischen Überlieferung

„Höre Israel, der Herr ist unser Gott, der Herr ist einer. Und du sollst den Herrn, deinen Gott, liebhaben von ganzem Herzen, von ganzer Seele und mit all deiner Kraft. Und diese Worte, die ich dir heute gebiete, sollst du zu Herzen nehmen und sollst sie deinen Kindern einschärfen und davon reden, wenn du in deinem Hause sitzt oder unterwegs bist, wenn du dich niederlegst oder aufstehst."

Diese Totalforderung kommt auch zum Ausdruck in der Bestimmung von Dtn 27,26, die Paulus in Gal 3,10 zitiert: „Verflucht sei, wer nicht alle Worte dieses Gesetzes erfüllt, dass er danach tue!" In *diesem* Sinn hängt der Sinaibund, der durch Gottes Erwählung *begründet* ist, vom *nachfolgenden* Gesetzesgehorsam bzw. -ungehorsam des Volkes und des Einzelnen ab.

Das ist der Motivationszusammenhang, aus dem heraus sich die *Pharisäer* als jüdische Gruppierung mit kompromisslos strenger Befolgung der Tora und anderer Traditionen zusammengeschlossen haben. Sie begnügten sich dabei nicht damit, selbst in größter Gesetzes- und Überlieferungstreue zu leben, sondern traten auch der Gesetzlosigkeit und Laxheit bei anderen entgegen und versuchten diese zu unterbinden. Paulus gehörte ihnen schon als junger Mann an, wobei er von sich sagen konnte: Ich lebte darin „untadelig" und „eiferte über die Maßen für die Überlieferungen meiner Väter" (Gal 1,14). Beides beschreibt die Mentalität und Programmatik der Pharisäer genau.

Im Wirken und in der Verkündigung Jesu tauchen die Pharisäer wiederholt auf, meist in einem negativen Licht. Am deutlichsten kommt die Kritik Jesu an ihnen und den

Schriftgelehrten zum Ausdruck in den Weherufen, die im Matthäusevangelium überliefert sind. Jesu Kritik an ihnen gipfelt in den Worten: „Wehe euch, Schriftgelehrte und Pharisäer, ihr Heuchler, die ihr den Zehnten gebt von Minze, Dill und Kümmel und lasst das Wichtigste im Gesetz beiseite, nämlich das Recht, die Barmherzigkeit und den Glauben!" (Mt 23,23) So viel zur Beantwortung der Frage nach der *Bedeutung des Gesetzes* für Paulus als Juden und Pharisäer.

Nun zum *Zweiten*: Warum Paulus aufgrund seiner Stellung zum Gesetz zum Verfolger Christi und der Christen wurde, ergibt sich weitgehend aus dem zuletzt Gesagten. Es setzt allerdings voraus, dass die Haltung, die Jesus in seiner Einstellung und Praxis gegenüber den Reinheitsvorschriften[303] und dem Sabbatgebot praktizierte, von der Urgemeinde, die Paulus kennenlernte, übernommen worden war. Das kann man jedoch in dieser Allgemeinheit nicht sagen. Vielmehr gab es schon ganz früh einerseits judenchristlich-gesetzestreue Gruppierungen, die sich offenbar auf Jakobus, den leiblichen Bruder Jesu, beriefen und für die der Glaube an die Offenbarung Gottes in Jesus Christus die Heilsnotwendigkeit des Gesetzes *nicht* aufhob. Andererseits gab es hellenistisch geprägte christliche Gruppierungen, zu denen Stephanus und Philippus zu zählen sind, für die durch Jesus Christus das Gesetz (unter

---

303) Siehe dazu Mk 7,1–23 und Mt 15,1–20, die in dem Satz gipfeln: „Es gibt nichts, was von außen in den Menschen hineingeht, das ihn unrein machen könnte" (Mk 7,15). Dem entsprechen die Aussagen in Apg 10,14 f.; Röm 14,14; Tit 1,15 und 1Tim 4,4.

Einschluss der Beschneidungsforderung) nicht länger eine Zugangsbedingung zur Gottesgemeinschaft war. Gegen diese Gruppierung, ihre Lehre und Praxis richtete sich (verständlicherweise) die Verfolgertätigkeit des Paulus. Das geht auch daraus hervor, dass seine erste Erwähnung im Neuen Testament im Zusammenhang mit der Steinigung des *Stephanus* erfolgt: Sie „stießen ihn [sc. Stephanus] zur Stadt hinaus und steinigten ihn. Und die Zeugen legten ihre Kleider ab zu den Füßen eines jungen Mannes, der hieß Saulus, und sie steinigten Stephanus ... Saulus aber hatte Gefallen an seinem Tode." (Apg 7,58-8,1)

Zu der Kritik an einem „gesetzesfreien" Heilsweg wie er von hellenistischen Gruppen in Anknüpfung an Jesu Haltung zu Reinheitsvorschriften und zum Sabbatgebot vertreten wurde, kam aber ein weiteres, noch gravierenderes Element hinzu, das Paulus selbst im Galaterbrief wiedergegeben hat. Es bezieht sich auf die zentralen Inhalte des christlichen Glaubens: Kreuzestod und Auferstehung Jesu Christi. Paulus wusste, dass Jesus in einem Verfahren vor dem Hohen Rat als Gotteslästerer, der den Tod verdient, verurteilt worden war.[304] Maßstab für diese Verurteilung war aber das Gesetz, das Gott selbst nach jüdischem Verständnis seinem Volk am Sinai gegeben hatte.[305] Also ergab sich auch für den Juden Paulus: Jesus ist durch das Gesetz (Gottes) zum Tode verurteilt worden.

---

304) Siehe Mk 14,53-65 und Mt 26,57-68.
305) Dass Gotteslästerung der Tora zufolge ein todeswürdiges Verbrechen war, geht aus Lev 24,10-16 hervor.

7.4 Paulus

Das wird noch ergänzt durch eine Aussage aus der Tora, die Paulus auf den gekreuzigten Christus bezieht. In Dtn 21,22 f. heißt es:

> „Wenn jemand eine Sünde getan hat, die des Todes würdig ist, und wird getötet und du hängst ihn an ein Holz, so soll sein Leichnam nicht über Nacht am Holz bleiben, sondern du sollst ihn am selben Tage begraben – denn ein Aufgehängter ist verflucht bei Gott –, auf dass du dein Land nicht unrein machst, das dir der Herr, dein Gott, zum Erbe gibt."

Das passt eigentlich nicht zu einer Kreuzigung, bei der ein Mensch erst durch das Hängen am Kreuz zu Tode kommt; denn in der zitierten Stelle geht es um das Aufhängen eines bereits Getöteten. Aber diesen Unterschied übergeht Paulus, indem er das Hängen am Holz und – vor allem – das damit verbundene Verfluchtsein durch das Gesetz auf Christus anwendet, der am Kreuz gestorben ist. So schreibt er in Gal 3,13: „Christus aber hat uns losgekauft von dem Fluch des Gesetzes, da er zum Fluch wurde für uns – denn es steht geschrieben (Dtn 21,23): ‚Verflucht ist jeder, der am Holz hängt' ..."

Damit ergibt sich ein gravierender Konflikt zwischen der Perspektive der Tora auf den Kreuzestod Jesu, in der er als ein durch das Gesetz Gottes (und damit von Gott selbst) verfluchter Gotteslästerer erscheint,[306] und der Perspektive des Auferstehungsglaubens, in welcher der Gekreuzigte als von Gott Auferweckter und damit ins Recht Gesetzter

---

306) So ergibt es sich aus Mk 14,53–65; Mt 26,57–68; Lk 22,66–70; Joh 19,6 f.; Apg 2,22 f.; 3,13–18 und 4,10.

wahrgenommen wird. An *diesem* Konflikt wird deutlich, dass es für Paulus in der christlichen Gewissheit und Botschaft von der Auferweckung Jesu Christi von den Toten um die radikale Infragestellung, ja Bestreitung der Grundlage seiner bisherigen, am Gesetz orientierten Frömmigkeit ging: Hatte das Gesetz mit seiner Verurteilung und Verfluchung Jesu als todeswürdigen Gotteslästerer Recht, dann mussten die Christen mit ihrem (offensichtlich falschen) Glauben an die Auferweckung des Gekreuzigten durch Gott mit allen Mitteln zum Schweigen gebracht werden. Hatten dagegen die Christen mit ihrem Glauben an den auferstandenen Jesus Christus Recht, dann war damit die Tora grundsätzlich in Frage gestellt. Dann stand aber der Pharisäer und Christenverfolger Paulus vor dem Scherbenhaufen seiner bisherigen Überzeugungen. Dieser Konflikt wurde nicht *von*, wohl aber *für* Paulus dadurch entschieden, dass ihm der auferstandene Jesus Christus – ungesucht und wider Willen – selbst begegnete.[307]

Damit stehen wir vor der *dritten* Frage: Worin bestand die Lebenswende, die Paulus durch die Begegnung mit dem auferstandenen Christus widerfuhr?

Das sogenannte Damaskuserlebnis, in dem der auferstandene Christus Paulus begegnete und ihn mit den Worten zur Rede stellte: „Saul, Saul, was verfolgst du mich? ... Steh auf und geh in die Stadt; da wird man dir sagen, was du tun sollst" (Apg 9,4-6), wurde für Paulus zur *Bekehrung* und zur *Berufung*.

---

307) Siehe 1Kor 15,8; Gal 1,15 f.; Apg 9,1-9; 22,3-16 und 26,9-18.

7.4 Paulus

Die *Bekehrung* bestand darin, dass ihm sein bisheriges Vertrauen auf das Gesetz als Weg zum Heil zerbrach und ein neues Vertrauen auf den Glauben an Jesus Christus zuteilwurde, so dass er im Rückblick sagen konnte:

> „Was mir Gewinn war, das habe ich um Christi willen für Schaden erachtet. Ja, ich erachte es noch alles für Schaden, gegenüber der überschwänglichen Erkenntnis Christi Jesu, meines Herrn. Um seinetwillen ist mir das alles ein Schaden geworden, und ich erachte es für Dreck, auf dass ich Christus gewinne und in ihm gefunden werde, dass ich nicht habe meine Gerechtigkeit, die aus dem Gesetz, sondern die durch den Glauben an Christus kommt, nämlich die Gerechtigkeit, die von Gott kommt durch den Glauben." (Phil 3,7-9)

Die Bekehrung des Paulus bestand also in der *Hinwendung* zu Christus als Heilsweg und in der daraus folgenden *Abwendung* vom Gesetz als Heilsweg. Das ist die Wende vom Gesetz zum Evangelium als Weg zum Heil. Und das heißt: Es ist die Wende von dem, was *wir zu tun haben*, weil es uns von Gott geboten ist, hin zu dem, was *Gott für uns in Jesus Christus getan hat*. Und weil das Gesetz Gehorsam fordert und das Evangelium zum Glauben einlädt, darum ist es zugleich die Wende vom Gehorsam zum Glauben als Heilsweg. Aber damit sind Gesetz und Gehorsam für Paulus nicht hinfällig geworden. Nach wie vor gilt, dass das Gesetz von Gott „zum Leben gegeben" und „heilig, gerecht und gut" ist (Röm 7,10-12). Wieso taugt das Gesetz dann aber nicht als Heilsweg? Die Antwort ist eine zweifache:

– Erstens: Das Gesetz ist dazu zu schwach; denn es *appelliert* zwar an das Begehren, Wollen und Tun des Menschen, aber es kann dadurch allenfalls bewirken, dass bestimmte *Tatsünden* unterlassen werden, nicht aber, dass sich das *Begehren und Wollen* des Menschen von Grund auf ändert. Im Gegenteil: Wenn das Gesetz sagt: „Du sollst nicht das begehren, was dir nicht zusteht", dann kann es dadurch dieses Begehren sogar reizen und wecken: „Denn ich wüsste nichts von der Begierde, wenn das Gesetz nicht gesagt hätte (Ex 20,17): ‚Du sollst nicht begehren!' Die Sünde aber nahm das Gebot zum Anlass und erregte in mir Begierden jeder Art; denn ohne das Gesetz war die Sünde tot." (Röm 7,7 f.)[308]

– Zweitens: Das Gesetz verleitet den Menschen dadurch, dass es an sein *Tun und Lassen* appelliert, dazu, sich das Unterlassen des Bösen und das Tun des Guten als seine *eigene Leistung* gutzuschreiben, deren er sich vor Gott und den Menschen „rühmen"[309] kann und die Gott gegenüber einen Anspruch auf Lohn zu begründen scheint. Damit wird aber das Gott-Mensch-Verhältnis von Grund auf verkehrt, als hätte der Mensch Gott gegenüber Ansprüche zu erheben, die Gott zu erfüllen habe.

Aber muss diese Situation nicht einfach hingenommen werden? Gibt es aus ihr einen Ausweg? Den neuen Weg hat

---

308) Diese Einsicht wird bestätigt durch das Märchenmotiv von dem *einen* Raum, der nicht geöffnet werden darf. Aber gerade dieses *Verbot* weckt eine unwiderstehliche Neugier, so dass genau das geschieht, was verboten ist.

309) Diese Kritik am Sich-Rühmen ist schon durch Jer 9,22 f. vorbereitet und wird bei Paulus und seinen Schülern in 1Kor 1,29–31; 4,7; Gal 6,14 und Eph 2,9 aufgenommen.

Paulus in seiner Bekehrung gefunden und mit den Worten beschrieben: „Ich schäme mich des Evangeliums nicht; denn es ist eine Kraft Gottes, die selig macht alle, die glauben, die Juden zuerst und ebenso die Griechen." (Röm 1,16)

Die Kraft Gottes, die im Evangelium erfahrbar wird, weckt den Glauben an die Rechtfertigung, Heiligung und Erlösung, die von Gott her geschieht und vom Menschen im Glauben nur angenommen werden kann und muss, um ihn sowohl ins rechte Verhältnis zu Gott zu setzen als auch in ihm die „Frucht" hervorzubringen, die in Gal 5,22 f. mit den Worten beschrieben wird: „Die Frucht aber des Geistes ist Liebe, Freude, Friede, Geduld, Freundlichkeit, Güte, Treue, Sanftmut, Keuschheit; gegen all dies steht kein Gesetz."

Das heißt: Die wirksame Ausrichtung auf das Gute, die vom Gesetz zwar gefordert, aber nicht hervorgebracht wird, entsteht durch den Glauben an das Evangelium, der einen neuen, nämlich den Heiligen Geist mit sich bringt, durch den Menschen von innen heraus verändert werden und von Herzen das Gute tun. So wird der lebensdienlichen Forderung des Gesetzes Genüge getan, aber nicht aufgrund der Forderung des Gesetzes, sondern durch die Kraft des Evangeliums, das im Glauben angenommen wird. Was das Gesetz mit seinem Fordern, Drohen und Anklagen nicht hervorbrachte, bringt das Evangelium zustande.

Nun zur *vierten* und letzten Frage: Welche Bedeutung bekam die Bekehrung und Berufung des Paulus für die Christenheit?

Die *Bekehrung* des Paulus zum Glauben an Christus

schließt seine *Berufung* zum Apostel (auch) der „Heiden", also der Nicht-Juden, ein, die er in der oben zitierten Stelle aus Röm 1,16 als „Griechen" bezeichnet. Das ist die wahrhaft revolutionäre Konsequenz und Veränderung, die sich aus seiner Bekehrung für die Christenheit ergibt. Paulus wurde durch seine Begegnung mit dem auferstandenen Christus dessen gewiss, dass niemand sich zunächst dem Gesetz und seinen Forderungen unterwerfen muss, um ins rechte Verhältnis zu Gott zu kommen. Daraus folgt, dass der Bund, den Gott durch und mit Abraham und Mose geschlossen hat, *geöffnet* wird für *alle* Menschen. Israel ist dadurch keinesfalls aus dem Bund ausgeschlossen, aber die Nicht-Juden werden in den Bund mit Gott *einbezogen*. Das neue Volk Gottes besteht aus Juden *und* Heiden. Damit ist der direkte Zugang zum Bund mit Gott durch das Evangelium von Jesus Christus für alle Menschen frei. Diese Erkenntnis hat Paulus dem frühen Christentum mitgegeben. Von daher kann man die folgenden Verse aus dem Römerbrief des Apostels Paulus als Summe seiner Theologie bezeichnen:

> „So halten wir nun dafür, dass der Mensch gerecht wird ohne des Gesetzes Werke, allein durch den Glauben. Oder ist Gott allein der Gott der Juden? Ist er nicht auch der Gott der Heiden? Ja gewiss, auch der Heiden. Denn es ist der eine Gott, der gerecht macht die Juden aus dem Glauben und die Heiden durch den Glauben." (Röm 3,28–30)

Hieran wird noch einmal sichtbar, welche zentrale Bedeutung der Glaube für Paulus, sein Leben, sein Wirken und seine Theologie (bekommen) hat.

8
Glaube in der reformatorischen Theologie[310]

8.1 Luthers reformatorische Entdeckung

Von Martin Luther wissen wir, dass er, bevor er zum Reformator wurde, etwa zehn Jahre lang als Mönch im Kloster um die Frage gerungen hatte: „Wie kann ich vor Gott bestehen?"[311] Aber dieser Frage war eine Kindheits- und Jugendgeschichte vorausgegangen, die man auch in den Blick nehmen muss, um zu verstehen, warum ihn diese Frage so umtrieb und quälte. Martin Luther hat drei „Erbschaften" mitbekommen:

Die erste kam von seiner *Mutter* und an ihr hat er wohl bis in sein Alter getragen. Martins Mutter war eine strenge, zur Schwermut neigende Frau. Sie hat ihrem Sohn

---

310) Siehe zu diesem ganzen Kapitel den Band 13 des Handbuchs systematischer Theologie, den Martin Seils unter dem Titel „Glaube" verfasst und 1996 in Gütersloh veröffentlicht hat, bes. S. 21–148.
311) Die gängige Formulierung: „Wie kriege ich einen gnädigen Gott?" trifft Luthers Frage nicht genau. Dort, wo er sie in einer Predigt verwendet (WA 37,661,23 f.), sagt er: Ich habe „immer gedacht: O, wann willst du einmal fromm werden und genug tun, *damit du einen gnädigen Gott kriegst?*" Was ihn umtreibt, ist die Frage, wie es ihm gelingen könnte, das Gebot der Gottesliebe von ganzem Herzen zu erfüllen und so in Gottes Gericht zu bestehen.

in jungen Jahren ein schreckliches Lied beigebracht und mit auf seinen Lebensweg gegeben, an das er sich noch als reifer Mann erinnerte. Es hieß: „Mir und dir ist keiner hold, das ist unser beider Schuld."[312] Man ahnt, was es bedeutet, wenn ein Kind mit einer solchen Botschaft aufwächst, die ihm von der eigenen Mutter mitgegeben wird: Niemand mag uns, und daran sind wir auch noch selbst schuld. Was kann ein Kind da eigentlich anderes tun, als mit allen Kräften zu versuchen, sich doch als liebenswert zu erweisen? Und Martin hat das offenbar immer wieder versucht.

Zweitens gab es das Vermächtnis des *Vaters*. Der war ein Bergmann, der es zu etwas gebracht und sich im Schiefertagebau selbstständig gemacht hatte. Er hat seinem Sohn die Devise mitgegeben: Man muss eine gute Ausbildung haben, eine reiche Frau heiraten und sich darum bemühen, in der Gesellschaft angesehen zu sein, dann ist man ein gemachter Mann. Weil der Vater mitbekommen hatte, wie viel Geld man als Jurist verdienen kann – zum Beispiel an den Streitigkeiten um Schürfrechte – verordnete er seinem begabten Sohn Martin ein Jurastudium. Gleichzeitig sah er sich für ihn schon einmal nach einer reichen Braut um. Und da der Vater immer aufs vierte Gebot pochte, ging Martin als gehorsamer Sohn diesen Weg und fing an, in Erfurt zu studieren, um Jurist zu werden.

Aber im Sommer 1505 geht Martin mitten im Semester von seiner Universität in Erfurt nach Mansfeld ins elterliche Wohnhaus. Wir wissen nicht warum. Vielleicht hatte

---

312) Siehe dazu M. Brecht, Martin Luther, Bd. 1, Stuttgart ³1990, S. 19.

8.1 Luthers reformatorische Entdeckung

der Vater eine passende Braut gefunden und wollte den Sohn für sie gewinnen. Am 5. Juli jedoch, auf dem Rückweg von Mansfeld nach Erfurt, schlägt bei Stotternheim in einem schweren Gewitter dicht neben Martin ein Blitz ein, und er ruft: „Hilf, Heilige Anna, ich will ein Mönch werden." Wie kommt der Jurastudent Martin Luther darauf, so etwas zu geloben?

Das kann man nur verstehen, wenn man weiß, dass Luther während seiner Gymnasialzeit, als er bei den angesehenen Verwandten seiner Mutter in Eisenach wohnte, noch ein anderes, *drittes Lebensmuster* kennengelernt hatte – neben dem der Mutter und dem des Vaters. Bei seinem mehrjährigen Aufenthalt in Eisenach lernt er Menschen kennen, die zur Oberschicht der Gesellschaft gehörten, sich damit aber nicht zufriedengaben, sondern nach noch Höherem strebten: nach einem sicheren Weg zur *ewigen Seligkeit*. Den suchten sie dadurch zu finden, dass sie ihren Reichtum und ihre Macht aufgaben und ins Kloster gingen, um als Bettelmönche durch die Straßen zu ziehen und von dem zu leben, was die Menschen ihnen an Almosen zukommen ließen. Dadurch war Luther darauf vorbereitet, dass es gegenüber dem Leben in der Familie, dem Erfolg im Beruf und dem Ansehen in der Gesellschaft noch einen anderen Weg geben könnte – den Weg der sogenannten Vollkommenen. Der bestand darin, sich mit den klösterlichen Gelübden der Armut, der Keuschheit und des Gehorsams weit mehr an Entsagung aufzuladen als die normalen Christen. Dafür durften sie aber meinen, mit Sicherheit in Gottes Gericht bestehen und in die ewige

Kapitel 8: Glaube in der reformatorischen Theologie

Seligkeit eingehen zu können. Luther muss außerdem durch mehrere Todesfälle, die an der Universität geschehen waren, mit der Frage nach seinem eigenen ewigen Schicksal konfrontiert worden sein. Durch all das war er darauf vorbereitet, bei diesem lebensbedrohlichen Blitzschlag Anna, der Schutzheiligen der Bergleute, das Mönchsgelübde zu geben.

Trotz des dagegen gerichteten scharfen väterlichen Protests und Zorns, zögerte Luther nicht, sein Gelöbnis in die Tat umzusetzen. Er verkaufte seine juristischen Bücher und bat um Aufnahme in das Erfurter Kloster der Augustiner-Eremiten. Nun glaubte er, den Ort und den Weg gefunden zu haben, an und auf dem seine Hoffnung, vor Gott bestehen zu können, in Erfüllung gehen würde.

Aber diese Hoffnung wird in seiner Klosterzeit enttäuscht. Er findet diese Gewissheit nicht, obwohl er sich nichts an Enthaltsamkeit, Disziplin und Inanspruchnahme der Beichte im Rahmen des Bußsakraments erspart. Dabei hat er gesagt – und andere haben das bestätigt –, er habe keine Schwierigkeiten mit den Klostergelübden Armut, Keuschheit und Gehorsam gehabt. Sein Problem lag viel tiefer. Er entdeckte, dass er bei all dem, was er an kirchlichen Vorschriften und an biblischen Geboten befolgte, keinen Frieden mit Gott fand. Die *Liebe zu Gott*, die Gott als Erfüllung des höchsten Gebots fordert, fehlte ihm. Er konnte sie nicht in sich hervorbringen. Warum? Weil alle Versuche, Gott zu lieben, nicht aus Liebe zu Gott geschahen, sondern der *Selbstliebe* in Gestalt der Angst vor Gottes ewigem Verdammungsurteil entstammten. Ein Liebesgebot, dessen Nichterfüllung mit der Androhung ewiger Strafe verbunden ist, appelliert an nichts anderes als an die Angst und Selbstliebe der Menschen. Das ist ein Teufelskreis, aus dem man nicht von selbst entrinnen kann.

Aber dann macht Luther – als Doktor der Theologie und Professor für biblische Wissenschaften – im Kloster seine im Folgenden beschriebene reformatorische Entdeckung, die für ihn zu einer Befreiungserfahrung erster Ordnung wird:[313]

> „Inzwischen war ich in diesem Jahr bereits wieder zum Psalter zurückgekehrt, um ihn ein zweites Mal auszulegen, im Vertrauen darauf, dass ich jetzt dafür geübter wäre, nachdem ich die Briefe des Paulus an die Römer und Galater und den an die Hebräer in Vorlesungen behandelt hatte. Ein ganz ungewöhnlich brennendes Verlangen hatte mich gepackt, Paulus im Römerbrief zu verstehen; aber nicht Kaltherzigkeit hatte mir bis dahin im Wege gestanden, sondern ein einziges Wort, das im ersten Kapitel steht: „Gottes Gerechtigkeit wird darin offenbart." (Röm. 1,17) Denn ich hasste diese Vokabel „Gerechtigkeit Gottes", die ich durch die übliche Verwendung bei allen Lehrern gelehrt war philosophisch zu verstehen von der sogenannten formalen oder aktiven Gerechtigkeit, mittels derer Gott gerecht ist und die Sünder und Ungerechten straft.
>
> Ich aber, der ich, so untadelig ich auch als Mönch lebte, vor Gott mich als Sünder von unruhigstem Gewissen fühlte und mich nicht darauf verlassen konnte, dass ich durch meine Genugtuung versöhnt sei, liebte nicht, nein, hasste den gerechten und

---

[313] WA 54,185,12–186,20. Ich zitiere hier die Übersetzung aus Bd. 1 der von K. Bornkamm und G. Ebeling herausgegebenen „Werke Luthers", Frankfurt/Main 1982, S. 22–24.

Kapitel 8: Glaube in der reformatorischen Theologie

die Sünder strafenden Gott und war im stillen, wenn nicht mit Lästerung, so doch allerdings mit ungeheurem Murren empört über Gott: Als ob es wahrhaftig damit nicht genug sei, dass die elenden und infolge der Erbsünde auf ewig verlorenen Sünder mit lauter Unheil zu Boden geworfen sind durch das Gesetz der zehn Gebote, vielmehr Gott durch das Evangelium zum Schmerz noch Schmerz hinzufüge und auch durch das Evangelium uns mit seiner Gerechtigkeit und seinem Zorn bedrohe. So raste ich wilden und wirren Gewissens; dennoch klopfte ich beharrlich an eben dieser Stelle bei Paulus an mit glühend heißem Durst, zu erfahren, was St. Paulus wolle.

Bis ich, dank Gottes Erbarmen, unablässig Tag und Nacht darüber nachdenkend, auf den Zusammenhang der Worte aufmerksam wurde, nämlich: „Gottes Gerechtigkeit wird darin offenbart, wie geschrieben steht: Der Gerechte lebt aus Glauben." Da begann ich, die Gerechtigkeit Gottes zu verstehen als die, durch die als durch Gottes Geschenk der Gerechte lebt, nämlich aus Glauben, und dass dies der Sinn sei: Durch das Evangelium werde Gottes Gerechtigkeit offenbart, nämlich die passive, durch die uns der barmherzige Gott gerecht macht durch den Glauben, wie geschrieben ist: „Der Gerechte lebt aus Glauben." Da hatte ich das Empfinden, ich sei geradezu von neuem geboren und durch geöffnete Tore in das Paradies selbst eingetreten. Da zeigte mir sofort die ganze Schrift ein anderes Gesicht. Ich durchlief dann die Schrift nach dem Gedächtnis und sammelte entsprechende Vorkommen auch bei anderen Vokabeln: z. B. Werk Gottes, das heißt: was Gott in uns wirkt; Kraft Gottes, durch die er uns kräftig macht; Weisheit Gottes, durch die er uns weise macht; Stärke Gottes, Heil Gottes, Herrlichkeit Gottes.

Wie sehr ich vorher die Vokabel „Gerechtigkeit Gottes" gehasst hatte, so pries ich sie nun mit entsprechend großer Liebe als das mir süßeste Wort. So ist mir diese Paulus-Stelle wahrhaftig das Tor zum Paradies gewesen. Später las ich Augustins Schrift Über den Geist und den Buchstaben. In ihr bin ich wider Erwarten darauf gestoßen, dass auch er die Gerechtigkeit Gottes ähnlich erklärt: als die, mit der Gott uns bekleidet, indem er uns rechtfertigt. Und obwohl dies noch unvollkommen gesagt ist und in bezug auf die Zurechnung der Gerechtigkeit nicht klar alles erläutert, gefiel es mir doch, dass dort als Gerechtigkeit Gottes die gelehrt wird, durch die wir gerechtfertigt werden."

Worin bestand diese reformatorische Entdeckung, die eine so gewaltige, befreiende, heilsame Wirkung auf Luther und durch ihn auf weite Teile der abendländischen Christenheit ausgeübt hat? In ihrem Kern besteht Luthers reformatorische Entdeckung in der Einsicht, dass die „Gerechtigkeit Gottes", von der im Alten und Neuen Testament immer wieder die Rede ist, nicht philosophisch (das heißt: im Anschluss an Aristoteles[314]) als „aktive Gerechtigkeit" zu verstehen ist, aufgrund deren Gott ein gerechter Richter ist, der „die Sünder und Ungerechten straft", sondern – in Übereinstimmung mit der Bibel – als „passive" Gerechtigkeit, „durch die uns der barmherzige Gott gerecht macht durch den Glauben". Doch was ist damit eigentlich gemeint?

Analysiert man die Sätze, in denen Luther seine reformatorische Entdeckung beschreibt, etwas genauer, so zeigt sich, dass sie einige merkwürdige Formulierungen und Wendungen enthalten.

– So fällt zunächst auf, dass in Luthers Aussagen das Wort „Gerechtigkeit" bzw. „gerecht" regelmäßig *zweifach*

---

314) Dessen Gerechtigkeitstheorie findet sich im Buch 5 seiner Nikomachischen Ethik.

vorkommt: Die passive Gerechtigkeit ist, als Gerechtigkeit *Gottes* (!), diejenige Eigenschaft, Tätigkeit oder Kraft, durch die Gott *uns* (!) *gerecht* macht. Das ist eine etwas verwirrende Aussage; denn wenn die Gerechtigkeit als „passiv" bezeichnet wird, ist man geneigt anzunehmen, es handle sich lediglich um die dem *Menschen* von Gott her *zuteilwerdende* Gerechtigkeit. Dem Wortlaut nach definiert Luther aber an dieser Stelle die Gerechtigkeit *Gottes*, und er definiert sie als die Gerechtigkeit, *durch die* uns der barmherzige Gott gerecht macht. Das heißt, Luther wendet den Ausdruck „passive Gerechtigkeit" sowohl auf Gott als auch auf den Menschen an. Passive Gerechtigkeit scheint also gleichzeitig ein *Wirken* Gottes *und* dessen *Auswirkung* beim Menschen zu sein. Das verbindet sich mit der weiteren Frage, ob das Adjektiv „gerecht" vom Menschen im selben Sinne ausgesagt wird wie von Gott oder ob der Begriff hier doppeldeutig gebraucht wird.

– Sodann fällt auf, dass Luther sagt, *Gott* sei es, der gerecht mache, und dies geschehe *durch den Glauben*. Das nötigt dazu, das Verhältnis von Gott und Glauben näher zu bestimmen. Ist Gott dabei als der Urheber des Glaubens zu denken?

– Schließlich stellt sich die Frage, worin bei alledem die Gerechtigkeit des Menschen *besteht*.

Aufgrund der *einen* oben zitierten Formulierung allein sind alle diese Fragen nicht zu beantworten. Man muss auch hier – wie Luther selbst – „auf den Zusammenhang der Worte" achten, um den Sinn der Aussage und damit der reformatorischen Entdeckung zu verstehen. Er beschreibt sie folgendermaßen: „Da begann ich, die Gerechtigkeit Gottes zu verstehen als die, durch die als durch Gottes Geschenk der Gerechte lebt, nämlich aus Glauben."

Die eben genannten Doppeldeutigkeiten und Unklarheiten kehren hier wieder:

– die Verwendung von „Gerechtigkeit" bzw. „gerecht" in Anwendung sowohl auf Gott als auch auf den Menschen;

– die Bezeichnung der passiven Gerechtigkeit Gottes als diejenige, „durch die" der Gerechte lebt;

– schließlich auch der Verweis auf den Glauben als dasjenige, aus dem der Gerechte lebt, ohne dass das Verhältnis von „Glaube" und „Wirken Gottes" dabei geklärt würde.

Das erneute Auftauchen dieser Fragen zeigt, dass Luther an der zuerst zitierten Stelle offenbar *nicht ungenau*, sondern *sehr überlegt* formuliert hat. Wie aber sind diese Aussagen dann zu verstehen? Aus dem Text geht hervor, dass Luther tatsächlich „Gerechtigkeit Gottes" *zweifach* versteht: einerseits als ein *Wirken* Gottes, andererseits als das *Ergebnis* dieses Wirkens. Aber wie kann man auf Gottes Wirken und auf das Ergebnis dieses Wirkens am Menschen *denselben Begriff Gerechtigkeit* anwenden?

Luther versteht „Gerechtigkeit" in Anwendung auf Gott als seine *Barmherzigkeit*. Beim Menschen besteht dagegen die Gerechtigkeit – Luther zufolge – im *Glauben*. Gibt es aber eine Interpretationsmöglichkeit, die es erlaubt, die Barmherzigkeit Gottes und den Glauben des Menschen mit demselben Begriff „Gerechtigkeit" zu be-

Kapitel 8: Glaube in der reformatorischen Theologie

zeichnen? *Das ist meines Erachtens die Schlüsselfrage zum Verstehen von Luthers reformatorischer Entdeckung.*

Um sie beantworten zu können, liegen durch die alttestamentliche Forschung des 20. Jahrhunderts die Mittel bereit. Es hat sich gezeigt, dass die üblicherweise mit „Gerechtigkeit" übersetzten altorientalischen und alttestamentlichen Begriffe (*ma'at* und *s^{e}daqah*) besser *nicht* wiederzugeben sind durch „Gerechtigkeit", *sondern* durch Begriffe und Formulierungen wie „Gemeinschaftstreue", „gemeinschaftsgemäßes Verhalten" oder auch „lebensdienliche Weltordnung".[315]

Wenden wir diese Einsichten, die schon Luther der Sache nach vorweggenommen hat, auf unsere Fragestellung an, so lässt sich sagen: Die *Barmherzigkeit* ist *Gottes* Gemeinschaftstreue gegenüber dem Menschen, also seine „Gerechtigkeit". Und der *Glaube*, ist die Gemeinschaftstreue des *Menschen* gegenüber Gott, also dessen „Gerechtigkeit". „Gemeinschaftstreue" ist also der gesuchte Oberbegriff für „Barmherzigkeit" und „Glauben".

Dem ist nur noch hinzuzufügen, dass es die *Verkündigung* der Barmherzigkeit Gottes ist, die den Glauben des Menschen weckt; dann haben wir den ganzen Textzusammenhang soweit entschlüsselt, wie das für das Verstehen der reformatorischen Entdeckung erforderlich und hier

---

315) Siehe dazu die alttestamentlichen Teilartikel über „Gerechtigkeit" in den großen Lexika und Enzyklopädien sowie die einschlägigen Monographien von K. Koch, SDQ im Alten Testament, Heidelberg 1953; H. H. Schmid, Gerechtigkeit als Weltordnung, Tübingen 1968 und von J. Assmann, Ma'at, München (1990) ²1995.

8.1 Luthers reformatorische Entdeckung

möglich ist. Von daher lässt sich nun zusammenfassend sagen: *Die reformatorische Entdeckung Luthers besteht in der Erkenntnis, dass die „Gerechtigkeit Gottes" die Gemeinschaftstreue ist, durch die Gott den Menschen „gerecht", das heißt, gemeinschaftstreu macht, indem er in ihm Glauben, das heißt Vertrauen auf Gottes Barmherzigkeit weckt.*

Man spürt dem Text, in dem Luther rückblickend seine reformatorische Entdeckung beschreibt, noch an, welche Umwälzung des Lebensgefühls von der Angst zur Freude, von der Gefangenschaft in die Freiheit, von der Verzweiflung zur Gewissheit, aus der Hölle ins Paradies mit diesem neuen, aus der Bibel gewonnenen Verständnis von „Gerechtigkeit" verbunden war.

Aus neutestamentlicher Sicht ist dem hinzuzufügen, dass das Glauben weckende und die „Gerechtigkeit" des Menschen schaffende Wirken Gottes *durch Jesus Christus* geschieht. Insofern ereignet sich die Rechtfertigung des Menschen vor Gott allein aus Gottes *Gnade*, allein im *Glauben* und allein durch *Christus*.[316]

Luther erkannte, dass dieses biblische Verständnis in der Umgangs- und Wissenschaftssprache nicht mit den griechischen, lateinischen und deutschen Begriffen für „Gerechtigkeit" verbunden ist. Deshalb hat er aus seiner reformatorischen Entdeckung in seinen Schriften von 1518

---

316) Siehe dazu W. Härle, Das vierfache Allein als Zentrum der reformatorischen Theologie, in: H. Munsonius (Hg.) Reformation und Gegenwart. Evangelisches Profil durch ein vierfaches „Allein"? Göttingen 2016, S. 11–30.

ab die Konsequenz gezogen, „Gerechtigkeit" durch das Wort „Frömmigkeit" zu ersetzen, das damals „Zuverlässigkeit" und „Vertrauenswürdigkeit" bedeutete.[317] Leider hat sich diese Lösung nicht als dauerhaft brauchbar erwiesen, weil die Bedeutung des Wortes „Frömmigkeit" sich schon bald in Richtung auf „Religiosität" gewandelt hat. Das ist einer der Gründe dafür, dass die am Begriff „Gerechtigkeit Gottes" gemachte reformatorische Entdeckung bis heute kaum in das allgemeine Bewusstsein eingedrungen ist. Denn auch wir heute verstehen unter „Gerechtigkeit" ganz selbstverständlich die Eigenschaft eines Richtenden, Urteilenden oder Handelnden, der jedem das gibt, was ihm zusteht, also das berühmte: „jedem das Seine" (*suum cuique*). Der Gerechtigkeitsbegriff und seine eindeutig *andere* Bedeutung in der Alltags- und Bildungssprache *verhindert* geradezu ein der Bibel und der Reformation angemessenes Verständnis von „Gerechtigkeit" als Gemeinschaftstreue.

8.2 Rechtfertigung allein durch den Glauben

Wie wir am Ende von Abschnitt 7.4 sahen, fasst der Apostel Paulus im Römerbrief sein Verständnis von der Rechtfertigung des Menschen vor Gott zusammen mit der Aussage, „dass der Mensch gerecht wird ohne des Gesetzes

---

317) Luther hat aus dem vorhandenen Adjektiv „from" bzw. „frum" das Substantiv „fromkeit" (= „Frömmigkeit") gebildet, um in seinen Schriften „Gerechtigkeit" im biblischen Sinn wiedergeben zu können. Darin sind ihm auch andere Reformatoren gefolgt. Siehe dazu V. Mätzke, Gerechtigkeit als ‚fromkeit', Leipzig 2013.

8.2 Rechtfertigung allein durch den Glauben

Werke, allein durch den Glauben" (Röm 3,28). Für Martin Luther wurde dieser Satz zum komprimiertesten Ausdruck seines Glaubens, seiner Verkündigung und seiner Theologie. Dagegen gab es seit dem 16. Jahrhundert und gibt es bis heute einen *philologischen Einwand*. Er lautet: Das Wort „allein" steht gar nicht im griechischen Urtext, sondern wurde von Luther erst eingefügt,[318] und damit erhalte die paulinische Aussage eine Zuspitzung, die so in ihr gar nicht enthalten sei. Das könne man als eine tendenzielle Verfälschung dieser Zentralaussage bezeichnen. Mit diesem kritischen Einwand hat Luther selbst sich mehrfach auseinandergesetzt. Er hat (natürlich) nie bestritten, dass das Wort „allein" nicht im griechischen Urtext steht, aber er hat die Einfügung dieses Wortes als philologisch sachgemäß verteidigt, und zwar folgendermaßen:

„Ebenso habe ich hier in Römer 3,28 sehr gut gewusst, dass im lateinischen und griechischen Text das Wort solum nicht steht, und die Papisten hätten mich das nicht zu lehren brauchen. Wahr ist es: Diese vier Buchstaben sola stehen dort nicht. Die Eselsköpfe schauen diese Buchstaben an wie die Kuh ein neues Tor, sehen aber nicht, dass gleichwohl die Bedeutung des Textes das sola in sich hat, und wenn man es klar und deutlich verdeutschen will, dann gehört es hinein. Denn ich habe nicht lateinisch oder griechisch reden wollen, als ich mir beim Dolmetschen vorgenommen hatte, deutsch zu reden. Das ist aber die Art unserer deut-

---

318) Dass diese Einfügung auch schon in vielen altkirchlichen und mittelalterlichen Auslegungen von Röm 3,28 vorgenommen wurde, also nicht Luthers Erfindung ist, hat J. A. Fitzmyer (Romans, London/New York 1993, S. 360 f.) gezeigt. Diesen Hinweis verdanke ich dem Römerbriefkommentar von M. Wolter, S. 271, Anm. 35.

Kapitel 8: Glaube in der reformatorischen Theologie

schen Sprache: Wenn sie von zwei Dingen redet, von denen man eines bejaht und das andere verneint, dann gebraucht man das Wort *solum* (nur) neben dem Wort nicht oder kein. So wenn man sagt: Der Bauer bringt nur Korn und kein Geld. Nein, ich habe jetzt wahrlich nicht Geld bei mir, sondern nur Korn. Ich habe nur gegessen, und noch nicht getrunken. Hast du nur geschrieben und nicht durchgelesen? Und dergleichen unzählige Beispiele im alltäglichen Sprachgebrauch.

Auch wenn die lateinische oder griechische Sprache diese Redeweisen nicht kennt, so kennt sie doch die deutsche und es ist ihre Art, dass sie das Wort allein oder nur hinzusetzt, damit das Wort nicht oder kein um so vollständiger und deutlicher sei. Denn obwohl ich auch sage: Der Bauer bringt Korn und kein Geld, so klingt doch der Ausdruck kein Geld nicht so vollständig und deutlich, wie wenn ich sage: Der Bauer bringt allein Korn und kein Geld. Und hier verhilft das Wort allein dem Wort kein dazu, dass es eine vollständige deutsche, klare Rede wird. Denn man soll nicht die Buchstaben in der lateinischen Sprache fragen, wie man deutsch reden solle, wie es diese Esel tun, sondern man muss die Mutter im Haus, die Kinder auf der Gasse, den einfachen Mann auf dem Marktplatz danach fragen und denselben auf den Mund sehen, wie sie reden und danach dolmetschen, so verstehen sie es denn und merken, dass man deutsch mit ihnen redet."[319]

Luthers Argumentation besagt – kurz zusammengefasst: Es ist eine Eigenart der *deutschen* Sprache, dass es bei der Gegenüberstellung einer verneinten und einer bejahten Aussage der Deutlichkeit, Klarheit und Verständlichkeit dient, wenn die bejahte Aussage mit einem „allein", „bloß" oder „nur" verbunden wird. Fehlt eines dieser Wörter, so wirkt die Aussage unvollständig. Weil (oder: wenn) das

---

319) DDStA 3,801,26–803,14.

aber bei der griechischen und lateinischen Sprache nicht so ist, kann dort das „allein" oder „nur" ohne Beeinträchtigung der Verständlichkeit fehlen.

Prüft man die von Luther genannten Beispiele, die man beliebig vermehren kann, so bestätigt sich in der Tat Luthers These im Blick auf die *deutsche* Sprache: Die Entgegensetzungen werden unklarer, wenn man das „allein", „bloß" oder „nur" weglässt. Ja, es kann geradezu so wirken, als könne es noch etwas Drittes, Nichtgenanntes geben, das zu ergänzen wäre. Dann müsste man freilich um der Verständlichkeit willen erwarten, dass im Kontext der Aussage dieses Dritte Erwähnung findet. In Luthers obigem Beispiel vom Bauern könnte das heißen: „Der Bauer bringt Korn und kein Geld, wohl aber andere Wertgegenstände als Zahlungsmittel". Damit würde aber die Ausgangssituation, in der es um die Entgegensetzung *zweier* Aussagen geht, verlassen. Davon kann aber in der Aussage von Röm 3,28 nicht die Rede sein. Es geht im Blick auf die Gerechtigkeit des Menschen vor Gott um die *Alternative*: nicht durch des Gesetzes Werke, sondern durch den Glauben, und das heißt: *allein* bzw. *nur* durch den Glauben.[320]

---

[320] Das wird auch in den neueren Kommentaren zum Römerbrief konfessionsübergreifend nicht bestritten. Schon im Römerbriefkommentar von O. Kuss (röm.-kath. [1957] ²1963, S. 134), heißt es: „Wie an allen ähnlichen Stellen, so ist auch für den bedeutungsvollen Text Röm 3,28 die Übersetzung ‚*allein* durch den Glauben' im Sinne der paulinischen Theologie die einzig mögliche, obwohl das Griechische auf die verbale Hervorhebung des ‚allein' verzichtet." Ebenso schreibt W. Klaiber (ev.-meth.) (Der Römerbrief, [2009] ²2012, S. 65 f.): „Paulus nennt hier eine klare Alternative: durch Glauben und *nicht durch Gesetzeswerke*. Luther hat den Sinn dieser

Kapitel 8: Glaube in der reformatorischen Theologie

Dass Luther nicht nur im Blick auf die *deutsche* Sprache, sondern auch mit Blick auf die *lateinische* Sprache recht hat, geht zum Beispiel aus dem 28. Artikel des Augsburgischen Bekenntnisses hervor, wo es an einer Stelle im *deutschen* Text heißt: der Irrlehre sei in der Kirche zu wehren „ohne menschliche Gewalt, sondern allein durch Gottes Wort". In der *lateinischen* Version heißt es hingegen: „sine vi humana, sed verbo". Das *solo* (allein) fehlt also im lateinischen Text.

Man kann allerdings bezweifeln, dass das auch – wie Luther annimmt – für die *griechische* Sprache ausnahmslos gilt, in der Paulus den Römerbrief geschrieben hat.[321] Gegen Luthers diesbezügliche Annahme spricht die Tatsache, dass in dem auf Röm 3,28 folgenden Vers der Gegensatz zwischen einem „Gott *allein* der Juden" und einem „Gott *auch* der Heiden" im Griechischen sehr wohl durch das Wort „allein" (*monon*) zum Ausdruck gebracht wird. Ganz ungebräuchlich ist eine solche Gegenüberstellung im Griechischen also offenbar nicht.

Kehren wir nach diesem Abstecher zum Thema „Rechtfertigung" zurück, dann stellt sich die Frage: Wie kann „Rechtfertigung allein durch den Glauben" als das Zen-

---

Gegenüberstellung ganz richtig wiedergegeben, wenn er übersetzt: *allein* durch den Glauben." Ähnlich schreibt M. Wolter (ev.) (Der Brief an die Römer, Teilband 1: Röm 1-8, 2014, S. 271): „Martin Luthers so berühmte wie umstrittene Ergänzung des Adverbs ‚allein' vor ‚durch Glauben' ist ohne jeden Zweifel sachgemäß ..."

321) Luther hatte während seiner Schulzeit zwar Latein, aber nicht Griechisch gelernt, sondern sich das Griechische erst später mit Hilfe von Philipp Melanchthon, der ein hervorragender Altphilologe war, angeeignet.

trum der reformatorischen Verkündigung und Theologie *heute* verstanden, verkündigt und geglaubt werden? Eine allgemeine Antwort vorab: Das ist jedenfalls nur so möglich, dass man die Verstehenshindernisse und Einwände, die an dieser Stelle bestehen, möglichst umfassend in den Blick nimmt und möglichst sorgfältig und ehrlich zu beantworten versucht. Das ist eine große Aufgabe, die auch im Rahmen eines solchen Buches über das Thema „Glaube" nur skizzenhaft in Angriff genommen werden kann, aber das soll wenigstens versucht werden.

8.2.1 *Verstehenshindernisse und Einwände*

Fragen wir nach den Verstehenshindernissen und Einwänden, die gegenüber der Rechtfertigungsbotschaft bestehen, so lassen sich zwei *Gruppen* bilden, die zwar untereinander zusammenhängen aber doch deutlich unterschiedliche Schwerpunkte haben: Da gibt es einerseits drei *sprachliche* Verstehenshindernisse, andererseits drei *inhaltliche* Einwände:

a) Sprachliche Verstehenshindernisse
– Was zunächst die *sprachlichen* Verstehenshindernisse anbelangt, so ist das Wort *Rechtfertigung* selbst schon ein erstes Hindernis – nicht etwa deswegen, weil es in unserer Alltags- und Umgangssprache nur selten vorkommt (solche selten gebrauchten Wörter können ja durchaus Aufmerksamkeit und angemessenes Verständnis wecken), sondern weil dort, wo in unserer Umgangs- oder Wissenschaftssprache vom „(Sich-)Rechtfertigen" oder von „Recht-

fertigung" die Rede ist, etwas ganz anderes, geradezu das *Gegenteil* dessen gemeint ist, was Paulus und Luther mit diesem Wort meinen. Während bei Paulus und Luther alles darauf ankommt, dass ein anderer, nämlich Gott um Jesu Christi willen den sündigen Menschen rechtfertigt, kennen und gebrauchen wir das Wort fast nur im Sinne von „Sich-rechtfertigen", und das heißt dann nichts anderes als: begründen und aufweisen, dass und inwiefern man in einer bestimmten Situation (sei es mit einer Aussage oder mit einer Handlung) recht hatte oder im Recht war. „Sich rechtfertigen" heißt in unserer Sprache: „Zeigen, dass man im Recht ist" und sei es auch nur deshalb, weil die Umstände so waren, dass man nicht anders, nicht besser handeln konnte. Schon die Vorstellung, dass ein Mensch einen *anderen* rechtfertigt, ist uns fremd, wir würden dann wohl eher sagen, dass wir ihn verteidigen. Aber noch vielmehr ist uns der Gedanke fremd, dass ein Mensch gerechtfertigt wird, der *gar nicht im Recht ist*, sondern sich vergangen hat, sich im Irrtum befindet, sich schuldig gemacht oder versagt hat. Das meine ich, wenn ich sage, das Wort „Rechtfertigung" sei selbst ein Hindernis für das Verstehen.

– Nicht besser steht es mit dem zweiten Wort, das in diesem Zusammenhang eine grundlegende Rolle spielt: „Gerechtigkeit" bzw. „gerecht".[322] An dem Satz aus Röm 1,17, dass im Evangelium die Gerechtigkeit Gottes offenbart werde, hat Luther in seiner Klosterzeit fast den Verstand verloren. Die Verfassung, in die er durch diesen Satz

---

322) Siehe hierzu oben Abschnitt 8.1.

8.2 Rechtfertigung allein durch den Glauben

geraten war, hat Luther rückblickend in einem Lied so beschrieben: „Die Angst mich zu verzweifeln trieb, dass nichts denn Sterben bei mir blieb, zur Höllen musst ich sinken" (EG 341,3). Warum trieb ihn dieser Satz in die Verzweiflung? Darum, weil Luther unter „Gerechtigkeit", wie er es bei Aristoteles und allen seinen Lehrern gelernt hatte, die Eigenschaft verstand, die jedem das zuteilwerden lässt, was er *verdient*. Als einen solchen gerechten Gott kannte Luther Gott, wie er sich im *Gesetz* offenbart. Aber wenn *das* auch die „Gerechtigkeit Gottes" sein sollte, die im *Evangelium* offenbar wird, worauf sollte der Mensch dann eigentlich noch hoffen? Wenn auch Christus nichts anderes wäre als der unbestechliche, eben gerechte Weltenrichter, der jedem zuteilwerden ließe, was er verdient – worauf sollte ein Mensch dann seine Hoffnung (im Leben und im Sterben) setzen? So verstand Luther über Jahre hin die paulinische Aussage, von der im Evangelium offenbarten Gerechtigkeit Gottes, bis sich ihm durch Gottes Erbarmen das biblische, befreiende Verständnis dieses Begriffs erschloss.

– Und schließlich gibt es noch ein drittes sprachliches Verstehenshindernis: das Wort „Glaube".[323] Wenn Paulus sagt, dass der Mensch gerecht werde ohne des Gesetzes Werke, allein durch den Glauben, dann klingt das für viele Menschen so, als würde damit gesagt: Nach reformatorischer Lehre komme es nicht darauf an, den Willen Gottes zu erfüllen und das von Gott Gebotene zu *tun*, sondern es komme nur darauf an, das Richtige zu *glauben* im Sinne

---

323) Vergleiche dazu oben Kap. 1.

von, es für wahr zu halten und ihm zuzustimmen, selbst wenn man möglicherweise davon gar nicht wirklich überzeugt ist. Was für eine Karikatur von Glauben?! Aber wie weit verbreitet ist diese Karikatur auch heute noch in den Köpfen und Herzen vieler Menschen außerhalb und innerhalb der Kirche?! Und deswegen ist wohl auch das Wort „Glaube" eher ein Hindernis als eine geöffnete Tür zum Verstehen dessen, was im reformatorischen Sinn „Rechtfertigung allein durch den Glauben" bedeutet.

b) Inhaltliche Einwände
Blicken wir nun auf die *inhaltlichen* Einwände, so ist die Lage nicht einfacher, sondern eher noch schwieriger.

– Da gibt es zunächst den Einwand, die Rechtfertigungslehre sei so untrennbar mit einem *Gottesbild* verbunden, das Gott als zornigen Richter darstellt, dass von daher das Gottesbild zutiefst verdunkelt werde und das Evangelium eigentlich nicht weiter reiche als bestenfalls zu einer nachträglichen Abminderung und Aufhellung dieses Bildes, weil dieser Richter seinen Zorn dann doch nicht an den schuldig gewordenen Menschen, sondern an seinem unschuldigen Sohn entlade. Aber wird denn dadurch das Bild von Gott freundlicher, wird es evangeliumsgemäßer? Ja, viele Menschen fragen, ist es nicht noch viel schlimmer, wenn wir es mit einem Gott zu tun haben, der seinen Sohn opfert, weil er nur durch das Blut eines Unschuldigen versöhnt werden kann? Der erste inhaltliche Einwand gegen die Rechtfertigungslehre richtet sich also gegen deren *Gottesverständnis*.

– Der zweite inhaltliche Einwand geht von dem aus, was in der Rechtfertigungsbotschaft über die Situation und über den Zustand des Menschen gedacht und gesagt wird. Luther konnte gelegentlich den Inhalt der biblisch-reformatorischen Theologie in der knappen Formel zusammenfassen, es gehe in ihr um nichts anderes als um den angeklagten und verlorenen Menschen und um den rechtfertigenden Gott bzw. Retter.[324] Aber dass der Mensch verloren sei, sich nicht selbst helfen könne und der Rettung bedürfe, das ist eine Botschaft, die insbesondere für den neuzeitlichen Menschen schwer zu hören und zu ertragen ist. Wenn Paulus sagt, Juden und Heiden seien „allesamt Sünder und ermangeln des Ruhmes, den sie bei Gott haben sollten" (Röm 3, 23), dann sagt Luther dazu: Das ist „das Hauptstück und der Mittelplatz dieser Epistel und der ganzen (Heiligen) Schrift"[325]. Viele Zeitgenossen – nicht nur außerhalb, sondern auch innerhalb der christlichen Kirchen – würden im Blick darauf eher von einer Herabsetzung des Menschen, von einem negativen Menschenbild sprechen und die Vermutung äußern, hier zeige sich, dass Humanismus und Aufklärung noch nicht wirklich in der christlichen Verkündigung angekommen seien. „Allesamt Sünder" – und darum der Rechtfertigung bedürftig? Das empfinden viele Menschen als eine Demütigung, die sie nicht nötig haben. Und auch das ist ein inhaltlicher

---

324) WA 40/II,328,1 f.: „subiectum Theologiae homo reus et perditus et deus iustificans vel salvator".

325) WADB 7,23 b (Randglosse zu Röm 3,23).

Einwand, dem die Rechtfertigungsbotschaft und -lehre heute begegnet, und er betrifft ihr *Menschenbild*.

– Der dritte inhaltliche Einwand begegnet häufig – nicht selten sogar von Kanzeln herab. Er lautet: „Nach Rechtfertigung und einem gnädigen Gott fragt doch heute kein Mensch mehr". Stattdessen würde heute – wie es dann oft heißt – viel radikaler gefragt, ob Gott überhaupt existiere, warum Gott das Übel in der Welt zulasse oder wie man statt eines gnädigen Gottes wenigstens einen gnädigen Nächsten finden könne. Das Thema „Rechtfertigung" erscheint vielen Menschen als *überholt* und *irrelevant* geworden. Wenn das zutreffen sollte, kann die evangelische Kirche darüber jedenfalls nicht einfach hinweggehen, sondern muss zumindest darüber nachdenken, ob und wodurch die Frage nach der Rechtfertigung des Menschen vor Gott sich *erledigt* hat, oder ob diese Frage zwar nach wie vor wichtig ist, den Menschen in der Neuzeit aber abhandengekommen ist, oder ob die Frage nach der Rechtfertigung – möglicherweise in einem anderen sprachlichen Gewand – durchaus *präsent* ist und auf eine überzeugende Antwort wartet.

Drei sprachliche Verständnisschwierigkeiten: „Rechtfertigung", „Gerechtigkeit" und „Glaube", und drei inhaltliche Einwände: Gottesbild, Menschenbild und Irrelevanz. Was kann man hierzu sagen? Lassen sich diese Probleme lösen?

8.2.2 Antwortversuche

Bei dem Versuch, diese Verständnisschwierigkeiten und Einwände aufzunehmen und soweit wie möglich zu beantworten, möchte ich in der umgekehrten Reihenfolge vorgehen, also mit den inhaltlichen Einwänden beginnen, denn nur in Verbindung mit *inhaltlich* überzeugenden Antworten können wir auch passende, verständliche *sprachliche* Ausdrucksformen finden. Aber um zu begründeten inhaltlichen Antworten zu kommen, ist es zunächst nötig, sich wenigstens kurz darüber zu verständigen, was die Rechtfertigungslehre im Sinne des Apostels Paulus und des Reformators Martin Luther besagt.

a) Der biblisch-reformatorische Ausgangspunkt
Ich wähle als Ausgangspunkt jenen mehrfach zitierten Satz aus Röm 3,28, der für Paulus wie für Luther die Summe der Rechtfertigungslehre ist: „So halten wir nun dafür [wir würden heute wohl sagen: So sind wir nun davon überzeugt], dass der Mensch gerecht wird ohne des Gesetzes Werke, allein durch den Glauben."[326]

Dieser Satz nimmt den Menschen in einer bestimmten Situation wahr, in der „Grundsituation als Gegenübersein", wie Gerhard Ebeling das genannt hat.[327] Was ist damit gemeint? Der Mensch wird hier nicht als *isoliertes In-*

---

[326] Die Bedeutung dieses Textes geht schon daraus hervor, dass Luther in den Jahren 1535-37 insgesamt 272 (!) Disputationsthesen für Promotionen verfasst hat, durch die er nur diesen *einen* Vers Röm 3,28 ausgelegt hat. Siehe dazu W. Härle, Die Entfaltung der Rechtfertigungslehre Luthers in den Disputationen von 1535-1537, in: Lutherjahrbuch 71, 2005, S. 211-228, sowie in: Ders., Menschsein in Beziehungen, Tübingen 2005, S. 21-37.

[327] G. Ebeling, Dogmatik des christlichen Glaubens, Bd. 3, Tübingen 1979, S. 210-219.

dividuum mit bestimmten Eigenschaften und Fähigkeiten in den Blick genommen, sondern als das *konkrete Beziehungswesen*, das wir vom Beginn bis zum Ende unseres Lebens tatsächlich sind: als Kind unserer Eltern, als Teil einer Großfamilie, als Angehörige eines Volkes, als Zeitgenosse in einer bestimmten geschichtlichen Situation und – in alledem – als Geschöpf Gottes.

Die Erfahrungen, die wir in diesen Beziehungen machen, entscheiden über etwas, was für das Menschsein von größter Bedeutung ist: über die Erfahrung, *angenommen oder abgelehnt* zu werden. Es gibt offenbar ein grundlegendes Bedürfnis jedes Menschen nach Akzeptanz und Bejahung, also nach Angenommenwerden (durch Gott, durch andere Menschen und durch sich selbst), das nicht weniger wichtig ist als das Bedürfnis nach Nahrung, Schutz, Pflege und sexuellen Kontakten. Ja, man kann wohl sagen, dass all das, was wir zur Erhaltung unseres Lebens brauchen, insbesondere deshalb für die menschliche Entwicklung wichtig ist, weil es auch ein Ausdruck der Anerkennung ist, ohne die Menschen seelisch krank werden, verkümmern oder zugrundegehen.

Solche Anerkennung wird uns, wenn es gut geht, von anderen Menschen zuteil, von den Eltern zuerst. Darum ist es so wichtig, dass Kinder von ihren Eltern und mit ihnen solche Erfahrungen der Anerkennung und des Angenommenseins machen. Sie wird uns, wenn es gut geht, auch zuteil von Lebensgefährten und Kindern, von Freunden, Nachbarn und Kollegen, von Erziehern und Lehrkräften und von anderen Menschen, denen wir in unserem Leben begegnen. Und das, was uns von unseren Mitmenschen her an Anerkennung zuteilwird, soll – wiederum: wenn es gut geht – Teil unseres Selbstwertgefühls und unseres Selbstbewusstseins werden. Wir müssen, nein: wir dürfen lernen, uns selbst zu akzeptieren, obwohl wir (vielleicht besser als andere) wissen, dass es manches an uns gibt, das nicht in Ordnung, sondern sogar inakzeptabel ist. Deshalb taucht unweigerlich die Frage auf: Wer entscheidet eigentlich letztgültig darüber, ob ich annehmbar bin – meine Mitmenschen oder ich selbst? Oder gibt es eine Instanz, von deren Annahme oder Ablehnung *letztlich* abhängt, welchen Wert ich habe, ob ich akzeptabel bin und mich darum auch selbst annehmen kann?

Für einen Menschen, der an Gott glaubt, ist das keine echte, sondern eine rhetorische Frage. Wer könnte darüber auch anders entscheiden als der Gott, der uns erschaffen und uns die Bestimmung unseres Lebens gegeben hat? Und darum ist aus der Sicht des Gottesglaubens, also auch aus christlicher Sicht, die Grundsituation des Menschen sein Gegenübersein *zu Gott* und das, was ihm darin und dabei zugesprochen und zuteilwird. Und darum ist es für das menschliche Leben ausschlaggebend, welcher *Maßstab* in dieser Gottesbeziehung gilt, worauf es in ihr ankommt. In anderen Worten gesagt. Woran es sich entscheidet, ob ein Mensch für Gott (und darum dann auch für sich selbst) annehmbar ist, von Gott akzeptiert wird, ob er Gott recht ist, und das heißt: ob er vor Gott *gerechtfertigt* ist.

Und hier greift nun der Satz aus Röm 3,28 ein, und zwar mit einer *Negation* und einer *Position*. Die Negation be-

Kapitel 8: Glaube in der reformatorischen Theologie

sagt: „nicht durch die Werke des Gesetzes". Die Position sagt: „allein durch den Glauben". Das ist schon deshalb eine zumindest überraschende, ja revolutionäre Aussage, weil es sich bei dem, was verneint wird, ja ausdrücklich um *die* Werke handelt, die durch *Gottes* Gesetz geboten sind – sei es durch die Zehn Gebote, durch die Bergpredigt oder durch welche andere Zusammenfassung von Geboten auch immer. Es ist naheliegend, dagegen einzuwenden: „Wozu sind uns denn von Gott Gebote gegeben, wenn nicht dazu, dass wir auf Grund ihrer Erfüllung für Gott annehmbar und akzeptabel, von ihm bejaht und gerecht gesprochen werden?" Luthers Antwort auf diese Frage lautet: Das Gesetz ist uns einerseits in seinem äußerlichen Sinn als gute Ordnung und Regel für unser menschliches Zusammenleben gegeben, andererseits, wenn wir es in seiner Tiefe als Konkretisierung des Gebotes der Gottes- und Nächstenliebe verstehen, als Spiegel, in dem wir erkennen sollen und können, wie es um uns bestellt ist. Aber es ist uns jedenfalls nicht gegeben als Anleitung, wie wir vor Gott gerecht, wie wir für Gott annehmbar werden. Warum das?

Die entscheidende Dreifachantwort, die sowohl Luther als der Sache nach auch schon Paulus auf diese Frage gibt, lautet:

– Das bloß äußerliche Tun der Werke des Gesetzes reicht nicht in die gefühlsmäßige Tiefe hinein, in der es sich entscheidet, ob wir den Willen Gottes wirklich erfüllen, indem wir nämlich Gott und unsere Nächsten *lieben*.

– Solange wir die Gebote erfüllen, um dadurch in Gottes Gericht bestehen zu können und uns Gottes Gnade zu verdienen, lieben wir nicht Gott und die Nächsten, sondern nur uns selbst und bleiben folglich das Gebotene schuldig.

– Wenn es von unseren Werken abhinge, ob wir für Gott anerkennenswert würden, könnten wir dies Gott gegenüber als Forderung erheben. Das hieße aber: Das Verhältnis zwischen Gott und Mensch wäre dann *verkehrt*. Gott würde zum Schuldner des Menschen.

Wir werden aber von Gott nicht angenommen aufgrund unserer guten Werke, sondern aufgrund seiner Gemeinschaftstreue. Wenn das der Kern der paulinisch-reformatorischen Rechtfertigungslehre ist, dann müssen wir uns Anerkennung, Lebensrecht, Würde und Wert nicht verdienen, weil sie uns von Gott um Christi willen gratis, das heißt aus Gnade, gegeben sind.

In seinem Bestseller „Der Klang"[328] erzählt der bekannte Geigenbauer Martin Schleske von folgender Gottesdiensterfahrung: „Ich erinnere mich an einen Gottesdienst während meiner Lehrzeit in Mittenwald. Es war während des Abendmahls. Neben mir stand ein geistig behinderter junger Mann. Als er an der Reihe war, die Hostie zu empfangen, sah er den Pfarrer an und fragte: „Was kostet das?" ... Der Pfarrer antwortete, ohne zu überlegen: „Es ist schon bezahlt!" Er wunderte sich hernach selbst über seine Antwort, denn er hatte spontan geantwortet und über die Doppeldeutigkeit dieses Wortes nicht nachgedacht."

b) Antworten auf die inhaltlichen Einwände
Kommen wir nun zu den eingangs genannten *inhaltlichen* Einwänden zurück, so lautete der Einwand, mit dem wir

---

328) M. Schleske, Der Klang (s. o. Kap. 2, Anm. 44), S. 298.

uns nun als erstem befassen wollen: Die menschliche Frage nach der Rechtfertigung vor Gott habe sich *erledigt* und sei damit *irrelevant* geworden. Der heutige Mensch frage nicht mehr danach, wie er vor Gott bestehen könne. An dieser These ist wohl richtig, dass Menschen heutzutage üblicherweise nicht mehr *mit diesen Worten* nach Gott fragen. Trotzdem möchte ich diesem Einwand die Behauptung entgegensetzen, dass Luthers Leitfrage auch in unserer heutigen Gesellschaft sehr wohl lebendig und sogar bedrängend gegenwärtig ist. Zwar empfinden sich Menschen heute wahrscheinlich nur ausnahmsweise vor Anforderungen *Gottes* gestellt und fürchten, ihnen nicht gerecht zu werden. Dafür sind aber die *menschlichen, gesellschaftlichen* Anforderungen umso mehr präsent. Das heißt: Das Forum, vor dem Menschen sich verantwortlich fühlen, die Standards, denen sie zu entsprechen versuchen, die Instanzen, von denen sie Anerkennung erhoffen und Ablehnung[329] befürchten, sind *irdisch* geworden, ohne dass sie damit *humaner* geworden wären. Und das gilt nicht nur für Erwachsene und für Jugendliche, die ihren Platz in der Gesellschaft suchen, sondern auch schon für Kinder. Wer nicht mithalten kann bei der Kleidung, in der schulischen oder beruflichen Leistung, im Sport, bei den Freizeitaktivitäten, bei der Wahl der Urlaubsziele, ist „weg vom Fenster", ist „nicht in", „den kann man vergessen", wie es geradezu vernichtend heißt.

---

329) Heutige Hauptformen solcher Ablehnung sind das Mobbing im Beruf oder in der Schule und die Bloßstellung im Internet.

8.2 Rechtfertigung allein durch den Glauben

Entscheidend ist dabei nicht so sehr der Inhalt der Erwartungen und Leistungsanforderungen, sondern vor allem deren *Stellenwert*: Hängt von ihrer Erfüllung ab, ob sich ein Mensch die Anerkennung und Daseinsberechtigung, ohne die niemand leben kann, erst verdienen muss oder ob er von dieser Zusage schon ausgehen kann und es „nur noch" um das geht, was ihm auf dieser Basis in seinem Leben gelingt oder nicht gelingt? Was für einen Unterschied das ausmacht, kann man daran feststellen, dass Menschen, die sich grundsätzlich bejaht und anerkannt wissen, viel eher in der Lage sind, ihre Talente und Kräfte unverkrampft und wirksam einzusetzen. Leistungsdruck, von dem der eigene Lebenswert abhängig gemacht wird, macht unsicher und verkrampft. Auch deshalb ist es entscheidend wichtig, ob ein Mensch sich seinen Wert und seine Würde erst erringen und verdienen muss[330] oder ob diese ihm mit seinem Dasein immer schon (vom ersten bis zum letzten Augenblick) gegeben sind.

In Gestalt *dieser* Fragen ist Luthers Ringen darum, vor Gott bestehen zu können, in unserer Gesellschaft geradezu allgegenwärtig – nur eben in der Regel ohne Bezugnahme auf Gott. Der entscheidende Unterschied zwischen Luther und unserer heutigen Situation liegt also darin, dass die Frage nach der Rechtfertigung des Menschen nicht mehr primär im Gegenüber zu Gott, sondern im Blick auf gesellschaftliche Instanzen gestellt wird. Aber die Frage, wie

---

330) Eine Umfrage unter Jugendlichen ergab: „Die Mehrheit der Befragten [glaubt], dass sich der Wert des Menschen vor allem an seiner Leistungsfähigkeit bemisst", in: SZ Nr. 75 vom 29.03.2012, S. 6.

man bestehen und die dafür erforderlichen Leistungen erbringen kann, ist geblieben.

Der Gießener Philosoph Odo Marquard hat sich in den zurückliegenden Jahrzehnten mehr als alle anderen Philosophen und mehr als die meisten Theologen mit dem Zusammenhang zwischen der „Theodizeefrage" und der „Rechtfertigung" beschäftigt.[331] Er hat darauf hingewiesen, dass mit dem Aufkommen des neuzeitlichen Atheismus die Theodizeefrage, als Frage nach der Rechtfertigung *Gottes* angesichts der Übel in der Welt, weitgehend negativ beantwortet wird,[332] aber dass sie dadurch keineswegs *verschwindet*, sondern dass sie sich in die Frage nach der Rechtfertigung des *Menschen* angesichts dieser Übel *verwandelt*. Dahinter steht die Logik: Wenn es keinen Gott gibt, dann wird der Mensch zum Alleinverantwortlichen und gnadenlos Angeklagten angesichts der Übel in der Welt. Unter dieser Überbelastung kann der Mensch aber

---

331) Siehe z. B. O. Marquard, Der angeklagte und der entlastete Mensch in der Philosophie des 18. Jahrhunderts (1978), in: Ders., Abschied vom Prinzipiellen, Stuttgart 1981, S. 39–66; Rechtfertigung, Bemerkungen zum Interesse der Philosophie an der Theologie, in: Gießener Universitätsblätter, Heft 1, 1980, S. 78–87; Entlastungen. Theodizeemotive in der neuzeitlichen Philosophie (1983), in: Ders., Apologie des Zufälligen, Stuttgart 1986, S. 11–32; Schwierigkeiten beim Ja-Sagen, in: W. Oelmüller (Hg.), Theodizee - Gott vor Gericht?, München 1990, S. 87–102.

332) In der ihm eigenen ironischen Sprache nennt Marquard dies „die Radikalisierung der Theodizee durch den Freispruch Gottes wegen der erwiesensten jeder möglichen Unschuld: der Unschuld wegen Nichtexistenz" (Ders., Rechtfertigung, a. a. O., S. 82). Zugleich zeigt Marquard auf, dass und warum dies neuzeitlich zum „Verlust der Gnade" (a. a. O., S. 83–85) führt: Weil es dem Menschen nicht zusteht, Gott zu begnadigen.

nicht aufrecht stehen und gehen, sondern nur zusammenbrechen oder zerbrechen. Was für ein Gewinn wäre es für unsere Gesellschaft demgegenüber, wenn wir Gott wiederfänden als den, von dem wir unser Leben im Gelingen und Scheitern dankbar und demütig annehmen können!? *Irrelevant* ist dieses Thema ganz bestimmt nicht.

Damit sind wir unversehens beim zweiten inhaltlichen Einwand gegen die reformatorische Rechtfertigungslehre angekommen: bei dem in ihr vorausgesetzten (vermeintlich negativen) *Menschenbild*. Dessen Sinn ist freilich gründlich missverstanden, wenn man darin das Bild eines moralisch verkommenen, minderwertigen Subjekts gezeichnet finden würde. Dass es auch das gibt, dass Menschen also tief sinken können, bestreiten die Reformatoren nicht. Aber nicht der verkommene, sondern gerade der moralisch hochstehende Mensch, der vermeintlich sich selbst nichts vorzuwerfen hat, ist nach reformatorischer Einsicht in der Gefahr zu verkennen, dass er der Rechtfertigung durch Gott bedürftig (und teilhaftig) ist. Wieso das? Deshalb, weil ihm der Blick für das verloren gehen kann, was Paulus in 1Kor 4,7 mit zwei rhetorischen Fragen auf den Punkt bringt: „Was hast du, das du nicht empfangen hast? Wenn du es aber empfangen hast, was rühmst du dich dann, als hättest du es nicht empfangen?"

Damit wird weder von Paulus noch von Luther in Frage gestellt, dass Menschen mit dem, was ihnen an Leichtem oder Schwerem, an Gaben oder Belastungen, an Glück oder Unglück zuteilgeworden ist und immer neu zuteilwird, höchst unterschiedlich umgehen können und dafür auch

KAPITEL 8: GLAUBE IN DER REFORMATORISCHEN THEOLOGIE

Verantwortung tragen. Was damit aber bestritten wird, ist eine Haltung, wie sie in folgenden Sätzen zum Ausdruck kommt: „Mir ist in meinem Leben nichts geschenkt worden", „Ich habe mir alles selbst verdienen müssen". Das stimmt ja einfach nicht, wie uns schon der Blick auf den Lebensanfang jedes Menschen zeigt und wie es sichtbar wird, wenn wir danach fragen, woher wir denn die Kraft, Gesundheit, Intelligenz und andere Fähigkeiten haben, mit der wir es im Leben zu etwas gebracht haben. Dass wir angewiesen sind auf das, was uns von Gott her zuteilgeworden ist und gegeben wird, ehe wir daraus und damit etwas anfangen können (und dann auch anfangen *sollen*), das ist nicht Ausdruck eines negativen Menschenbildes, sondern wohltuender Realismus. Søren Kierkegaard (1813–1855), der große dänische Philosoph, Theologe und religiöse Schriftsteller, hat Recht, wenn er sagt: „Es ist die höchste Vollkommenheit des Menschen, Gottes zu bedürfen."[333]

Rechtfertigung ohne des Gesetzes Werke heißt, dass jeder Mensch von einem Ja schon herkommt, das ihm auf bedingungslose (aber durchaus folgenträchtige) Weise Lebensrecht, Würde und die Bestimmung zum ewigen Leben in der Gemeinschaft mit Gott zuspricht. Das *kann* sich niemand verdienen und das *braucht* sich niemand zu verdienen, und dieses Ja Gottes gilt auch dem Menschen, der aus Verblendung, Schwäche, Trägheit oder Hochmut meint,

---

[333] S. A. Kierkegaard, Vier erbauliche Reden (1844), in: Gesammelte Werke, hg. v. E. Hirsch und H. Gerdes, 13. und 14. Abteilung, Gütersloh 1981, S. 12 ff. Die Begründung für diese anspruchsvolle These lautet: Mit etwas Geringerem ist dem Menschen nicht zu helfen.

seinen Lebensweg ohne Gott gehen zu können und zu sollen. Auch ihm gilt das Angebot, sein Leben im Vertrauen auf Gottes bedingungslose Gnade als Gabe anzunehmen.

In seinem bereits erwähnten „dramatischen Modell" der religiösen Entwicklung setzt Reiner Preul die soeben angesprochene „Grundalternative" zu Recht als für jedes menschliche (und nicht nur für das christliche) Leben gültig voraus:

> „... die menschliche Lebensgeschichte erweist sich in dieser lutherischen Perspektive zutiefst als eine *Geschichte des Vertrauens* – der Ausdifferenzierung, Umverteilung und Symbolisierung von Vertrauen –, ... in der es darum geht, Vertrauen im Wissen darum, was von welcher Instanz zu erwarten ist, jeweils richtig zu investieren, während falsch, d. h. auf der Gesetzesseite, angelegtes Urvertrauen immer auch das Selbstwertgefühl beschädigen wird mit allen mehr oder weniger pathologischen Folgen (Schwanken zwischen Größenwahn und Insuffizienzgefühlen etc.)".[334]

c) Sprachliche Konsequenzen

Freilich, solange uns die Botschaft, die in dieser Grundalternative enthalten ist, nicht *zugesprochen* wird, uns nicht erreicht, in uns nicht Glauben weckt, gleicht sie einem Guthaben, von dem wir nichts wissen, das unser Lebensgefühl und unsere Lebensführung nicht bestimmen kann, weil es zwar *da* ist, aber für uns keine Bedeutung bekommt. Deswegen betonen Paulus und Luther, dass die Rechtfertigung *verkündigt und geglaubt* werden muss, damit Menschen sich – und sei es mit dem Mut der Verzweif-

---

334) R. Preul, Ökumenisches Lernen (s. o. Kap. 6, Anm. 236), S. 108.

lung – an Christus hängen und so diese Botschaft in ihrem Leben wirksam wird. Deshalb steht im Zentrum unseres kirchlichen Auftrags die *Verkündigung des Evangeliums von Jesus Christus*, das die bedingungslose Rechtfertigung, die Annahme und Bejahung des Menschen zum Inhalt hat.

Daraus ergibt sich nun auch, was die *Rede* von der „*Rechtfertigung* allein durch den Glauben" meint und was dabei das Wort „Glaube" bedeutet: nichts anderes als das lebenstragende Vertrauen auf Gott, das durch die Verkündigung des Evangeliums in einem Menschen, wo und wenn Gott will, geweckt (und erhalten) wird. Dass dieses Vertrauen nicht nur die Antwort auf die Frage ist, wie uns von Gott her *Rechtfertigung*, das heißt: die Anerkennung und Bejahung, wirksam zuteilwird, durch die wir ins rechte Verhältnis zu Gott gesetzt werden, sondern dass in diesem Vertrauen auch die entscheidende Antwort auf die Theodizeefrage enthalten ist, das kann man – noch einmal – von Odo Marquard lernen.[335]

Von daher erschließt sich dann auch, was im biblischen Sinn die Rede von der „Gerechtigkeit" (Gottes und des Menschen) bezeichnet. Die Einsichten, die sich Luther – wie wir in Abschnitt 8.1 sahen – hierzu bereits am Anfang des 16. Jahrhunderts erschlossen haben, wurden durch die alttestamentliche und -orientalistische Forschung im 20. Jahrhundert eindrucksvoll bestätigt: „Gerechtigkeit" bedeutet nach biblischem Verständnis weder – wie bei Aristoteles –, dass jeder *bekommt*, was ihm zusteht,

---

335) Siehe oben Kap. 2, bei Anm. 40.

noch – wie bei Plato –, dass jeder *tut*, was seine Aufgabe ist, sondern „Gerechtigkeit" im biblischen Sinn ist das, was *Gemeinschaft* schafft und erhält. „Gerechtigkeit Gottes" ist die *Gemeinschaftstreue*, durch die Gott dem Menschen seine Barmherzigkeit zuspricht und erweist, und „Gerechtigkeit vor Gott" ist das dadurch geweckte *Vertrauen des Menschen* auf Gott, durch das er sich im Leben und im Sterben an den Gott hängen darf, der sich in Jesus Christus zum Heil der Welt offenbart hat. Und beide: Gottes Treue und das menschliche Vertrauen, sind dasjenige, was die Gemeinschaft zwischen Gott schafft, erhält und bewahrt. In dieser Treue Gottes und in dem durch sie geweckten Vertrauen des Menschen geschieht Rechtfertigung.

8.3 Und was ist mit den guten Werken?

Luthers reformatorische Entdeckung, in deren Zentrum die Bedeutung des Glaubens für die menschliche Gottesbeziehung steht, hat, wie wir in Abschnitt 7.4 sahen, ihre biblische *Vor*geschichte bei Paulus und sie hat bis heute zahlreiche *Nach*geschichten. Zumindest *eine* davon ist in der Neuzeit nicht nur kirchengeschichtlich, sondern sogar kirchen*gründend* relevant geworden: bei John Wesley (1703-1791), dem Gründer des Methodismus.

Sowohl in der Vorgeschichte von Luthers Reformation bei Paulus als auch in der Nachgeschichte bei Wesley sowie in Luthers eigener Geschichte spielte das Verhältnis der guten Werke zum Glauben eine ausschlaggebende Rolle. Daran lässt sich einerseits der *Gegensatz* zwischen Werken und Glauben, andererseits aber auch die *Zusammengehörigkeit* von Glauben und Werken beobachten.

In einem ersten Unterabschnitt (8.3.1) will ich diesen Gegensatz und Zusammenhang zunächst anhand der Lebensgeschichte von John Wesley vorstellen. Danach möchte ich in einem zweiten Unterabschnitt (8.3.2) zeigen, dass zwischen Paulus, Luther und Wesley sowohl ein biographisch-theologiegeschichtlicher *Zusammenhang* als auch in struktureller Hinsicht eine bemerkenswerte *Parallele* bestand, die Wesentliches über die Bedeutung des Glaubens für die Rechtfertigung und für sein Verhältnis zu den guten Werken aussagt.

8.3.1 John Wesley – Martin Luther – Paulus von Tarsus

Als anglikanischer Pfarrerssohn und Theologiestudent in Oxford bemühte sich John Wesley darum, eine äußerst intensive Form von christlichem Leben zu praktizieren. Er versuchte auf diese Weise den christlichen Glauben absolut ernst zu nehmen. Mit anderen Studenten zusammen bildete er einen „Holy Club" – ein wenig bespöttelt von den anderen, vielleicht aber auch etwas bewundert, jedenfalls aber beachtet. Und für diesen Holy Club wurden strenge Regeln ausgearbeitet, die wie ein Beichtspiegel formuliert waren, der für jeden Tag der Woche eine Reihe von Fragen enthielt, die man sich selbst zu stellen und zu beantworten hatte, zum Beispiel am Sonntag:

> „Bin ich in allem einfältig gewesen, habe ich *allein* auf Gott, mein Gut, mein Vorbild, mein Verlangen, meinen Herrn geblickt? Habe ich ganz und gar für ihn gearbeitet, habe ich jede Hand-

8.3 Und was ist mit den guten Werken?

lung, jede Stunde auf ihn gerichtet sein lassen? War die Bindung an ihn ununterbrochen in Kraft oder habe ich etwas getan, ohne mir vorher darüber Rechenschaft zu geben, ob es dem Willen Gottes entsprach? Habe ich mit Inbrunst gebetet? Habe ich das getan beim Eintritt in die Kirche und beim Weggang von ihr, in der Kirche selbst? Habe ich morgens, abends, mittags gebetet? Habe ich auch nicht mein Gebet unterbrochen und heimlich beobachtet, ob ich mit ganzer Seele dabei war? Habe ich das Gebet so oft wiederholt, bis ich jedes einzelne Wort in seinem Gewicht erfasst hatte? Habe ich bei Beginn jedes Gebets und jedes Gebetsabschnittes bekannt, dass ich nicht beten könne? Habe ich häufig genug und in rechter Weise Stoßgebete angewandt? Habe ich jede Stunde um Demut, Glauben, Hoffnung und Liebe gebetet? Habe ich um die Tugend, die im Mittelpunkt des betreffenden Tages stand, gebetet? Habe ich Dank gesagt? Habe ich gelobt, künftig alles im Namen und mit dem Beistand meines Heilands zu tun? Habe ich seine Hilfe erbeten? Habe ich die kirchlichen Gebete, die Kollekten um 9, um 12, um 3 Uhr verwandt? Habe ich richtig meditiert?"[336]

Man merkt, da sind junge Menschen am Werk, die wollen sich nichts schenken, die wollen den Glauben nicht zu einer Nebensache verkommen lassen, und weil sie Angst davor haben, dass das doch passieren könnte, schreiben sie diese Fragen zur Selbsterforschung auf und versuchen, sie Punkt für Punkt durchzugehen und sich untereinander und jeder für sich selbst zu vergewissern, ob sie es mit dem Glauben so ernst genommen haben, wie es sein soll.

Mit 22 Jahren wird John Wesley in der Anglikanischen Kirche zum Diakon ordiniert und vertritt seinen Vater in

---

[336] Zitiert nach M. Schmidt, John Wesley, Bd. 1, Zürich/Frankfurt/Main 1953, S. 86.

Kapitel 8: Glaube in der reformatorischen Theologie

dessen Pfarrei. Dann entschließt er sich, nach Georgia in die damaligen Kolonien, die heutigen Vereinigten Staaten von Amerika, zu gehen, um dort die eingeborene Bevölkerung zu missionieren. Aber auf der Überfahrt mit dem Schiff kommt ein schwerer Sturm auf. Und da erlebt John Wesley, dass in diesem lebensbedrohlichen Sturm einfache Menschen, Herrnhuter-Familien mit ihren Kindern, Glaubenslieder singen und große Zuversicht, Gottvertrauen und Ruhe ausstrahlen, während er nichts von einer solchen inneren Ruhe spürt. Er ist voller Todesangst. Und diese Erfahrung trifft ihn wie ein Blitz, weil sie ihm klarmacht, dass er zwar alle möglichen frommen Regeln zu befolgen versucht hatte, dabei aber kein Vertrauen auf Gott hatte. Die Kinder, Frauen und Männer, die ihn im Sturm auf dem Schiff umgaben, hatten offenbar eine Vertrauensbeziehung zu Gott, die ihm gänzlich fehlte.

Wesley kehrt erfolglos und enttäuscht aus Georgia zurück, aber die Frage, wie er zu einer Glaubensbeziehung zu Gott kommen könne, lässt ihn nicht mehr los. Es wird ihm immer klarer: „Mir fehlt der Glaube". Das treibt ihn geradezu in die Verzweiflung. Er sucht Gespräche mit Menschen, bei denen er den Eindruck hat, sie hätten etwas, was sie ihm geben könnten, weil sie es ihm voraushaben. Sein herrnhutischer Freund Peter Böhler (1712–1775) rät ihm in dieser Lage: „Predige den Glauben, bis du ihn hast, und dann predige den Glauben, weil du ihn hast."

In dieser inneren Verfassung geht der 35 Jahre alte Wesley am 24. Mai 1738 abends in eine christliche Versammlung in London, in der Aldersgate. Dort wird keine Predigt

8.3 Und was ist mit den guten Werken?

gehalten, sondern es wird stattdessen ein Stück aus den Werken Martin Luthers vorgelesen: dessen Vorrede zum Römerbrief. Und noch am selben Abend schreibt Wesley in sein Tagebuch, was ihm beim Hören der Stelle widerfahren ist, an der Luther beschreibt, was Glaube eigentlich ist und wie der Glaube in einem Menschen wirkt: Da sei es ihm warm ums Herz geworden, und da sei der Glaube in sein Leben gekommen. Er spürt, dass er Jesus Christus vertrauen kann und dass das, wonach er gesucht hat, worum er gekämpft hat, was er erringen wollte, *ihm nun als Gabe zuteilgeworden* ist. Der Abschnitt, den er damals gehört hat, lautet in Luthers Schriften folgendermaßen:

> „Glaube ist nicht der menschliche Wahn und Traum, den etliche für Glauben halten, und wenn sie sehen, dass keine Besserung des Lebens noch gute Werke folgen und doch vom Glauben viel hören und reden können, fallen sie in den Irrtum und sprechen, der Glaube sei nicht genug, man müsse Werke tun, soll man fromm und selig werden. Das macht, wenn sie das Evangelium hören, so fallen sie daher und machen sich aus eignen Kräften einen Gedanken im Herzen, der spricht: ich glaube; das halten sie dann für einen rechten Glauben, aber wie es ein menschlich Gedicht[337] und Gedanke ist, den des Herzens Grund nimmer erfährt, also tut er auch nichts und folgt keine Besserung hernach.
>
> Aber Glaube ist ein göttliches Werk in uns, das uns wandelt und neu gebiert aus Gott ... und tötet den alten Adam, macht uns ganz zu andern Menschen von Herz, Mut, Sinn und allen Kräften und bringt den Heiligen Geist mit sich. Oh, es ist ein lebendiges, geschäftiges, tätiges, mächtiges Ding um den Glauben, so dass

---

337) „Gedicht" bedeutet hier: etwas Erdichtetes, Erfundenes, Ausgedachtes, aber nichts Reales.

Kapitel 8: Glaube in der reformatorischen Theologie

unmöglich ist, dass er nicht ohne Unterlass sollte Gutes wirken. Er fragt auch nicht, ob gute Werke zu tun sind, sondern ehe man fragt, hat er sie getan und ist immer im Tun. Wer aber solche Werke nicht tut, der ist ein glaubensloser Mensch, tappt und sieht um sich nach dem Glauben und guten Werken und weiß weder, was Glaube noch was gute Werke sind, und wäscht und schwätzt doch viel Worte vom Glauben und guten Werken.

Glaube ist eine lebendige, verwegene Zuversicht auf Gottes Gnade, so gewiss, dass er tausendmal drüber stürbe, und solche Zuversicht und Erkenntnis göttlicher Gnade macht fröhlich, trotzig und lustig gegen Gott und alle Kreaturen, welches der Heilige Geist tut im Glauben. Daher er ohne Zwang willig und lustig wird, jedermann Gutes zu tun, jedermann zu dienen, allerlei zu leiden, Gott zu Liebe und zu Lob, der ihm solche Gnade erzeigt hat, also, dass es unmöglich ist, die Werke vom Glauben zu scheiden, ebenso, wie es unmöglich ist, dass Brennen und Leuchten vom Feuer geschieden werden kann."[338]

Als John Wesley *das* hört, wird ihm das herzliche Vertrauen zuteil, das den Namen „Glaube" verdient. Das heißt nun gerade nicht, dass er aufhört, Gutes zu tun, sondern dass er in einer ganz neuen Weise einen Zugang zum *Tun* der guten Werke gewonnen hat. Er tut sie nun nicht mehr, weil er sie tun muss oder soll, sondern weil er von innen heraus bewegt wird, seiner Liebe zu Gott und zum Nächsten Ausdruck zu verleihen.

So ist die Begegnung mit diesem Text Luthers für John Wesley im Jahr 1738 zu der Lebenswende geworden, die ihn zu einem Reformator in der Anglikanischen Kirche und

---

338) Vorreden zum Neuen Testament, zitiert nach M. Luther, Ausgewählte Werke, Bd. 6, München ³1968, S. 89 f.

8.3 Und was ist mit den guten Werken?

zum Begründer des Methodismus hat werden lassen. Dabei bleibt es ihm für sich selbst und für seine kirchliche Bewegung und Neugründung ein wichtiges Anliegen, den Glauben immer auch im Tun zum Ausdruck kommen zu lassen. Aber es wäre zu kurz gegriffen, wenn man sagte, der wesleyanisch geprägte Methodismus betone das Tun der guten Werke und das praktizierte Christentum. Denn er betont dies auf der Basis des Glaubens, der einem Menschen durch Wort und Geist aus Gnade zuteilgeworden ist.

Fragt man, woher und wie Luther die Einsichten gewonnen hat, die er in der Vorrede zum Römerbrief formuliert, so verweist schon dieser literarische Ort auf die Quelle, die sich ihm in einem quälenden, zur Verzweiflung treibenden Ringen um das richtige Verständnis der Theologie des Apostels Paulus erschlossen hat.[339] Dieser rettenden Erkenntnis ging eine mehrjährige Phase klösterlichen Lebens voran, in der Luther keine Anstrengung scheute, um durch die Erfüllung der göttlichen Gebote und durch die Inanspruchnahme der kirchlichen Gnadenmittel, insbesondere des Bußsakraments unter Einschluss der Beichte, alles in seinen Kräften Stehende zu tun, um in ein heilvolles Verhältnis zu Gott zu kommen. Aber all diese Bemühungen blieben vergeblich, bis *sich* ihm durch das rechte Verständnis der „Gerechtigkeit Gottes" und der Buße ein Zugang zu Gott erschloss, den er als Eintritt in das Paradies empfand.

---

339) S. o. Abschnitt 8.1.

Und Paulus?[340] Er hatte als Pharisäer gemäß dem Gesetz Gottes und in Übereinstimmung mit den Überlieferungen *untadelig* gelebt. Aber die befreiende Erkenntnis vom Zugang *aller* Menschen zu Gott allein durch den *Glauben* wurde ihm erst durch die Begegnung mit dem auferstandenen Jesus Christus zuteil. Diese Erfahrung der Barmherzigkeit Gottes wurde für ihn zur befreienden *Bekehrung* und zur erfüllenden *Berufung*.

8.3.2 Die gemeinsame Erfahrung und Erkenntnis

Wenn man die drei Lebenswenden von Wesley, Luther und Paulus auf sich wirken lässt, ist es zunächst auffällig, dass in ganz unterschiedlichen Zeiten – im ersten, im sechzehnten und im achtzehnten Jahrhundert –, unter völlig unterschiedlichen Bedingungen – im Frühjudentum, im spätmittelalterlichen römischen Katholizismus, in der Anglikanischen Kirche der Aufklärungszeit – Menschen eine so *ähnliche, ja gleichartige Erfahrung* gemacht haben. Sie suchen einen heilsamen Zugang zu Gott und orientieren sich dabei vor allem an den Geboten Gottes, indem sie versuchen, diese so genau, so kompromisslos und so ernsthaft wie möglich zu erfüllen. Und sie scheitern, geraten in eine tiefe Krise. Und dann wird ihnen allen Dreien zuteil – sei es durch die ungesuchte Begegnung mit dem Auferstandenen, sei es durch das intensive Nachdenken über einen biblischen Text oder sei es durch das erwartungsvolle Hören einer biblischen Vorrede –, dass eine Botschaft sie trifft,

---

340) S. o. Abschnitt 7.4.

8.3 Und was ist mit den guten Werken?

die ihr Herz und ihr Leben verwandelt, so dass Glaube, Liebe und Hoffnung sie erfüllen.

Aber warum ist es ihnen nicht gelungen, dieses Ergebnis auf dem Weg über das Gesetz zu erreichen? Warum sollten sie und wir nicht, wenn doch Gott die Gebote gegeben hat, versuchen, nach besten Kräften seinen Willen zu erfüllen in der Hoffnung, damit vor Gott bestehen zu können?

Dieser Weg führt nicht zum Leben, solange der Gehorsam gegenüber dem Gesetz unter der Überschrift steht: „Nur wenn du das tust, kannst du vor Gott bestehen". Denn dieses Muster lässt einen Menschen ganz *auf sich selbst fixiert* bleiben. Das Gesetz, das einem Menschen als *Forderung* begegnet, deren Erfüllung eine *Bedingung* für das Heil ist, verweist ihn *auf sich selbst*, so dass er im Guten wie im Bösen um sich kreist, sei es im Stolz auf das, was er schon geschafft hat, sei es in der Klage oder Verzweiflung darüber, wie wenig ihm gelingt.

Das Gesetz im *politischen* Sinn ist der Inbegriff der äußerlich zu befolgenden Regeln, deren Einhaltung um eines möglichst konfliktfreien Zusammenlebens willen erforderlich ist. Das Gesetz im *theologischen* Sinn ist der Inbegriff der *göttlichen* Gebote, die uns zeigen können, wo unser Schaden liegt. Es kann uns zeigen, wie wir sein sollten und wie wir wahrscheinlich auch sein möchten. Aber das Gesetz als solches, das heißt *als Forderung*, kann uns nicht helfen, so zu werden. Das Gesetz, das an unser Tun und Lassen appelliert, kann bestenfalls bewirken, dass wir unser *Verhalten* ändern, aber es erreicht nicht unser Fühlen, Begehren und Wollen, an dem sich entscheidet, ob wir nur äußerlich die „Werke des Gesetzes tun" oder ob wir von Herzen „das Gesetz erfüllen". Und *darauf* kommt es an.

Die Änderung, die dafür erforderlich ist, kann nur durch das *Evangelium* bewirkt werden. Es verschärft nicht die Forderungen und Drohungen den Menschen gegenüber, sondern zeigt einen Gott, dessen Wesen Liebe ist (1Joh 4,8 und 16). Indem er seinen Sohn in die Welt sendet und sich in dessen Leiden und Sterben selbst hineinziehen lässt in das Versagen und Elend der Menschen, um ihnen nahe zu sein, offenbart er sich als sich hingebende, den Menschen nachgehende und sie erlösende Liebe. Sie kann im Menschen Vertrauen, Hingabe und Gegenliebe wecken.

Alle drei genannten Männer, Paulus, Luther und Wesley, haben betont, dass ihnen diese Erfahrung – gesucht oder ungesucht – *zuteilgeworden*, also widerfahren ist. Was sie vorher vergeblich durch ihr diszipliniertes, untadeliges Tun zu erzwingen versuchten, nämlich in eine das Leben tragende Beziehung zu Gott zu kommen, ist ihnen erst dadurch zuteilgeworden, dass sie das Evangelium so hören und annehmen konnten, dass es in ihnen Glauben, also lebenstragendes Vertrauen auf Gott geweckt hat. Dadurch sind sie frei geworden *von* dem Versuch, ihr Leben in der Beziehung zu Gott mit dem Mittel der Werke des Gesetzes in Ordnung zu bringen. Aber ebenso wichtig ist: Dadurch sind sie frei geworden *für* ein Leben, in dem gute Werke aus Dankbarkeit gegen Gott und darum mit „Lust und Liebe"[341] geschehen. Denn die Energie, die unter dem Gesetz aufgewendet werden muss, um sich selbst zu retten,

8.3 Und was ist mit den guten Werken?

wird unter dem Evangelium frei zum Tun des Guten an Gottes Schöpfung, vor allem an unseren Nächsten und Übernächsten. So stehen nicht nur *Gesetzes*werke und Glaube einander *gegenüber*, sondern so hängen auch Glaube und *gute* Werke untereinander untrennbar *zusammen*.

---

341) Dass das Gute „mit Lust und Liebe" getan wird, ist für Luther das Kriterium dafür, ob damit Gottes Wille tatsächlich erfüllt wird. Siehe dazu UG, 589 sowie WA 7,36,3 f.; 10/1/1,101,18 f.; 19,555,22–25 und öfter.

9
Die christliche Kirche als Gemeinschaft des Glaubens

9.1 Von welcher Kirche ist die Rede?

In der deutschen Sprache kann der Begriff „Kirche" zumindest vier bis fünf deutlich voneinander unterscheidbare Sachverhalte bezeichnen:

– die christliche *Glaubensgemeinschaft*, die im Apostolischen Glaubensbekenntnis „die heilige christliche Kirche" genannt wird,

– eine als *Organisation* verfasste christliche Gemeinschaft (z. B. „die evangelische Kirche"),

– die *gottesdienstliche Veranstaltung* einer christlichen Gemeinde („Sonntags findet regelmäßig Kirche statt"),

– das *Gebäude*, das gottesdienstlichen Veranstaltungen dient („Eine Kirche ist üblicherweise an einem Turm erkennbar"),

– manchmal auch: kirchliche *Amtsträger oder Gremien* („Bischöfe, Synoden oder Pfarrer als [Repräsentanten der] Kirche").

Die Vermutung ist leicht zu begründen, dass alle vier bis fünf Bedeutungen von „Kirche" irgendwie untereinander zusammenhängen und ein gemeinsames sprachliches und sachliches Feld bilden. Diese Vermutung entbindet

9.1 Von welcher Kirche ist die Rede?

aber nicht von der Aufgabe, die einzelnen Bedeutungen möglichst genau zu erfassen, um auch die Struktur dieses Feldes zu verstehen und angemessen beschreiben zu können. Das soll im Lauf dieses Kapitels herausgearbeitet werden, so dass diese Struktur erkennbar wird.

Bei dieser Analyse empfiehlt es sich, vom ersten, theologisch gefülltesten Begriff von „Kirche" auszugehen und sich von da aus auf die anderen zuzubewegen. In diesem ersten Begriff von Kirche kommt auch „Glaube" in dem zusammengesetzten Begriff „Glaubensgemeinschaft" vor. Das zeigt, dass die Beschäftigung mit dem Thema „Kirche" in einem Buch über den Glauben an Gott nicht nur sinnvoll, sondern geradezu unverzichtbar ist.

Freilich ist hier gleich eine Präzisierung anzubringen, die durch den Wortlaut der altkirchlichen und der reformatorischen Bekenntnisse eher angedeutet wird als offen zum Ausdruck kommt. Sie ist vermutlich den wenigsten Menschen bewusst und ist nicht leicht zu verstehen, aber trotzdem von so großer Bedeutung, dass es sich lohnt, sich etwas genauer mit ihr zu beschäftigen:

Wenn man bei der Analyse des sprachlichen Feldes, das durch den Begriff „Kirche" umfasst wird, von dem theologisch gefülltesten Begriff von „Kirche" ausgeht, kann das so wirken, als sei die Kirche, von der im Glaubensbekenntnis die Rede ist, ein *Gegenstand* des Glaubens – so wie Gott der Vater, der Sohn und der Heilige Geist –, *an den* Christen glauben. Glauben Christen also auch *an die* heilige christliche Kirche? Es scheint zwar so, als würde das im Apostolischen und Nizänischen Glaubensbekenntnis gesagt. Aber das steht dort *nicht*. Betrachten wir also den Wortlaut der beiden altkirchlichen Bekenntnisse genauer:

Im Apostolikum heißt es am Beginn des dritten Artikels: „Ich glaube an den Heiligen Geist, die heilige christliche Kirche, Gemeinschaft der Heiligen, Vergebung der Sünden, Auferstehung der Toten und das ewige Leben."[342] Das scheint die oben genannte Vermutung zu bestätigen, dass die Kirche zu den „Gegenständen" gehört, *an die* Christen glauben. Das wäre allerdings nur dann zutreffend, wenn die Aufzählung von „die heilige christliche Kirche" an so zu verstehen wäre, dass jeweils ein „an" mitzudenken wäre. Aber genau das ist weder im lateinischen noch im deutschen Text der Fall. Es heißt *nicht*: „Ich glaube ... *an* die heilige christliche Kirche" (lateinisch: „Credo ... *in* sanctam ecclesiam"), sondern: „Ich glaube ... die heilige christliche Kirche" (lateinisch: „Credo ... sanctam ecclesiam").[343]

Welchen Sinn hat diese sperrige Aussage: „Ich glaube die Kirche"? Einen negativen und einen positiven.

– Der *negative* Sinn dieser Formulierung besteht in ihrer *Unterscheidung* von Aussagen über den Glauben *an* Gott. Das heißt: Die Kirche gehört zwar in das Glaubensbekenntnis, aber sie ist *nicht* etwas, *woran* Christen glauben. Trotz der unverzichtbaren Bedeutung, die die Kirche für das Wirken Gottes und für den christlichen Glauben hat,

---

[342] UG, S. 25.
[343] Der Katechismus der Katholischen Kirche, München u. a. 1993, S. 211-291 bringt das typographisch deutlich, ja geradezu unübersehbar zum Ausdruck.

9.1 Von welcher Kirche ist die Rede?

steht sie doch nicht auf derselben Ebene wie Gott, sondern ist ihrerseits ein *Geschöpf* Gottes, und zwar ein Geschöpf *des Evangeliums*.[344]

– Der *positive* Sinn dieser Formulierung[345] wird in Artikel 7 des Augsburgischen Bekenntnisses mit den Worten zum Ausdruck gebracht: „Es wird auch [sc. von den reformatorischen Kirchen] gelehrt, dass allezeit eine heilige, christliche Kirche sein und bleiben muss ...".[346] Diese Bekenntnisaussage über das Sein und Bleiben einer heiligen christlichen Kirche bringt selbst eine *starke*, keineswegs selbstverständliche Glaubensüberzeugung zum Ausdruck, hebt aber den Unterschied zu den Aussagen über Gott, *an* den Christen glauben, nicht auf.

Beide Aspekte: der negative und der positive Sinn der Unterscheidung zwischen *Gott, an* den Christen glauben, und der *Kirche, die* sic glauben, verdienen Beachtung und Beherzigung. Sie bewahren miteinander vor einer unangemessenen *Vergöttlichung* der Kirche und vor ihrer unangemessenen *Geringschätzung*.

---

344) Das betont Luther immer wieder. Siehe WA 2,430,6 f. und WA 42,334,12-16 sowie LDStA 3,343,14-16; 421,1-11, am detailliertesten in dem zuletzt genannten Text mit folgenden Worten: „allein durch das Evangelium wird sie [sc. die Kirche] empfangen, geformt, ernährt, erzeugt, erzogen, geweidet, bekleidet, geschmückt, gekräftigt, bewaffnet, bewahrt!" (LDStA 3,421,3-5)
345) Diese Sprachform tauchte in Kapitel 1 dieses Buches als die dritte Grundform auf: „Das glaube ich" bzw. „Ich glaube das".
346) UG, S. 50.

KAPITEL 9: DIE KIRCHE ALS GEMEINSCHAFT DES GLAUBENS

9.2 Das Wesen der Kirche

Die von mir in der Überschrift dieses Kapitels gebrauchte sprachliche Wendung weicht von einer bekannteren Formulierung etwas ab. Üblicherweise spricht man von der Kirche als der „Gemeinschaft der *Glaubenden*". Ich spreche hier dagegen bewusst von der „Gemeinschaft des *Glaubens*".[347] Das ist nicht dasselbe, und das erfordert eine Begründung.

Die im Glaubensbekenntnis genannte Kirche ist nach evangelischem Verständnis, wie es im Augsburgischen Bekenntnis formuliert wird, „die Versammlung aller Gläubigen, bei denen das Evangelium rein gepredigt und die heiligen Sakramente gemäß dem Evangelium gereicht werden" (so in Artikel 7) bzw. „die Versammlung aller Gläubigen und Heiligen"[348] (so in Artikel 8)[349]. Damit wird der deutsche Begriff *Versammlung* ins Zentrum des Kirchenverständnisses gerückt. Das ist zumindest in *einer* Hinsicht vertiefungsbedürftig und -fähig. Diese Vertiefung kommt sowohl im Apostolischen Glaubensbekennt-

---

347) Diese Formel verwendet auch schon Ch. Schwöbel in seinem Aufsatz: „Kirche als Communio" (1996), in: Ders., Gott in Beziehung, Tübingen 2002, S. 379-435, auf S. 426 f. allerdings nur als Bezeichnung für die *Gestalt* der Kirche.

348) Mit den „Heiligen" sind nach evangelischem Verständnis nicht (nur) die in der katholischen und orthodoxen Kirche wegen ihres vorbildlichen Lebens (und Sterbens) verehrten „Heiliggesprochenen" gemeint, sondern *alle* Christen, da sie durch die Taufe und den Glauben *zu Gott gehören* und *darum* heilig sind.

349) UG, S. 50 f.

9.2 Das Wesen der Kirche

nis als auch im Heidelberger Katechismus deutlicher zum Ausdruck als in den lutherischen Bekenntnissen. Sie besteht in der Verwendung des Begriffs „Gemeinschaft" statt „Versammlung". An dieser Stelle könnten die lutherischen Bekenntnisse vom Apostolischen Glaubensbekenntnis und vom Heidelberger Katechismus lernen.

Ist dieser Unterschied zwischen „Gemeinschaft" und „Versammlung" von so großer Bedeutung, dass man davon viel Aufhebens machen sollte? Ich meine: Ja! Worin diese Bedeutung besteht, kann man gut der Formulierung des Heidelberger Katechismus entnehmen. Seine Frage 55 lautet: „Was verstehst du unter der Gemeinschaft der Heiligen?"[350] Und die Antwort des Katechismus heißt: „Erstlich, dass alle und jede Gläubigen, als Glieder an dem Herrn Christus, und allen seinen Schätzen und Gaben, Gemeinschaft haben. Zum andern, dass ein jeder seine Gaben zum Nutzen und Heil der andern Glieder, willig und mit Freuden anzulegen[351] sich schuldig wissen soll".

Das Element der Gemeinschaft mit Christus ist hier deutlicher formuliert als in den lutherischen Bekenntnissen. Dieses Element, das gut im Begriff „Gemeinschaft", aber nicht gut im Begriff „Versammlung" zum Ausdruck kommt, besagt: Die Kirche als Gemeinschaft der Heiligen ist zuerst und grundlegend Gemeinschaft mit *Gott in*

---

[350] Ich zitiere den Heidelberger Katechismus nach der Ausgabe von A. Lang, Darmstadt 1967. Auch diesen Text habe ich um der besseren Verständlichkeit willen sprachlich leicht geglättet.

[351] Das heißt „einzusetzen", wobei im Wort „anlegen" die Assoziation an eine Geldanlage mitklingt.

Christus durch den Heiligen Geist.[352] Denn das Wort „Heilige", auf das sich die Gemeinschaft bezieht, umfasst und meint nicht nur oder in erster Linie *die* (menschlichen) *Heiligen*, sondern auch und sogar zuerst *das Heilige*, nämlich *die Heilsgaben* Gottes durch Jesus Christus: sein Evangelium in Wort und Sakrament.[353] Das kann man noch deutlicher sagen: Die Gemeinschaft der Heiligen ist zuerst die Anteilgabe und Anteilhabe an *Gott* in und durch Jesus Christus und an seinen *Gaben*. Zwischen Gott und den Menschen besteht eine – von Gott ausgehende – *Gemeinschaft*, aber *keine Versammlung*. Mit der Entscheidung für den Leitbegriff „Versammlung" (statt „Gemeinschaft") rückt jedoch wider Willen (!)[354] das für die Kirche grundlegende Element der *Gottesgemeinschaft* zugunsten der *Menschenversammlung* in den Hintergrund oder es gerät sogar ganz aus dem Blick.

Dadurch und nur dadurch, dass sie eine Gemeinschaft *mit Gott* ist, unterscheidet sich die Kirche als Glaubensgemeinschaft von allen anderen menschlichen Vereinigun-

---

352) Das ist auch die Begründung dafür, dass Christen sich seit der neutestamentlichen Zeit als „Brüder" und „Schwestern" bzw. als „Geschwister" anrede(te)n. Denn zu Geschwistern wird man nicht durch Entscheidung und Wahl, sondern durch Herkunft und Abstammung. Deshalb sind Christen – als Töchter und Söhne bzw. als Kinder Gottes – untereinander Geschwister.

353) Diese Unterscheidung macht auch der Katechismus der Katholischen Kirche (s. o. Anm. 343) auf S. 277.

354) Dass dies in den lutherischen Bekenntnissen nicht absichtlich, sondern wider Willen geschieht, kann man daran erkennen, welche große Bedeutung die *Sakramente* als Gottes Heilsgaben in ihnen spielen.

9.2 Das Wesen der Kirche

gen und Versammlungen. Die Kirche als Glaubensgemeinschaft entsteht nicht durch den Entschluss von Menschen, eine Kirche zu gründen, sondern sie entsteht dadurch, dass Menschen durch Wort und Sakrament so von Jesus Christus berührt werden, dass in ihnen christlicher Glaube entsteht und sie so an dem Heil Anteil bekommen, das für sie bereitet ist.[355] Die Kirche entsteht also durch die Anteilgabe und Anteilhabe an dem Heiligen, das den Menschen durch Wort und Sakrament zuteilwird. Das war für Luther und Calvin[356] so wichtig, dass sowohl sie als auch der Heidelberger Katechismus dem mittelalterlichen Katechismus, dem ein ausführliches Lehrstück über die Sakramente fehlte,[357] ein solches Hauptstück hinzugefügt haben, durch das die Frage beantwortet wird: Wie und wodurch wird uns das Heil zuteil? Und nur dadurch entsteht die Kirche als Glaubensgemeinschaft nach gemeinsamem reformatorischem Verständnis.

---

355) D. Bonhoeffer hat das in seinem bekannten Lied „Von guten Mächten treu und still umgeben" (EG 65,2) ausgedrückt mit den Worten: „das Heil, für das du uns geschaffen hast".

356) Siehe J. Calvin, Christliche Glaubenslehre (1536), dt. von B. Spiess, Wiesbaden 1887, Zürich 1985, S. 151-218. Für Zwingli sind die Sakramente hingegen (nur) menschliche Erinnerungs- und Bekenntniszeichen.

357) Siehe dazu die Aussage Luthers im Großen Katechismus am Beginn des Abschnitts über die Sakramente: „Wir haben nun die drei grundlegenden Hauptteile der christlichen Lehre behandelt. Darüber hinaus ist noch von unseren beiden Sakramenten zu reden, die von Christus eingesetzt sind, über die auch jeder Christ wenigstens einen allgemeinen kurzen Unterricht bekommen soll, weil ohne diese beiden Sakramente niemand Christ sein kann, *wiewohl man leider bisher nichts davon gelehrt hat.*" (UG, S. 611. Hervorhebung von W. H.)

Kapitel 9: Die Kirche als Gemeinschaft des Glaubens

Das ist auch der Hauptgrund dafür, dass ich die bekannte Formulierung, die Kirche sei die Gemeinschaft der Gläubigen, ersetze durch die Aussage, sie ist die Gemeinschaft *des Glaubens*; denn der Glaube bezieht sich sowohl auf die Gemeinschaft mit *Gott* als auch auf das, was die Gläubigen *untereinander* verbindet.

Ein weiterer Grund kommt hinzu: Nach Artikel 8 des Augsburgischen Bekenntnisses ist „die christliche Kirche eigentlich nichts anderes als die Versammlung aller Gläubigen und Heiligen", andererseits „bleiben in diesem Leben aber viele falsche Christen und Heuchler, ja sogar öffentlich bekannte Sünder unter den Frommen"[358]. Welche theologische Bedeutung hat diese Unterscheidung zwischen dem, was die Kirche „eigentlich" ist, und dem, was „in diesem Leben" der Fall ist? Und welche praktischen Konsequenzen sind daraus – wenn überhaupt – im Blick auf die Kirchenzugehörigkeit der „falschen Christen, Heuchler und öffentlich bekannten Sünder" zu ziehen? Aus lutherischer Sicht ist dazu dreierlei zu sagen, von dem das erste im 8. Artikel des Augsburgischen Bekenntnis ausdrücklich gesagt wird:

– Auch wenn die Sakramente durch *ungläubige* Menschen gespendet werden, verlieren sie nichts von ihrer Gültigkeit und Wirksamkeit.

– Durch das Gleichnis Jesu vom Unkraut unter dem Weizen (Matthäus 13,24–30) sollen wir uns vor dem Versuch warnen lassen, das „Unkraut" *vor der Zeit auszujä-*

---

[358] UG, S. 51.

ten, damit wir ja nicht zugleich den „Weizen" mit ausraufen.[359]

– Die reformatorische Erkenntnis, dass ein Christ „zugleich gerecht und Sünder"[360] ist, weist darauf hin, dass die Grenze zwischen Gerechtigkeit und Sünde (auch) mitten durch jeden Christen verläuft.

Aufgrund dieser drei Einsichten halte ich die Rede von der Kirche als „Gemeinschaft des Glaubens" für besser geeignet als die Formel „Gemeinschaft der Gläubigen". Der Unterschied zwischen beiden Formulierungen besteht darin, dass die letztere das Wesen der Kirche als Glaubensgemeinschaft von *denen* her begründet, die zur Kirche *gehören*. Die Rede von der Gemeinschaft des Glaubens bestimmt das Wesen der Kirche als Glaubensgemeinschaft dagegen von dem her, *woran* sich die Zugehörigkeit zur Kirche *entscheidet*. Das erscheint mir als sachgemäßer.

9.3 Wozu braucht der Glaube Gemeinschaft?

In mystischen und aufklärerischen Strömungen des Christentums kann man oft auf die Überzeugung treffen, christlicher Glaube sei eine Angelegenheit der einzelnen Menschen, ihrer Überzeugungen und ihrer individuellen religiösen Praxis. Die Gemeinschaft des Glaubens und die

---

359) Über dieses Gleichnis hat Luther bis kurz vor seinem Tod immer wieder gepredigt und diese Botschaft ganz zutreffend auch auf den Umgang mit Unglauben und Irrlehre in der Kirche angewandt.

360) Siehe dazu W. Christe, Gerechte Sünder. Eine Untersuchung zu Martin Luthers »simul iustus et peccator«, Leipzig 2014.

Versammlung der Gläubigen erscheinen aus dieser Sicht als zweitrangig oder gar entbehrlich. Das, worauf es ankommt, sei allein die innere Einstellung. Richtig daran ist die Einsicht, dass Glaube als lebenstragendes Vertrauen im Herzen eines Menschen beheimatet ist und dass Menschen in dieser Hinsicht füreinander unvertretbar sind.[361] Aber diese Erkenntnis wird abstrakt, wenn durch sie aus dem Blick gerät, dass der Glaube für sein Entstehen, sein Leben und seine Erhaltung in vielfacher Hinsicht der Gemeinschaft des Glaubens und der Versammlung der Gläubigen bedarf. Aber *inwiefern* braucht der christliche Glaube die *Gemeinschaft* des Glaubens und die *Versammlung* der Gläubigen?

– An erster Stelle ist hier noch einmal daran zu erinnern, dass der christliche Glaube als lebenstragendes Vertrauen auf Gott *von* der heilsamen Zuwendung Gottes zum Menschen und *in* der vertrauensvollen Ausrichtung des Menschen auf Gott lebt. In dieser Beziehung und Gemeinschaft entsteht und besteht der Glaube. Diese Beziehung und diese Gemeinschaft bedürfen aber, um lebendig zu bleiben, des Austauschs, wie er vor allem im Hören auf

---

[361] Luther hat das in seiner ersten Invokavitpredigt aus dem Jahr 1522, mit der er den Bildersturm in Wittenberg beendete, mit folgenden Worten zum Ausdruck gebracht: „Wir sind allesamt zu dem Tod gefordert, und keiner wird für den andern sterben, sondern jeder in eigener Person für sich mit dem Tod kämpfen. In die Ohren können wir wohl schreien, aber ein jeder muss für sich selbst geschickt sein in der Zeit des Todes." (M. Luther, Ausgewählte Schriften, hg. v. Karin Bornkamm und Gerhard Ebeling, Frankfurt/Main 1982, Bd. 1, S. 271)

9.3 Wozu braucht der Glaube Gemeinschaft?

Gottes Wort und im Gebet geschieht. Das ist die grundlegende Form der *Gottesgemeinschaft* des Glaubens.

– Weil die Kirche begründet ist durch Gottes Selbstschließung unter *geschichtlichen* Bedingungen, darum bedarf der christliche Glaube der Zeugen, die eine kontinuierliche *Überlieferungsgemeinschaft* bilden. Von der Gottesoffenbarung in Jesus Christus wüssten wir vermutlich nichts mehr, wenn es nicht von Anfang an Menschen gegeben hätte, die das Evangelium mündlich und schriftlich weitergegeben hätten und immer noch weitergeben würden. Insbesondere in Gestalt der *persönlichen Glaubensgespräche, der Bibelverbreitung* und der *Missionswerke* war und ist die Kirche als Überlieferungsgemeinschaft eine unersetzliche Bedingung für die Entstehung, Erhaltung und Weitergabe des christlichen Glaubens.

– Jede Überlieferung – insbesondere dann, wenn sie Zeitgrenzen, Sprachgrenzen und Kulturgrenzen überschreitet –, ist zugleich ein Vorgang der *Auslegung*, die erforderlich ist, um den Inhalt der Überlieferung unter veränderten Lebensbedingungen nicht beliebig zu verändern, sondern so authentisch wie möglich zu erhalten und zur Sprache zu bringen. Deshalb braucht der christliche Glaube die Kirche als *Auslegungsgemeinschaft*. Das konkretisiert sich in der familiären Weitergabe christlicher Lehre und Lebenspraxis, in der Verkündigung und Unterweisung der Kirche sowie in der Theologie – sei es als wissenschaftliche Theologie, sei es als Laien- bzw. Gemeindetheologie.[362]

---

[362] Siehe dazu W. Härle, Dogmatik, Berlin/Boston ^{6}2022, S. 13 und 63.

Kapitel 9: Die Kirche als Gemeinschaft des Glaubens

– Weil der christliche Glaube in einem vielstimmigen, pluralistischen Kontext existiert, in dem es viele andere religiös-weltanschauliche Stimmen und Botschaften gibt, die um Zustimmung werben, braucht der Glaube die Kirche als *Kommunikationsgemeinschaft*, in der die durch den Glauben an Jesus Christus miteinander verbundenen Menschen sich über ihren Glauben verständigen und ihrem gemeinsamen Glauben Ausdruck verleihen, von ihren jeweiligen Erfahrungen und Erkenntnissen her einander ermutigen und bestärken, aber auch miteinander und beieinander Antworten und Vergewisserung suchen können. Vorzügliche Orte dafür sind die Erfahrungen christlicher Gemeinschaft in der gottesdienstlichen Versammlung und im seelsorglichen Austausch.

– Schließlich braucht der christliche Glaube auch die Kirche als *Verantwortungsgemeinschaft* für die der Kirche aufgetragene Mitverantwortung angesichts gesellschaftlicher Herausforderungen, wie sie zum Beispiel Not und Leid, Unrecht und Unfreiheit, Verfolgung und Kriege darstellen. Die Formen und institutionellen Orte, in und an denen diese gemeinschaftliche Verantwortung wahrgenommen wird, sind insbesondere kirchliche Stellungnahmen sowie diakonische Einrichtungen und Aktionen, die als Lebensäußerungen der christlichen Kirche erkennbar werden.[363]

---

363) Als klassische biblische Begründungen dafür gelten einerseits die Beispielgeschichte vom Barmherzigen Samariter aus Lk 10,25–37, andererseits die in Mt 25,35–40 genannten Werke der Barmherzigkeit.

In diesem fünffachen Sinn – als Gottesgemeinschaft, Überlieferungsgemeinschaft, Auslegungsgemeinschaft, Kommunikationsgemeinschaft und Verantwortungsgemeinschaft – braucht der christliche Glaube die *Gemeinschaft* des Glaubens *und* die *Versammlung* der Menschen, die sich auf den Glauben ausrichten, also die Kirche.

9.4 Die Bedeutung der sichtbaren Kirche

9.4.1 Die Notwendigkeit der sichtbaren Kirche

Das evangelische Bekenntnis verwirft die Auffassung derer, „die lehren, dass wir ohne das leibliche Wort des Evangeliums den Heiligen Geist durch eigene Vorbereitung und Werke erlangen"[364]. Dieses leibliche (oder äußerliche) Wort, das notwendig ist, damit Glaube und Kirche entstehen können, wird im reformatorischen Bekenntnis mit den Begriffen „Evangelium und Sakramente" oder „Wort und Sakramente" benannt. Und diese Größen sind als Kommunikationsgeschehen von Reden und Hören, Geben und Empfangen immer gemeinschaftlich verfasst. Dabei sind es dieselben Mittel, durch die der *Glaube* im einzelnen Menschen und die *Kirche* als Gemeinschaft entstehen und erhalten bleiben. Das zeigt, dass Glaube und Kirche für ihr Entstehen und Bestehen auf äußere, sinnenhaft

---

364) So in Artikel 5 des Augsburgischen Bekenntnisses (UG, S. 49). Das letzte Wort („erlangen") habe ich gegenüber dem Wortlaut in UG korrigiert, wo es irrtümlich heißt: „verdienen". Aber es geht in diesem Artikel (und in den lateinischen und deutschen Quellen) nicht um die Frage des Verdienens, sondern darum, *wie* man den Glauben erlangt bzw. bekommt.

Kapitel 9: Die Kirche als Gemeinschaft des Glaubens

wahrnehmbare (Kommunikations-)Mittel angewiesen sind. Die von daher verstandene *sichtbare* Kirche[365] umfasst als organisatorisch verfasste Institution all das, was – in geringerer oder größerer Nähe – zur Verkündigung und Kommunikation des Evangeliums hinzugehört, durch die Gott seine Kirche in der Welt baut und erhält, womit er sie beauftragt und wozu er sie sendet:

– die *gottesdienstlichen Feiern*, durch die Menschen an der Gemeinschaft mit Gott Anteil bekommen können,

– die *Texte*, die der Überlieferung, Auslegung und Verkündigung des Evangeliums dienen,

– die *Personen*, die das Evangelium verkündigen, die Sakramente darreichen, diakonische Dienste verrichten und sich um Wort und Sakrament versammeln,

– die Vollzüge der rechtmäßigen *Berufung und Visitation*, die der auftragsgemäßen öffentlichen Verkündigung des Evangeliums durch Wort und Tat dienen,

– die *Zeiten und Räume*, die erforderlich sind, damit die Verkündigung des Evangeliums regelmäßig öffentlich stattfinden kann, sowie

---

365) Die Unterscheidung zwischen sichtbarer und unsichtbarer Kirche geht auf Zwingli zurück (siehe seine „Auslegung des christlichen Glaubens" von 1531, in: Ders., Auswahl seiner Schriften, Zürich/Stuttgart 1962, S. 304 f.). Luther unterscheidet stattdessen zwischen sichtbarer und verborgener Kirche (so in *De servo arbitrio*, LDStA 1,323,37 f.), um den Eindruck zu vermeiden, die Kirche sei eine rein geistige, bloß als Idee existierende Größe, was auch Zwingli nicht meint. Beide, Luther wie Zwingli, begründen aber ihre Unterscheidungen damit, dass der Glaube zu den Dingen gehört, die für uns Menschen nicht sichtbar sind, weil wir nur sehen, was vor Augen ist, wie es z. B. in 1Sam 16,7 heißt: „Ein Mensch sieht, was vor Augen ist; der Herr aber sieht das Herz an."

9.4 Die Bedeutung der sichtbaren Kirche

– die *Regeln, Ordnungen, Gesetze und Finanzmittel*, die nötig sind, um dem Leben der Kirche eine ihrem Wesen und Auftrag angemessene Gestalt zu geben.

Wenn alle diese Größen unabhängig vom Glauben vorkommen und vollzogen werden, verlieren sie nicht nur ihren geistlichen bzw. theologischen Sinn, sondern sie können dann sogar in den Dienst einer Verzerrung der Wahrheit des Evangeliums treten und zum Mittel der ideologischen Irreführung von Menschen und der Machtausübung über sie werden. Wo dies geschieht – und keine Kirche ist gänzlich vor dieser Gefahr gefeit – wird aus einer rechten sichtbaren Kirche, in der das Evangelium rein gepredigt und die Sakramente gemäß dem Evangelium gereicht werden, eine falsche „Kirche"[366], die der Verführung, Beherrschung oder Ausbeutung von Menschen dient.

Da jedoch auch in einer solchen falschen „Kirche" die Zeichen des Evangeliums vorkommen und auch die falsche „Kirche" letztlich von ihnen lebt, ist es nicht ausgeschlossen, dass auch in ihr (trotz irreführender Verkündigung, Lehre und Praxis) rechter Glaube entstehen kann. Das ist keine Rechtfertigung oder Entschuldigung der falschen „Kirche", sondern eine Erinnerung daran, dass Gott auch auf „krummen Linien grade"[367] schreiben und

---

366) Das Wort „Kirche" muss hier in Anführungszeichen gesetzt werden, um zum Ausdruck zu bringen, dass die Bezeichnung einer solchen Gemeinschaft als „Kirche" zu Unrecht verwendet bzw. in Anspruch genommen wird.

367) Diese Formulierung ist eine Erinnerung an das 1959 von Kurt Steinel in der Kleinen Burckhardthaus-Bücherei veröffentlichte Büchlein: „Und Gott schreibt auch auf krummen Linien grade."

irregeleitete Menschen sowie auch ganze irrende „Kirchen" zum Glauben und damit zum Heil zurückführen kann.

9.4.2 Die Eigenschaften der verborgenen Kirche und die äußeren Kennzeichen der rechten sichtbaren Kirche[368]

Die im Nicänischen Glaubensbekenntnis genannten Eigenschaften Einheit, Heiligkeit, Katholizität und Apostolizität beziehen sich alle nicht auf eine als Organisation verfasste, sichtbare, sondern auf die verborgene Kirche als Gemeinschaft des Glaubens. Sie beschreiben deren *Wesen*; denn diese *ist* eine, *ist* heilig, *ist* allumfassend, *steht* auf dem Grund der Apostel und Propheten, sie *soll* dies nicht bloß sein oder irgendwann werden. Diese Eigenschaften haben also den Charakter von Aussagen über das Sein der geglaubten verborgenen Kirche.

Man kann diese Eigenschaften nicht sehen oder zeigen, aber man kann ihrer inne werden und inne sein, zum Beispiel indem man an einem Gottesdienst in einer anderen Kirche, in einem anderen Land, mit fremden Menschen teilnimmt und insbesondere an der Liturgie spürt: Wir sind tatsächlich *eine* Kirche, in der Gott durch seinen Geist gegenwärtig ist. Das kann man erleben und dessen gewiss

---

368) Siehe dazu G. Neebe, Apostolische Kirche. Grundunterscheidungen an Luthers Kirchenbegriff unter besonderer Berücksichtigung seiner Lehre von den notae ecclesiae, Berlin/New York 1997, bes. S. 244–268.
269) So nennt sie die Apologie zu Artikel 7 des Augsburgischen Bekenntnisses (UG, S. 209 f.).
370) UG, S. 50.

9.4 Die Bedeutung der sichtbaren Kirche

sein, auch wenn man es nicht mit den leiblichen Sinnen wahrnehmen oder gar beweisen kann.

Die „äußeren Merkmale" bzw. „äußeren Erkennungszeichen"[369] der Kirche hingegen werden in Artikel 7 des Augsburgischen Bekenntnisses als *reine Lehre des Evangeliums* und als *rechte*, d.h. mit dem Evangelium übereinstimmende *Darreichung der Sakramente* bezeichnet.[370] Diese äußeren Kennzeichen beziehen sich auf die *sichtbaren* Kirchen. Sie dienen also nicht dazu, die sichtbare von der verborgenen Kirche zu unterscheiden, sondern ihr Sinn und ihre Bedeutung ist es, im Blick auf die (vielen) *sichtbaren Kirchen* rechte, also evangeliumsgemäße Kirchen von falschen, also evangeliumswidrigen „Kirchen" zu unterscheiden. Das sollte primär den Charakter der kritischen *Selbst*prüfung haben, also der Beantwortung der Frage dienen, ob eine Kirche selbst im Begriff ist, zu einer falschen „Kirche" zu werden oder es sogar schon geworden ist.

Bemerkenswert ist dabei zunächst, dass die reformatorischen Kirchen mit *zwei* Kriterien auskommen. Das ist übersichtlich. Und für Menschen, welche die biblische Botschaft mit Verständnis lesen oder hören können, setzt die evangelische Lehre auch voraus, dass sich *alle* Christen an dieser (Selbst-)Prüfung beteiligen können und sollen. Das ist wichtiges Element der biblisch-reformatorischen Lehre vom allgemeinen Priestertum (aller Christen).[371] Die

---

371) Ihre biblische Grundlegung erfolgt in 1Petr 2,5 und 9 f. sowie in Offb 1,6 und 5,10. Die beste Darstellung dieser Lehre findet sich bei H. Goertz, Allgemeines Priestertum und ordiniertes Amt bei Luther, (Marburg 1997) Leipzig ²2020. Eine kurze Einführung in diese wichtige Lehre bietet W.

KAPITEL 9: DIE KIRCHE ALS GEMEINSCHAFT DES GLAUBENS

dabei vorausgesetzte Fähigkeit aller Christen zur Beurteilung und Unterscheidung rechter und falscher Lehre hat Luther aus dem Bildwort vom guten Hirten abgeleitet, das sich in Joh 10,14 und 27 findet. Dort heißt es: „Ich bin der gute Hirte und kenne die Meinen und die Meinen kennen mich ... Meine Schafe hören meine Stimme und ich kenne sie und sie folgen mir."

Ausschlaggebend und ausreichend ist also, ob Menschen die „Stimme" des guten Hirten Jesus Christus kennen und erkennen. Und das gilt auch für die Prüfung ob „das Evangelium *rein* gepredigt"[372] wird, wie es in Artikel 7 des Augsburgischen Bekenntnisses heißt? Denn diese Reinheitsprüfung setzt kein akademisches Theologiestudium voraus, sondern „nur" bzw. vielmehr die Fähigkeit, zu erkennen, ob das Evangelium von Jesus Christus seinem wesentlichen Inhalt nach zu Gehör kommt und ob auch *keine fremden Ergänzungen hinzugefügt* werden, die dort nichts zu suchen haben. Dazu gehören seit der neutestamentlichen Zeit zum Beispiel die Forderung, sich beschneiden zu lassen, sich bestimmter – angeblich unreiner – Speisen zu enthalten oder besondere Feiertage verpflichtend einzuhalten. Daran zeigt sich, dass die Forderung und Prüfung *reiner* Evangeliumsverkündigung keine inquisitorische, sondern eine *orientierende und befreiende* Absicht

---

Härle, Von Christus berufen, Leipzig/Paderborn 2017, S. 115–130.

372) UG, S. 50. Die Hervorhebung des Wortes „rein" stammt von mir, W. H.
373) Siehe auch dazu die in Anm. 368 genannte Arbeit von G. Neebe, und zwar S. 195–240.
374) Man kann daher – mit einer Formulierung von H.-P. Großhans – Kirche

verfolgt. Sie dient dazu, dass das Evangelium als frohe Botschaft und gute Nachricht erhalten bleibt. Und dem muss auch heute die kirchliche Verkündigung dienen und entsprechen.

9.4.3 Das Verhältnis von sichtbarer und verborgener Kirche[373]

Die sichtbaren Kirchen umfassen und enthalten all das, was menschlicherseits notwendig ist, damit in dieser Welt die leibhafte, aber verborgene Kirche als die Gemeinschaft des Glaubens entstehen und erhalten werden kann.[374] Wie bereits in Abschn. 9.4.1 gezeigt, gehören dazu:

– die öffentlichen gottesdienstlichen Versammlungen, die der Verkündigung des Evangeliums in Wort und Tat dienen,

– die Personen, die für ihre Durchführung zuständig und verantwortlich sind,

– die Räume und Zeiten, in und an denen sie stattfinden können,

– die Ordnungen, die alledem einen verlässlichen Rahmen geben.

Die sichtbaren Kirchen sind als organisatorisch verfasste Institutionen nicht *identisch* mit der verborgenen Gemeinschaft des Glaubens, aber sie können und sollen ihr

---

als „irdischen Raum der Wahrheit des Evangeliums" (Leipzig 2003) bezeichnen, wobei dem allerdings hinzuzufügen ist, dass es sich um einen mit Symbolen ausgestatteten und von Menschen bewohnten, also um keinen leeren Raum handelt.

375) DDStA 2,95,39–97,9.

dienen. Ob sie das tatsächlich tun, ist eine entscheidende Frage der (Selbst-)Prüfung. Wenn und sofern sie es tun, ist das ihre Existenzberechtigung und ihre Aufgabe.

Für das Verhältnis zwischen der sichtbaren und verborgenen Kirche sind im Lauf der Zeit viele unterschiedliche Bilder und Denkmodelle gefunden und vorgeschlagen worden, von denen freilich die meisten nicht das treffen, worauf es ankommt.

Sichtbare und verborgene Kirche verhalten sich zueinander

– *nicht* wie das große Ganze und ein kleiner Teil daraus;
– *nicht* wie der Weg und das Ziel;
– *nicht* wie Irrtum und Wahrheit;
– *nicht* wie das Entbehrliche zum Notwendigen;
– *sondern* wie der Leib und die Seele eines lebendigen Menschen.

Dieses letztgenannte Bild hat Martin Luther im Jahr 1520 in seiner Schrift „Vom Papsttum zu Rom"[375] geprägt. Es ist die treffendste Verhältnisbestimmung von sichtbarer und verborgener Kirche, die ich kenne. Ihre Stärke liegt darin, dass sie zeigt, wie eng beides zusammengehört. Zugleich erlaubt dieses Bild den erschreckenden *Gedanken* an zwei Grenzpunkte, an denen eine „Kirche" aufhört, Kirche zu sein: einerseits die leiblose „Kirche" als bloße Idee oder als Gespenst sowie andererseits die unbeseelte „Kirche" als Leichnam. Diesen Fall fasst in Offb 3,1 f. das Sendschreiben an die Gemeinde in Sardes ins Auge mit den Worten: „Du hast den Namen, dass du lebst, und bist tot." Dem folgt freilich sofort die Aufforderung: „Werde wach und stärke das andre, das schon sterben wollte."

Das begründet die Hoffnung, dass es auch so etwas wie eine Totenauferweckung für ganze Kirchen oder Gemeinden geben kann.

9.4.4 *Der Auftrag der Kirche*

Aus den Aussagen über das Wesen sowie über die Eigenschaften und äußeren Kennzeichen der Kirche ergibt sich auch der Auftrag der Kirche: die Verkündigung des Evangeliums (durch Wort und Tat) und die evangeliumsgemäße Darreichung der Sakramente (siehe CA 5, 7, 8, 14, 28). Dabei sind Evangeliumsverkündigung und Sakramente nicht zwei unterschiedliche Aufgaben, die sich additiv zueinander verhalten, sondern zwei *Weisen*, wie der *eine* Auftrag der Kirche wahrgenommen wird. Damit sind nicht nur die kirchlichen Amtsträger, sondern alle Christenmenschen beauftragt, Letztere insbesondere in ihren Familien, im Kreis der Freunde und Nachbarn, bei Kollegen und in Vereinen. Hier gilt es, seinen Glauben zu bezeugen, d. h. für ihn einzustehen. Dabei ist zu beachten:

a) Der Auftrag, das ergangene, gehörte und geglaubte Evangelium von Jesus Christus zu bezeugen, also als davon Betroffene und daran Beteiligte weiterzusagen, ergibt sich für die Kirche aus der Gewissheit, dass dieses Evangelium in Wahrheit das Heil der *Welt*, d. h. das Heil für *alle* Menschen bringt, weil Gott „will, dass allen Menschen geholfen werde und sie zur Erkenntnis der Wahrheit kommen"

(1Tim 2,4). Dies ist nach Artikel XI der Konkordienformel die grundlegende Erwählungsgewissheit, von der alles kirchliche Handeln ausgeht und durch die es motiviert ist (UG, 889–910). Diese Gewissheit gebietet der Kirche die Bezeugung des Evangeliums von Jesus Christus; denn wer das Evangelium verstanden und angenommen hat, kann es nicht lassen, es selbst zu bezeugen und so auszurichten an alles Volk (Apg 4,20; Barmer Theologische Erklärung Art. VI). Ohne diese Gewissheit würde die Kirche zu einem sich selbst relativierenden Anbieter auf dem religiösen Markt neben anderen. Ohne diese Gewissheit würde die Säuglingstaufe und die religiöse Bildung und Erziehung von (Klein-)Kindern zur problematischen (wenn nicht sogar unstatthaften) ideologischen Indoktrination und Manipulation von Kindern. Und ohne diese Gewissheit würden die kirchlichen Mitwirkungsrechte in den öffentlichen Schulen, Hochschulen und Universitäten in den Massenmedien, in Krankenhäusern, Justizvollzugsanstalten usw. zu historisch gewachsenen Privilegien, die nicht länger mit gutem Gewissen in Anspruch genommen werden dürften.

b) Dass die Kirche das sie selbst ins Leben rufende Evangelium von Jesus Christus zu bezeugen hat, zeigt, dass alle kirchliche Verkündigung nicht nur von der Kirche *ausgeht*, sondern auch der Kirche und ihren Gliedern *gilt*. Die Kirche ist nicht die Gemeinschaft der Wahrheitsbesitzer, welche die Verkündigung des Evangeliums selbst nicht mehr nötig hätten und nur noch anderen weiterzusagen bräuchten, sondern die Kirche wird durch dieses Evangelium immer neu konstituiert. Nur unter Einbeziehung

9.4 Die Bedeutung der sichtbaren Kirche

dieser Einsicht kann man sagen, dass die Kirche „für andere" da sei. Deswegen steht der kirchliche Verkündigungsauftrag auch im Zentrum der pfarramtlichen Aufgaben. Und deswegen ist es lohnend, in die Erfüllung dieses Auftrags viel zu investieren.

c) Die Erfüllung des Auftrags der Kirche dient dem Ziel der Sammlung, Erhaltung und Mehrung der Gemeinschaft des Glaubens, also der verborgenen Kirche und gerade so auch dem Heil der Welt. Insofern besteht kein Gegensatz zwischen dem Dienst an der Kirche und dem Dienst an der Welt. Deshalb ist auch aller Einsatz für die Entwicklung, Erhaltung und Verbesserung der sichtbaren – organisatorisch verfassten – Kirche(n) nicht nur theologisch legitim, sondern sogar theologisch geboten, wenn und weil er diesem Ziel dient; denn ohne eine organisatorische Verfassung ist die Wahrnehmung des kirchlichen Auftrags gar nicht möglich. Nur wenn die kirchliche Organisation zum Selbstzweck wird (und diese Gefahr ist nie ausgeschlossen), behindert sie die Erfüllung ihres eigenen Auftrags. Darin manifestiert sich dann jenes heillose Kreisen um sich selbst, das ein Wesenszug der Sünde ist. Es ist jedoch nicht der Sinn und Zweck der sichtbaren Kirche, sich selbst aufzuheben, zu opfern oder überflüssig zu machen, wie man manchmal hört, sondern der Bezeugung des Evangeliums wirksam zu *dienen*. Das ist der Maßstab für alles. Alles andere ist demgegenüber zweitrangig – nicht im abwertenden, sondern im funktionalen Sinn dieses Wortes.

d) Deshalb und insofern kann der kirchliche Auftrag insgesamt mit dem Begriff »Sendung« (Mission) beschrieben werden, wenn und sofern damit in umfassendem Sinn die Bezeugung des Evangeliums von Jesus Christus gegenüber möglichst vielen Menschen mit allen legitimen Mitteln verstanden wird. Dieses Verständnis von Sendung schließt aber die *Versammlung* und den *Aufbau* der Kirche nicht aus, sondern ein; denn diese Versammlung und dieser Aufbau geschehen selbst in der Hoffnung, dass Gott das Zeugnis der Glaubenden durch seinen Heiligen Geist beglaubigen und so Glauben schaffen will, *wo und wann er will*, und denen Glauben gibt, *die das Evangelium hören* (so in CA 5, UG S. 49). Die Kirche ist durch das in der Welt ergehende und durch Gottes Geist bewahrheitete Evangelium von Jesus Christus begründet (EG 264,1) und eben dadurch mit der Bezeugung dieses Evangeliums beauftragt. Diese Bezeugung des Evangeliums in Wort und Tat ist der *Inhalt* des kirchlichen Auftrags und seine *Begrenzung*.

10

Verbindet oder trennt der Glaube die Religionen?

„Glaube" in seiner anspruchsvollen Bedeutung als lebenstragendes Vertrauen auf Gott ist, wie sich in diesem Buch gezeigt hat, ein zentraler religiöser Begriff. Das gilt jedenfalls für das Judentum und das Christentum. Aber auch der Islam, in dem das Glaubensbekenntnis (*Shahada*) zu Allah und seinem Propheten Mohammed sowie die Unterscheidung zwischen „Gläubigen" und „Ungläubigen" eine wesentliche Rolle spielen, könnte das vermutlich für sich akzeptieren, obwohl er sich selbst eher als „Hingabe" und „Unterwerfung" versteht.

Neben diesen monotheistischen Religionen, die alle eine Nähe zum Begriff „Glaube" haben, gibt es jedoch auch zahlreiche Religionen, für die das nicht gilt. Dabei ist sowohl an *polytheistische* Religionen zu denken, die eine Vielzahl von Göttern verehren oder fürchten,[376] als auch an *Naturreligionen*, die auf Geister und Kräfte ausgerichtet sind, die in der Welt wirken. Zudem sind hier fernöstliche *Weisheitslehren* zu nennen, in denen zwar religiöse Elemente wie z.B. „Himmel" vorkommen, in denen jedoch

---

376) Das ist besonders ausgeprägt im Hinduismus der Fall, der mehrere hundert Millionen Götter „kennt".

nicht an Gott oder Götter geglaubt wird.[377] Aber auch die Unterschiede zwischen den monotheistischen Religionen sind groß genug, um die Frage aufkommen zu lassen, ob sie alle an *denselben* Gott glauben und ob sie, indem sie sich auf „Jahwe" oder „den dreieinigen Gott" oder „Allah" ausrichten, *denselben* Gott meinen und verehren. Von der Beantwortung dieser Frage hängt es ab, ob der Glaube die monotheistischen Religionen miteinander verbindet oder voneinander trennt.

10.1 Was heißt „an denselben Gott glauben"?

Eine interessierte Bewohnerin in der Seniorenresidenz, in der ich mehrere Jahre lang als Seelsorger tätig war, sprach mich an und sagte: „Die Frage, ob Juden, Christen und Muslime an denselben Gott glauben, kann man doch ganz leicht beantworten: Da alle diese Religionen monotheistisch sind, also nur an *einen* Gott glauben, kann das doch auch nur *ein und derselbe* Gott sein, an den sie alle glauben und den sie verehren. Oder ist mir da ein Denkfehler unterlaufen?" Das scheint tatsächlich ein völlig plausibles Argument zu sein. Und davon ging nicht nur meine Gesprächspartnerin aus, sondern das leuchtet vielen Menschen ein. Umso überraschender wirkt es, wenn wir von den Repräsentanten der monotheistischen Religionsgemeinschaften gesagt bekommen, dass sie keineswegs alle an denselben Gott glauben und dass es darum für sie auch

---

377) Das gilt zum Beispiel für den Konfuzianismus und den Buddhismus.

10.1 Was heisst „an denselben Gott glauben"?

nicht möglich ist, *miteinander Gottesdienste* zu feiern, in denen Gott *gemeinsam verehrt, angebetet und verkündigt* wird.[378] Wohl aber sei es möglich und wünschenswert, dass die verschiedenen Religionsgemeinschaften gegenseitig ihre Mitglieder *als Gäste* zum Besuch ihrer Gottesdienste einladen. Wie erklärt sich das?

Ich nähere mich der Beantwortung dieser Frage zunächst über eine Besinnung auf die Begriffe „Selbigkeit", „Identität" und „Gleichheit" an. Dabei zeigt sich schnell: Die Rede von „demselben Gott" ist nicht so eindeutig, wie sie zunächst wirken mag. *Selbigkeit* oder *Identität* (und diese beiden Begriffe verstehe ich ihrer Bedeutung nach selbst als identisch) sind anspruchsvolle Begriffe, bei deren Klärung man sich leicht verirren oder verrennen kann. Das gilt auch dann noch, wenn man zwischen „Selbigkeit" bzw. „Identität" einerseits und *Gleichheit* andererseits un-

---

378) Siehe dazu die Texte: „Zusammenleben mit Muslimen in Deutschland. Gestaltung der christlichen Begegnung mit Muslimen." Eine Handreichung des Rates der EKD, Gütersloh 2000, sowie: Klarheit und gute Nachbarschaft. Christen und Muslime in Deutschland. Eine Handreichung des Rates der EKD, Hannover 2006, bes. S. 113-118, mit der Aussage: „Ein gemeinsames Gebet in dem Sinne, dass Christen und Muslime ein Gebet gleichen Wortlautes zusammen sprechen, ist nach christlichem Verständnis nicht möglich, da sich das christliche Gebet an den Einen Gott richtet, der sich in Jesus Christus offenbart hat und durch den Heiligen Geist wirkt." (a. a. O., S. 115) Die Deutsche Bischofskonferenz der römisch-katholischen Kirche hat im Jahr 2003 „Leitlinien für multireligiöse Feiern von Christen, Juden und Muslimen" veröffentlicht und 2008 überarbeitet. Die Bischofskonferenz vertritt darin eine Auffassung, die der evangelischen Position inhaltlich entspricht, aber anders begründet wird. Und Muslime lehnen es ab, wenn Christen für (ihren) Gott den Begriff „Allah" verwenden.

terscheidet, indem man sagt: Nur *eine* Sache[379] kann mit sich identisch sein, aber *mehrere* unterschiedliche Sachen können einander gleichen oder gleich sein. So können wir sagen: „Zwei Menschen gleichen einander wie ein Ei dem anderen." Das erklärt sich häufig daraus, dass sie eineiige Zwillinge sind. Aber obwohl sie sich vielleicht so gleichen, dass man sie als Fremder gar nicht voneinander unterscheiden kann, sind sie doch niemals miteinander identisch, also nicht *ein* Individuum, sondern deren zwei. Und wenn ich einem von ihnen im Lauf eines Abends mehrfach begegne, kann ich mir unsicher sein, ob es der (*selbe*) ist, dem ich schon begegnet bin, oder ob es der (*andere*), ihm ähnliche oder gleichende Zwilling ist.

Es könnte aber auch sein, dass ich einem Menschen begegne, der mich von seinem Aussehen her an jemanden erinnert, den ich entweder früher kennengelernt habe, der sich aber inzwischen *verändert hat*, oder der ein anderer Mensch ist. Da frage ich dann häufig zum Einstieg: „Sind wir uns schon einmal früher begegnet, oder sehen Sie möglicherweise nur jemandem ähnlich, den ich von früher kannte?" Ich will also wissen, ob er *derselbe* oder ein *anderer* Mensch ist. Ich erwähne diesen zweiten Fall, weil sich an ihm zeigt, dass Identität bzw. Selbigkeit keineswegs Gleichheit einschließen muss. Ja, man kann noch schärfer sagen, dass unter zeitlichen bzw. geschichtlichen Bedin-

---

379) Den Begriff „Sache" verwende ich hier nicht nur für Dinge oder Gegenstände, sondern auch für Personen, Lebewesen, Ereignisse, Zustände, Eigenschaften, also für alles, was existiert.

10.1 Was heisst „an denselben Gott glauben"?

gungen Identität nicht mit Gleichheit, sondern mit Veränderung und Wandel verbunden ist.

Der französische Philosoph Paul Ricœur[380] hat in den 1990er Jahren vorgeschlagen, zwischen „Ipse-Identität" und „Idem-Identität" zu unterscheiden. Dabei sagt die Ipse-Identität, *wer* jemand ist (und dafür steht beispielsweise der *Name* und die *Lebensgeschichte*). Die Idem-Identität sagt hingegen, *wie* jemand ist (und dafür stehen z. B. die *Eigenschaften* und *Merkmale*, die jemand oder etwas hat).

In der Frage, um die es bei *unserem* Thema geht, verbinden und überschneiden sich beide Identitäts-Begriffe insofern, als zu der Frage nach dem *einen* (und *einzigen*) Gott, an den alle monotheistischen Religionen jeweils glauben, sofort die Frage hinzutritt, ob sie alle über diesen *einen* Gott Aussagen machen, in denen auch die anderen Religionen *den* Gott erkennen bzw. wiedererkennen können, an den sie glauben. Diese Frage wird von den drei monotheistischen Religionen einmütig *verneint*. Und deshalb lehnen alle drei Religionen die Möglichkeit einer *gemeinsamen* gottesdienstlichen Verehrung Gottes ab.[381]

Dahinter steckt in der Regel *nicht* mangelnde Bereitschaft zur interreligiösen Begegnung – sonst würde man einander ja nicht gegenseitig einladen und besuchen –,

---

380) Paul Ricœur, Das Selbst als ein anderer (1990), dt. Paderborn 2005.
381) In Indonesien, dem Land mit den meisten Muslimen auf unserem Planeten, kommt das auch darin zum Ausdruck, dass die muslimische Mehrheit es entschieden ablehnt, dass die anderen monotheistischen Religionsgemeinschaften im Land den Namen „Allah" auch als Bezeichnung für ihre Gottheit verwenden.

sondern darin zeigt sich, dass wir zwar alle je *an einen einzigen* Gott glauben und ihn verehren, dass aber unsere *Vorstellungen* von diesem einen Gott so *unterschiedlich, teilweise sogar gegensätzlich* sind, dass wir nicht sagen können, es sei *derselbe* Gott. Wahrscheinlich könnten nur wenige Juden und Christen zusammen mit Muslimen zu Allah beten, der nach muslimischer Glaubensüberzeugung seinen Willen im Koran offenbart hat und dabei immer wieder auffordert, die „Ungläubigen" zu töten.[382] Für rechtgläubige Muslime und für Juden ist es dagegen kaum denkbar, zu dem dreieinigen Gott zu beten, an den die Christen glauben und zu dem sie beten. Und Christen und Muslime können sich nicht zu dem von Jahwe als seinen Bundespartner auserwählten Volk Israel zählen.[383]

Aber wie verhalten sich dann die unterschiedlichen Gottesvorstellungen der Religionen zu dem *einen* Gott, dem Schöpfer der Welt? Jede Religion lebt davon, dass sie Kunde von Gott empfangen hat in Form von Offenbarungen zu bestimmten Zeiten, mit bestimmten Inhalten,

---

382) So vor allem in Sure 2,191 und 216; 4,76 und 91; 5,33 und 72; 9,5.29 und 111; 47,4. Siehe dazu Yassir Eric, Hass gelernt - Liebe erfahren. Vom Islamisten zum Brückenbauer, Asslar 2017. Das Alte Testament steht in dieser Hinsicht dem Koran allerdings in nichts nach, wie man folgenden Bibelstellen entnehmen kann, die nur eine Auswahl darstellen: Ex 22,19; Num 25,5; Dtn 7,1-3; 13,13-16; 20,16-18; 1Sam 15,3; 1Kön 18,19 und 40; Ps 137,8 f. und Jer 51,1-4. Der darin erwähnte „Bann" ist die vollständige Vernichtung bzw. Ausrottung.

383) Davon ist zu unterscheiden, dass Christen daran glauben, dass Gott in Jesus Christus die Nicht-Juden (genannt: Heiden) zu seinem Bund *hinzu*erwählt hat, so dass das neue Volk Gottes aus Juden und Nicht-Juden besteht - so in Röm 3,29 f. und Eph 2,11-22 (siehe dazu oben Abschnitt 7.4).

10.1 Was heisst „an denselben Gott glauben"?

durch bestimmte Menschen und in bestimmten Sprachen. Diese Offenbarungen verweisen auf Gott, aber sie sind immer mitbestimmt davon, wie diese Offenbarungen von den jeweiligen Menschen empfangen, aufgefasst und verstanden wurden.[384] Deshalb hat jede Religion Zugang zu Gott immer nur in der Weise, in der Gott *sich ihr so erschlossen* hat, dass das *für sie* zur Gewissheit wurde.

Wie diese Offenbarungen der verschiedenen Religionen sich zueinander verhalten und ob ihre Gotteserkenntnisse sich untereinander zu einem umfassenden, wahren Gesamtbild ergänzen, können wir nicht wissen. Dazu müssten wir einen Standpunkt *oberhalb aller Religionen* haben oder einnehmen können. Hätten wir einen solchen „Gottesstandpunkt", von dem aus wir das Verhältnis der verschiedenen Religionen zueinander und zur Wirklichkeit Gottes überblicken könnten, dann könnten wir die Frage nach der wahren Offenbarung *objektiv* beantworten. Aber diesen Standpunkt gibt es für uns Menschen nicht. Das ist jedenfalls christliche Überzeugung. Sie wird von Paulus ausgesprochen mit den Worten: „Jetzt erkenne ich stückweise; dann aber werde ich erkennen, wie ich erkannt bin" (1Kor 13,12b), und: „Wir wandeln im Glauben und nicht im Schauen" (2Kor 5,7).

Wie können und sollen die Religionen aber voneinander denken und miteinander umgehen?

---

[384] Ein Beleg dafür ist schon die Tatsache, dass *alle* für das Christentum grundlegenden Texte (Schöpfungserzählung, Zehn Gebote, Evangelium, Vaterunser und Bergpredigt) in der Bibel *mehrfach* (zwei bis vier Mal) vorkommen, aber *niemals* wörtlich miteinander übereinstimmen.

10.2 Das Verhältnis zwischen den Religionen[385]

Ich kenne drei[386] Modelle, wie die Frage nach dem Verhältnis zwischen den Religionen beantwortet werden kann und auch tatsächlich von unterschiedlichen Gruppen beantwortet wird. Die will ich in diesem zweiten Abschnitt darstellen und würdigen. Ich fasse sie jeweils in den Überschriften in einem kurzen charakteristischen Satz zusammen.

10.2.1 „Wir haben Recht, die anderen befinden sich im Irrtum"

Wenn wir davon überzeugt sind, dass Gott sich uns (durch die Tora, durch Jesus Christus oder durch den Koran) offenbart hat, stellt sich uns irgendwann die Frage, was wir über die Offenbarungen in den anderen Religionen denken und wie wir uns zu ihnen verhalten sollen.

Eines ist aus christlicher Sicht jedenfalls ausgeschlossen und sollte aus der Sicht jeder Religion ausgeschlossen sein: Wir dürfen andere Religionen nicht *mit Gewalt* unterdrücken, verbieten oder gar ausrotten. Das verträgt sich weder mit dem Glauben an Gott als dem Schöpfer *aller* Menschen noch mit dem Respekt vor der Glaubensfrei-

---

385) Dieser Abschnitt stellt eine überarbeitete Fassung von Abschnitt 13.2 meines Buches: „... und hätten ihn gern gefunden". Gott auf der Spur, Leipzig 2017, S. 152-159, dar.

386) Ein mögliches viertes Modell, das sich als *Inklusivismus* versteht und davon ausgeht, dass alle Wahrheitselemente der anderen Religionen Teil der eigenen Religion seien und das auf diese Weise die anderen Religionen *vereinnahmt*, halte ich für eine *indiskutable* Position, die ich deshalb hier übergehe.

heit *jedes* Menschen. Aber es ist nicht selten in der Religions- und Kirchengeschichte trotzdem geschehen. Das ist eine nicht zu leugnende Schande. Und es ist keine Entschuldigung, dass das auch bei den anderen Religionen und bei säkularen Ideologien oft vorgekommen ist. Eigenes Unrecht wird dadurch nicht geringer, dass andere dasselbe tun.

Aber unterhalb dieser Grenze von Unterdrückung, Verbot und Ausrottung gibt es noch mehr Möglichkeiten, gegen andere Religionen und ihre Angehörigen vorzugehen. Man kann versuchen, ihre Religionsausübung zu *behindern*, indem man ihnen verbietet, Synagogen, Kirchen oder Moscheen zu bauen und zu ihren religiösen Veranstaltungen öffentlich einzuladen. Man kann sie im gesellschaftlichen (z. B. beruflichen) Leben *benachteiligen*. Man kann gezielt darauf hinwirken, dass sie ihre Religionsgemeinschaft verlassen und zur eigenen *übertreten*.

Das alles kommt vor und es wird vermutlich in der Regel von den „Missionierenden" mit *gutem Gewissen* praktiziert, weil dahinter folgende Überlegung steckt: Wenn wir zu der Gewissheit gekommen sind, dass wir Gottes Offenbarung empfangen haben, dann können die Offenbarungen, die in anderen Religionen gelehrt werden, aber *unserer* Offenbarungserkenntnis widersprechen, doch nur auf Irrtum oder Täuschung beruhen. Da wir aber nicht wollen können, dass Menschen in Irrtum oder Täuschung leben, müssen wir versuchen, diesen verkehrten Überzeugungen mit allen zulässigen Mitteln entgegenzutreten und sie zum Verschwinden zu bringen.

Kapitel 10: Verbindet oder trennt der Glaube die Religionen?

Diese erste Position kann man als *exklusivistisch* bezeichnen. Wie ist sie zu beurteilen? Ihre Stärke besteht vor allem darin, dass sie die *unbedingte Geltung und Verbindlichkeit* der als wahr erkannten Offenbarung für ihre Empfänger ganz *ernst zu nehmen* versucht. Und häufig werden Anhänger dieser Auffassung dadurch motiviert, auch möglichst viele andere Menschen an der Wahrheit teilhaben zu lassen, die sie selbst erkannt haben. Solange das den Charakter eines Bekenntnisses oder einer Bezeugung[387] des eigenen Glaubens hat und nicht zur Indoktrination mit unlauteren Mitteln wird, ist dagegen nichts einzuwenden. Im Gegenteil: Eine freie Gesellschaft *braucht das offene Gespräch* über weltanschaulich-religiöse Grundfragen. Dazu ist es erforderlich, dass ihre Mitglieder von ihren eigenen Glaubensüberzeugungen reden und für sie einstehen können.

Aber der exklusivistischen Position fehlt es an der Fähigkeit oder Bereitschaft, dasselbe, was sie für die *eigene* Religion in Anspruch nimmt, auch den *anderen* Religionen zuzugestehen, sofern sie ebenfalls diese Fähigkeit und Bereitschaft zeigen. Dem Exklusivismus mangelt es an Achtung der *Gleichberechtigung* zwischen den Religionen. Wer *nur* von der eigenen Wahrheitsgewissheit ausgeht und alles andere daran misst, versäumt es leicht, das, was

---

387) Ich verwende bewusst dieses altmodisch klingende Wort, das an eine Zeugenaussage in einem Gerichtsverfahren erinnert, bei der jemand etwas „auf seinen Eid nimmt", was er aufgrund eigener Wahrnehmung bezeugen kann. Und *darum* geht es beim interreligiösen Dialog. Ich kenne dafür kein passenderes Wort.

er für sich selbst in Anspruch nimmt, auch anderen zuzugestehen. Deshalb und insofern ist diese exklusivistische Position *defizitär*.

10.2.2 „Alle erkennen nur einen Teil der Wahrheit"

Die entgegensetzte Position, die man üblicherweise als *relativistisch* bezeichnet, bemüht sich darum, alle Religionen gleich zu behandeln. Sie geht davon aus, dass alle Religionen nur einen *Teil* der göttlichen Wahrheit erkennen, aber häufig den Fehler machen, ihre Erkenntnis für das Ganze zu halten und darum zu verabsolutieren. Wenn man diesen Fehler aber vermeidet, könnten die Religionen friedlich nebeneinander existieren, ohne sich gegenseitig zu beeinträchtigen, zu „missionieren" oder gar zu bekämpfen.

Diese Auffassung kommt anschaulich in dem bekannten *buddhistischen Elefanten-Gleichnis* zum Ausdruck, das besagt, dass die Anhänger aller Religionen oder Konfessionen – wie blinde Bettler, die einen Elefanten abtasten – jeweils nur ein *Teilstück* der göttlichen Wahrheit erfassen können, aber dieses Teilstück irrigerweise für das Ganze halten und darum (handgreiflich) miteinander streiten, wie ein Elefant bzw. wie die göttliche Wahrheit tatsächlich ist.[388]

---

388) Der vollständige Text findet sich bei Andreas Grünschloß, Der eigene und der fremde Glaube. Studien zur interreligiösen Fremdwahrnehmung in Islam, Hinduismus, Buddhismus und Christentum, Tübingen 1999, S. 202.

Kapitel 10: Verbindet oder trennt der Glaube die Religionen?

Diese relativistische Religionstheorie ist heute vielen Menschen aus dem Herzen gesprochen: Sie wirkt – auch aus religiösen Gründen – sympathisch bescheiden, und sie scheint hinsichtlich ihrer gesellschaftlichen Konsequenzen friedensstiftend und toleranzfördernd zu sein. Dabei bestreitet sie nicht, dass Religionen wahre Aussagen machen können. Aber diese sind alle begrenzt und widersprechen einander teilweise. Dass das so ist, wird häufig mit dem Hinweis auf die Weltüberlegenheit, also *Transzendenz Gottes* begründet, die alle Religionen, ihre Wahrheitserkenntnis und Wahrheitsansprüche relativiert mit dem Satz: „Gott ist immer größer" (lat.: *Deus semper maior*).

Meist wird aber nicht bemerkt, dass diese Theorie an einem gravierenden inneren *Widerspruch* leidet, der am Elefantengleichnis deutlich sichtbar wird. Das Gleichnis „funktioniert" nur, weil in ihm der erleuchtete Buddha den „Elefanten", also die göttliche Wahrheit, *im Ganzen sieht* und deshalb erkennen kann, dass die *anderen* Religionen und Konfessionen nur Teile zu fassen bekommen. Er sieht, *dass* und *warum* sie irren, wenn sie diese Teile für das Ganze halten. Wenn der Buddha aber akzeptieren würde, dass *auch er* wie ein blinder Bettler ist, der nur einen *Teil* der göttlichen Wahrheit erkennt, dann würde in dem Gleichnis die Instanz fehlen, die das Ganze überblickt. Und ohne diese Instanz kann man nicht wissen, ob es sich um *Teile* eines Ganzen handelt oder um einzelne voneinander unabhängige „Dinge". Im Elefantengleichnis nimmt also der Buddha das *für sich* in Anspruch, was er eigentlich für *alle* (und nicht nur für alle *anderen*) Religionen *bestrei-*

10.2 Das Verhältnis zwischen den Religionen

tet: dass *irgendjemand* die *ganze* göttliche Wahrheit überblicken und erfassen könnte. Das ist der schwerwiegende innere Widerspruch dieses Gleichnisses, und darum trägt es nicht zur Klärung, sondern zur Verwirrung bei.

Eine zweite Schwäche der relativistischen Religionstheorie besteht darin, dass sie dem *Selbstverständnis* der monotheistischen Offenbarungsreligionen (also Judentum, Christentum und Islam) weithin nicht gerecht wird. Der Glaube an Gott ist in diesen Religionen etwas *Unbedingtes*, das im Leben und Sterben Halt gibt. Religion sucht nach Gewissheit und lebt von Gewissheit.[389] Und auch wenn diese Gewissheit vom Zweifel begleitet ist, vertrauen die Glaubenden doch darauf, dass sie nicht nur irgendein Teilstück von Gott erkannt haben, sondern die *Wesensart* Gottes, auf die sie vertrauen können. Der skizzierte Relativismus ist mit diesem Selbstverständnis der Religionen nur schwer oder gar nicht vereinbar.

Aber kann es überhaupt eine andere Lösung geben, als sich entweder für eine exklusivistische oder für eine relativistische Position zu entscheiden? Ein „dritter Weg" ließe sich dann finden, wenn wir die Stärken der beiden ersten Positionen miteinander verbinden und zugleich ihre Schwächen vermeiden könnten. Ich bin davon überzeugt, dass das möglich ist. Aber bevor man diesen Weg beschreitet, ist noch ein kurzer Rückblick auf die beiden dargestellten Positionen hilfreich – und zwar ein Blick auf eine *gemeinsame Schwäche*. Beide erliegen der Gefahr, ihre eigene

---

389) Siehe dazu oben Abschnitt 4.1.

Auffassung als eine objektiv gültige und darum für alle Menschen verbindliche Position zu betrachten. Beim *Exklusivismus* ist das offensichtlich und bezieht sich auf die *eigene Glaubensgewissheit.* Aber auch der *Relativismus* erliegt dieser Gefahr, indem er vorgibt zu wissen, dass alle Religionen *nur Teile der göttlichen Wahrheit* erfassen können. Der objektive Anspruch bezieht sich in beiden Fällen auf etwas Unterschiedliches, aber er wird *in beiden Fällen* für die eigene Position erhoben. Und damit „überhebt" sich sowohl der Exklusivismus als auch der Relativismus.

Ein überzeugender Weg jenseits von Exklusivismus und Relativismus muss einer sein, der diesen Grundfehler des Sich-Überhebens möglichst vermeidet. Das geschieht am wirkungsvollsten dadurch, dass man den Geltungsanspruch des Glaubens nicht nur für die *eigene* Religion, sondern grundsätzlich für *alle* Religionen anerkennt, die auch selbst zu dieser Anerkennung fähig und bereit sind.

10.2.3 „Die eigene und die fremde Glaubensüberzeugung respektieren"

Mit der *eigenen Glaubensüberzeugung* verbindet sich bei diesem Modell die *Achtung* und der *Respekt* auch gegenüber anderen Glaubensüberzeugungen. Dazu ist es nicht erforderlich (und auch gar nicht möglich), die Glaubensüberzeugungen anderer Religionen auf ihren *Wahrheitsgehalt* hin zu überprüfen. Wir haben lediglich die Möglichkeit, den Wahrheitsanspruch einer anderen Religion – soweit wir ihn kennen und verstehen – mit der Wahrheitsgewissheit unserer eigenen Religion zu vergleichen und

10.2 Das Verhältnis zwischen den Religionen

dabei Übereinstimmungen, Abweichungen oder Widersprüche festzustellen. Das ist aber etwas anderes, als ein *Urteil* über den Wahrheitsanspruch einer anderen Religion zu fällen.

Christen bekennen von sich selbst, dass ihr Glaube „nicht aus eigener Vernunft noch Kraft" entsteht, sondern eine für uns Menschen unverfügbare Gabe des Geistes Gottes ist, die uns zuteilwird, „wo und wann er will".[390] Wenn das für Christen gilt, dann müssen sie das konsequenterweise zumindest als von Gott zugelassene Möglichkeit auch für die Anhänger anderer Religionen anerkennen. Und sie müssen den Versuch unterlassen, das Wirken des Heiligen Geistes in die eigene Regie nehmen zu wollen, um Anhänger anderer Religionen *gegen deren innere Überzeugung* zu Christen zu machen.

Dies schließt die *Bezeugung des eigenen Glaubens* anderen Menschen gegenüber in keiner Weise aus. Im Gegenteil: Zum respektvollen und ernsthaften Austausch zwischen den Religionen gehört die – wechselseitige – *Bezeugung* des eigenen Glaubens. Diesen Auftrag *sollen* wir nicht nur erfüllen, sondern wir erfüllen ihn in gewisser Hinsicht *tatsächlich*, weil jede Lebensäußerung eines Menschen (gewollt oder ungewollt) auch zeigt, was ihn religiös bestimmt. Paulus hat das im Blick auf die Christen in 2Kor 3,3 durch die bildhafte Formulierung zum Ausdruck

---

390) So haben es Martin Luther 1529 in seinem Kleinen Katechismus und Philipp Melanchthon 1530 im Augsburgischen Bekenntnis formuliert (UG, S. 471 und 49).

gebracht: „Ihr seid ein Brief Christi". Er schreibt nicht: „Ihr sollt ein Brief sein", sondern stellt das als eine Tatsache fest. Die Frage ist freilich, was andere Menschen jeweils in dem Brief zu lesen bekommen, der wir sind.

Die Form von Mission[391], die sowohl mit dem *Wesen der Religion* als auch *mit der Glaubensfreiheit der Menschen* vereinbar ist, ist das offene und öffentliche Eintreten für die eigene Glaubensüberzeugung, insbesondere dort, wo wir danach gefragt oder dazu aufgefordert werden.[392] Dazu gehört es auch, suchende Menschen zum Gespräch über den Glauben einzuladen. Dieser Auftrag wird freilich dann nicht erfüllt, sondern verraten, wenn die Bezeugung verfälscht wird zur Indoktrination oder zur Abwerbung mit unlauteren Mitteln.

10.3 Regeln für das Verhältnis und Verhalten der Religionen zueinander

Gibt dieser Vorschlag, dem ich den Namen „Positioneller Pluralismus" gegeben habe,[393] eine *befriedigende* Antwort auf die Frage nach dem Verhältnis zwischen den Glaubensüberzeugungen und den Wahrheitsansprüchen der

---

391) Die Bibel gebraucht den (historisch belasteten) Begriff „Mission" nirgends, aber sie spricht zu Recht von der *Sendung* der Christen, besonders markant in dem Wort des auferstandenen Christus: „Wie mich der Vater gesandt hat, so sende ich euch." (Joh 20,21; vgl. Mt 28,18-20)

392) Siehe 1Petr 3,15: „Seid allezeit bereit zur Verantwortung vor jedermann, der von euch Rechenschaft fordert über die Hoffnung, die in euch ist."

393) Siehe W. Härle, Aus dem Heiligen Geist. Positioneller Pluralismus als christliche Konsequenz, in: Lutherische Monatshefte 37/1998, Heft 7,

10.3 Regeln für das Verhältnis der Religionen

verschiedenen Religionen? Ich kann das nur aus christlicher Sicht beantworten – und bejahen.

Auf *eine* „offene Flanke" will ich aber hinweisen. Man kann diesen „dritten Weg" als eine spezifisch *christliche* Antwort verstehen, weil in ihr das Wissen um die Unverfügbarkeit der Glaubensgewissheit samt dem Angewiesensein auf den Geist Gottes eine zentrale Rolle spielen. Das heißt freilich nicht notwendigerweise, dass dieser Weg für andere Religionen inakzeptabel wäre.[394] Aber ob er von ihnen akzeptiert werden kann und akzeptiert wird, ist von ihnen selbst zu beantworten.

Doch was folgt daraus, wenn andere Religionen oder Weltanschauungen (auf demselben Territorium) dem *nicht* zustimmen, sondern einen *prinzipiellen Relativismus* vertreten, der gar keine öffentlich artikulierten religiösen Wahrheitsgewissheiten duldet? Oder wenn sie einen *radikalen Exklusivismus* vertreten, der die öffentliche Artikulation anderer Religionen unterbindet und die Abkehr von der eigenen Religion verbietet und unter Strafe stellt?

Ich sehe in Konsequenz des von mir vertretenen Ansatzes hierfür keine andere Möglichkeit als einerseits das Ein-

---

S. 21-24, sowie Ders., Die Wahrheitsgewißheit des christlichen Glaubens und die Wahrheitsansprüche anderer Religionen (1998), in: Ders., Spurensuche nach Gott, Berlin/New York 2008, S. 96-108.

[394] So heißt es etwa im Koran, Sure 10,99 f.: „Und wenn dein Herr wollte [oder: gewollt hätte], würden die, die auf der Erde sind, alle zusammen gläubig werden. Willst nun du die Menschen (dazu) zwingen, dass sie glauben? Niemand darf gläubig werden, außer mit der Erlaubnis Gottes."

KAPITEL 10: VERBINDET ODER TRENNT DER GLAUBE DIE RELIGIONEN?

treten für eine *Verfassungs- und Rechtsordnung*, die genau diesen dritten Weg ermöglicht, ihn rechtsstaatlich garantiert und schützt – ohne ihn staatlicherseits inhaltlich auszufüllen. Anderseits ist die inhaltliche *Ausfüllung* dieses Rahmens eine Aufgabe der Religionsgemeinschaften je für sich, z. B. in Form des *Religionsunterrichts* als ordentliches Lehrfach an öffentlichen Schulen.[395] Ich kenne kein anderes Modell, das in gleicher Weise sowohl die Freiheit aller pluralismusfähigen Religionen und Weltanschauungen als auch den Respekt vor der Glaubensfreiheit jedes Menschen zur Geltung bringt und *damit* dem gesellschaftlichen Frieden dient. Ich sehe dieses Verfassungsmodell sowohl im Grundgesetz der Bundesrepublik Deutschland (unter Einschluss seiner Präambel[396]) in überzeugender Weise repräsentiert als auch in den Paragraphen 166 und 167 des deutschen Strafgesetzbuchs, die sich auf Religion und Weltanschauung beziehen. Sie stellen es unter Strafe, wenn jemand „öffentlich oder durch Verbreitung von Schriften ... den Inhalt des religiösen oder weltanschaulichen Bekenntnisses anderer in einer Weise beschimpft, die geeignet ist, den öffentlichen Frieden zu stören"[397].

Es erfüllt mich mit Befriedigung, dass dieses Modell in unserer deutschen Gesellschaft von einem breiten Konsens

---

395) Siehe dazu W. Härle, Religionsunterricht unter pluralistischen Bedingungen, Leipzig 2019 und Ders., Religionsunterricht unter pluralistischen Voraussetzungen, in: ZThK 117/2020, S. 523-543.
396) Das heißt: unter Bezugnahme auf die (ethische) Verantwortung der Verfassungsgeber und Bürger „vor Gott und den Menschen".
397) Strafgesetzbuch vom 13.11.1998, 57. Auflage, München 2019, § 166 (1).

getragen wird. Für diesen Konsens müssen wir aber auch immer wieder argumentativ und werbend eintreten, und zwar einerseits in unserem Land insbesondere im Blick auf die nachwachsenden Generationen, andererseits aber auch im Rahmen der außenpolitischen Beziehungen vor allem dort, wo bislang noch keine wirkliche Religionsfreiheit und kein Respekt vor abweichenden religiösen Auffassungen herrschen.

Zwar dürfen wir die Religionsfreiheit z. B. der Muslime in Deutschland *nicht* so lange einschränken, bis in der Türkei, in Pakistan, in Indonesien und im Sudan und anderswo Religionsfreiheit für Christen und für die Anhänger anderer Religionen und Weltanschauungen herrscht. Aber wir müssen uns (auch unter Hinweis auf die bei uns *praktizierte* Religionsfreiheit) offensiv, unbeirrt und unnachgiebig auch in anderen Ländern für die Religionsfreiheit *aller* Menschen einsetzen. Ferner müssen wir uns für einen von *Respekt* geprägten Umgang der Religionen und Weltanschauungen und ihrer Anhänger untereinander einsetzen und ihn auch selbst praktizieren. Mit solchem Respekt ist es sehr wohl vereinbar, sich *öffentlich kritisch oder ablehnend* zu Überzeugungen und Praktiken anderer Religions- und Weltanschauungsgemeinschaften zu äußern und sie, wenn sie sich anschicken Grenzen des Rechts zu überschreiten, *mit allen legalen Mitteln daran zu hindern*. Mit solchem Respekt ist es aber *nicht* vereinbar, andere Religionen und Weltanschauungen *zu beleidigen oder lächerlich zu machen*. Dadurch können oder müssen deren Mitglieder den Eindruck bekommen, dass das, was

KAPITEL 10: VERBINDET ODER TRENNT DER GLAUBE DIE RELIGIONEN?

ihnen grundlegend wichtig oder sogar heilig ist, von anderen in den Dreck gezogen wird. Das hat zu unterbleiben. Dass solche Beleidigungen keine Rechtfertigung für Vergeltungsaktionen, für Gewalttaten oder Anschläge sind, muss allerdings auch immer wieder ausdrücklich *gesagt* werden.

Staatliches Recht darf die respektvolle, öffentliche – auch kontroverse – Kommunikation über Religion und ihre Wahrheit nicht unterdrücken oder unterbinden, sondern muss ihr Raum geben und diesen Raum auch schützen. Indem der *freiheitliche*, auch der *säkulare* Staat dies tut, leistet er – wie Ernst Wolfgang Böckenförde (1930–2019) es im Jahr 1967 erstmals formuliert hat – einen wesentlichen Beitrag zur Erhaltung und zur Regeneration *der Voraussetzungen*, von denen der Staat und seine Bürger leben, die der Staat aber selbst nicht garantieren kann, wenn er nicht zum *totalitären Staat* werden soll.[398] Für diese Voraussetzungen zu sorgen, ist eine alle Menschen verbindende weltanschaulich-religiöse Aufgabe. In ihrer Erfüllung kommt das zum Ausdruck, was und woran Menschen *glauben*.

---

398) Damit erinnere ich an das berühmte, unzählbar oft zitierte „Theorem" von Ernst Wolfgang Böckenförde: „Der freiheitliche, säkulare Staat lebt von Voraussetzungen, die er selbst nicht garantieren kann, ohne seine Freiheitlichkeit in Frage zu stellen". Das hat er ursprünglich im Jahr 1967 formuliert. Ich zitiere die erneuerte Version dieses Theorems, wie Böckenförde sie 1996 am Beginn des Aufsatzes „Fundamente der Freiheit" veröffentlicht hat. Siehe Erwin Teufel (Hg.), Was hält die moderne Gesellschaft zusammen?, Frankfurt/Main 1996, S. 89-99. Dieses Theorem gilt m. E. nicht nur für den *Staat*, sondern insofern auch für *jeden Menschen*

10.4 Noch einmal: „Was ist überhaupt Glaube?"

In seinem Aufsatz „Um Kirche und Heimat"[399] berichtet Hugo Linck (1890-1976), der letzte deutsche Pfarrer von Königsberg, von seinem 25. Verhör bei der Gestapo, das eine unerwartete Wendung nahm. Nachdem er den Verhörleiter aufgefordert hatte: „Kommen Sie zur Sache!", will der nun plötzlich wissen: „Sie reden da immer vom Glauben. Was ist denn überhaupt Glaube?"

Pfarrer Linck erzählt ihm als Antwort auf diese Frage zwei Erlebnisse, an denen man erkennen kann, was Unglaube und was Glaube ist:

„Die erste Geschichte habe ich selber erlebt, die vom Unglauben. Die andere hat mir ein Amtsbruder erzählt, der sie selber erlebt hat.

Also vom Unglauben. Als ich 1914 im Lazarett war, wurde unter meinen Kameraden durch den Hofrat, unseren behandelnden Arzt, bekannt, dass ich ein evangelischer Pfarramtskandidat war, da er mich immer mit ‚Herr Pfarrer' anredete, obwohl ich nur ein Gefreiter war. So kam eines Tages ein Kamerad an seinem Stock auf mich zuge-

---

und für *jede Gesellschaft*, als diese alle von Voraussetzungen leben, die sie selbst nicht garantieren können.

399) H. Linck, Um Kirche und Heimat, in: Leben in Ostpreussen. Erinnerungen aus neun Jahrzehnten, hg. v. O. Dikreiter und M. A. Borrmann, Augsburg 1963, S. 167 f. Den Hinweis auf diesen Text verdanke ich dem Buch von H. Piper, Der letzte Pfarrer von Königsberg, Berlin-Brandenburg 2019, S. 315-317. Die Interpunktion des Textes habe ich teilweise leicht korrigiert.

Kapitel 10: Verbindet oder trennt der Glaube die Religionen?

humpelt, holte ein silbernes Medaillon der Jungfrau Maria hervor, das er an einem Kettchen auf seiner Brust trug. ‚Sieh mal', sagte er, ‚das ist von der Mutter Gottes zu Alt-Ötting hochgeweiht, und mir ist gesagt worden, wenn du das trägst, wird dir nichts passieren. Und nun hat es mich doch erwischt.' Dabei zeigte er auf sein rechtes Knie, das durch einen Querschläger zertrümmert und steif geblieben war, so dass er nie wieder auf eine Malerleiter steigen konnte, also seinen Beruf aufgeben musste. – ‚Sehen Sie', sagte ich meinem Beamten, ‚sein Vertrauen auf irgendetwas Sichtbares setzen, ist Unglaube.'[400]

Aber nun will ich Ihnen die andere Geschichte erzählen, die klarmachen kann, was Glaube ist. Mein Amtsbruder erzählte mir: Als er als Feldprediger in einem großen Lazarett seinen Dienst tat, rief ihn eines Tages der Chefarzt und sagte: ‚Herr Pfarrer, ich habe eine große Aufgabe für Sie. Sie kennen wohl auch im Raum ... den Verwundeten, der einen großen Verband um seinen Kopf trägt. Morgen muss der Verband abgenommen werden, und darum müssen Sie ihm heute noch sagen, dass er blind ist. Er weiß es nicht, denn seine Augen sind unverletzt, aber das Geschoss ist durch das Sehzentrum ins Gehirn gegangen und hat es völlig zerstört. Wir befürchten bei dem Verwundeten einen seelischen Zusammenbruch, wenn ihm sein Zustand klar wird. Sie müssen ihm also das Nötige seelsorglich eröff-

---

[400] Im Anschluss an die Aussagen M. Luthers und P. Tillichs über „Gott" und „Abgott" (s. o. Abschnitt 3.1) wäre es treffender, hier nicht von „Unglaube", sondern von „Aberglaube" zu sprechen.

10.4 Noch einmal: Was ist überhaupt Glaube?

nen.' Ich bin, so erzählte mein Amtsbruder, zu dem Verwundeten hingegangen, setzte mich an sein Bett und begann das Gespräch. Er war ein Bauernsohn aus dem Schwarzwald, etwa 20 Jahre alt. ‚Bist du auch konfirmiert?‘ ‚Ja, das bin ich.‘ ‚Weißt Du auch noch deinen Einsegnungsspruch?‘ ‚Ja, natürlich.‘ ‚Wie lautet er denn?‘ Der junge Soldat antwortete: ‚Und ob ich schon wanderte im finstern Tal, fürchte ich kein Unglück, denn du bist mir.‘ ‚Glaubst du das?‘ ‚Ja, das glaube ich.‘ ‚Glaubst du das ganz fest und zuversichtlich?‘ ‚Ja, das glaube ich, fest und zuversichtlich.‘ Da konnte ich ihm die schwere Eröffnung machen, und in diesem Glauben hat er sie hingenommen, ohne dass die von den Ärzten befürchtete seelische Erschütterung ihn niederwarf. – ‚Das ist Glaube‘, sagte ich dem vernehmenden Beamten. ‚Gottes Hand fassen und halten, auch wenn ganz bittere Not über uns kommt, und ihm als unserem Vater von Herzen vertrauen.‘ Wohl zwei Minuten sah der Beamte schweigend zum Fenster hinaus. Dann schloss er mit zwei kurzen Sätzen das Protokoll und entließ mich."

Nachwort zur aktuellen Situation

Dieses Buch entstand in der Zeit vom Frühjahr 2020 bis zum Frühjahr 2022, also während der Coronapandemie und auch noch während des beginnenden russischen Kriegs gegen die Ukraine. Beide katastrophale Ereignisse haben schon bis jetzt eine immense Zahl von Menschenleben gefordert. Sie kommen zwar in diesem Buch nicht ausdrücklich vor,[401] aber sie haben mich beim Schreiben ständig beschäftigt und insofern sicher auch im Buch ihre Spuren hinterlassen.

Beide Ereignisse haben auch in mehrfacher Hinsicht mit dem Thema „Vertrauen" zu tun. Zunächst insofern, als sie gravierende Übel darstellen, die für viele Menschen das Vertrauen auf Gott als gütigen Schöpfer, Erhalter und Herrn der Welt in Frage stellen. In dieser *allgemeinen* Form wurden sie in diesem Buch in Kapitel 2.4 behandelt.

Aber die durch diese Katastrophen ausgelöste Frage nach dem Vertrauen stellt sich zudem in *sozialen* Zusammenhängen, und zwar anders als im Zusammenhang mit dem *Glauben an Gott*. Im Blick auf den Überfall Russlands auf die Ukraine versteht sich das von selbst; denn der fällt ganz in *menschliche* Verantwortung; aber auch im Blick

---

401) In der gleichzeitig entstandenen 6. Auflage meiner „Dogmatik" (Berlin/Boston 2022) gibt es auf S. 187–189 jedoch einen Exkurs zum kirchlichen Handeln unter Pandemiebedingungen.

auf die Pandemie stellt sich die Frage nach dem Anteil, den unser Umgang mit der Natur an diesem dramatischen Ereignis hat.

Ich hatte ursprünglich den Plan, das Buch mit einem Kapitel über „Vertrauen als gesellschaftliche und politische Ressource" zu beschließen. Diesen Plan habe ich nach einiger Zeit aufgegeben, weil mir immer mehr bewusst wurde, dass zwischen dem Vertrauen auf Gott und dem zwischenmenschlichen Vertrauen so grundsätzliche Unterschiede bestehen, dass der thematische Übergang vom einen zum anderen Thema im selben Buch – und noch dazu an seinem Ende – vermutlich mehr Verwirrung als Klärung gestiftet hätte.[402] Im Blick auf das Vertrauen in zwischenmenschlichen Beziehungen gilt der geradezu triviale Satz, den Niklas Luhmann in seinem Buch über Vertrauen zu Recht als unbestreitbar bezeichnet hat: „Es gibt offensichtlich Fälle, in denen Vertrauen, und andere Fälle, in denen Misstrauen angebracht ist".[403] Das könnte man im Blick auf den Glauben an Gott nur dann sagen, wenn man unter „Glauben" zugleich „Aberglauben" und unter „Gott" zugleich „Abgott" oder „Götze" subsumieren würde.

Aus dieser Tatsache der Ambivalenz von zwischenmenschlichem Vertrauen und der daraus resultierenden

---

402) Geblieben ist jedoch in Kapitel 6.1 dieses Buches das Nachdenken über den Zusammenhang zwischen Grundvertrauen und Gottvertrauen, wie er sich bei der Entstehung und Entwicklung des Glaubens in der Lebensgeschichte zeigt. Dort musste auch vom Pendant des Grundvertrauens, also dem Grundmisstrauen die Rede sein.

403) N. Luhmann, Vertrauen. Ein Mechanismus der Reduktion sozialer Komplexität, Konstanz/München (1968) ⁵2014, S. 112.

Nachwort zur Situation

Notwendigkeit von partiellem Misstrauen habe ich die Konsequenz gezogen, auf das ursprünglich geplante Schlusskapitel zu verzichten. Ferner habe ich den Untertitel: „Vom Sinn des Glaubens" um die Worte „an Gott" erweitert. Nur im Rahmen dieses Nachworts will ich etwas über die *ethische* Bedeutung und Notwendigkeit von Misstrauen bzw. Wachsamkeit und Abschreckung sagen. Diese Besonderheiten erklären sich daraus, dass wir es in diesen Bereichen (anders als beim Glauben an Gott) per definitonem stets mit *menschlichen* Akteuren und *menschengemachten* Strukturen zu tun haben, die als solche nicht nur irrtums*fähig* und fehler*anfällig*, sondern auch von einem „Hang zum Bösen"[404] mitgeprägt sind. Dieser allgemein menschliche, zum Beispiel in Form der „Pleonexia"[405], also von Mehrhabenwollen, Habsucht oder Habgier, in Erscheinung tretende Hang ist eine der häufigsten und tiefreichendsten Ursachen für das Böse, dem nicht mit Vertrauen, sondern mit Wachsamkeit, Misstrauen und notfalls sogar mit bewaffnetem *Widerstand* entgegenzutreten ist.

Es ist naturgemäß angenehmer und wirkt auch humaner, diese menschliche Seite nicht anzuschauen oder ihre

---

[404] Ich halte es für einen großen Gewinn, dass sich dem Aufklärungsphilosophen I. Kant diese biblische Einsicht in seiner Schrift: Die Religion innerhalb der Grenzen der bloßen Vernunft (1793) erschlossen hat (siehe I. Kant, Werke Bd. 7 Darmstadt 1968, S. 665–705); auch wenn J. W. von Goethe in einem Brief an J. G. Herder vom 7. Juni 1793 die Meinung vertrat, Kant habe damit „seinen Philosophenmantel beschlabbert". Was Goethe schreibt, ist die Logik derer, die andere als „Nestbeschmutzer" bezeichnen, weil diese sagen, dass das Nest schmutzig ist.

[405] So Aristoteles in seiner Nikomachischen Ethik, Buch V, 1129 a.

Realität zu bagatellisieren, zu bestreiten oder selbst als eine Reaktion auf entgegengebrachtes Misstrauen zu erklären. Unter den polemischen Begriffen „Generalverdacht", „Hexenjagd" oder „Kriegstreiberei" spielt diese die Realität des Bösen verharmlosende Sichtweise in unserer Gesellschaft – auch in den Kirchen – seit vielen Jahren eine gefährliche Rolle. Dabei haben wir doch spätestens im Rahmen der Finanzmarktkrise von 2007/2008 die Missbrauchbarkeit von Vertrauen und Leichtgläubigkeit im Bereich der Wirtschaft kennengelernt.[406] Und die russischen Militäraktionen in Tschetschenien, Syrien, Georgien und im Donbass sowie die völkerrechtswidrige Annexion der Krim hätten uns aus dem Schlummer unserer Appeasement-Politik wecken müssen, wenn wir auf die Stimmen der Vorsicht und des Misstrauens gehört hätten.

Dabei lässt sich gerade an diesem Überfall Russlands auf die Ukraine die Vermutung erhärten, dass es eine kriegs*vermeidende* Funktion hätte haben können, wenn die dafür verantwortlichen Länder und ihre Regierungen wachsam, rechtzeitig und entschlossen auf Vertragsverletzungen sowie auf die Überschreitung angekündigter „roter Linien" reagiert und auf der strikten Einhaltung von eingegangenen Verpflichtungen bestanden hätten.

Zwar ist der einfache Satz richtig: „Wenn du Frieden willst, bereite den Frieden vor", aber er ist nur zusammen

---

406) Siehe dazu den Artikel von S. Esser über den Betrüger Madoff mit dem Titel: „Seine Masche war Vertrauen" (in: Cicero, Februar 2009, S. 28).

mit dem anderen Satz richtig: „Wenn du Frieden willst, bereite die Verteidigung deines Landes gegen feindliche Angriffe vor".[407] Das zeigt zugleich, dass die Konzepte des „gerechten Krieges" und des „gerechten Friedens" zwar sprachlich und argumentativ, aber nicht inhaltlich einen Gegensatz bilden.[408] Die Evangelische Kirche in Deutschland hat dem schon vor Jahren in ihren Friedensdenkschriften Ausdruck gegeben durch die These, dass die Kriterien für einen gerechten Krieg[409] innerhalb der Lehre vom gerechten Frieden wieder auftauchen als „unerlässliche Prüffragen"[410] für den legitimen Einsatz von militärischer Gewalt im Rahmen der Erhaltung, Sicherung und Wiederherstellung des Friedens. Aber nur gerechter Friede und nicht gerechter Krieg kann das Ziel friedenspolitischen Handelns aus ethischer Sicht sein.

Ein zusätzliches Element von leichtfertigem Vertrauen in Verbindung mit einer Ausrichtung an kurzfristigen wirtschaftlichen Vorteilen kam schon in der Coronapan-

---

407) Das ist der Sinn der Erkenntnis: „Es kann der Frömmste nicht im Frieden bleiben, wenn es dem bösen Nachbarn nicht gefällt" (F. Schiller, Wilhelm Tell) und der daraus folgenden Devise: „Si vis pacem, para bellum".

408) Siehe dazu W. Härle, Zum Beispiel Golfkrieg. Der Dienst der Kirche in Krisensituationen in unserer säkularen Gesellschaft, Hannover 1991, S. 37-44, sowie Ders., Ethik, Berlin/Boston ²2018, S. 367-400.

409) Dabei ist insbesondere an die vier klassischen Kriterien für einen gerechten Krieg zu denken: a) die rechtmäßige Entscheidungsinstanz („legitima potestas"); b) den gerechten Grund („causa iusta"); c) Krieg als äußerstes Mittel („ultima ratio") und d) die richtige Absicht („intentio recta").‹

410) So steht es zum Beispiel auf S. 80 des Textes „Zwischenbilanz zu Schritte auf dem Weg des Friedens", die der Rat der EKD 2001 unter dem Titel „Friedensethik in der Bewährung" veröffentlicht hat.

demie, aber erst recht im Ukrainekrieg zum Vorschein: die übermäßige Abhängigkeit in wirtschaftlicher Hinsicht (zum Beispiel von China und Russland), die den verantwortlichen Regierungen in Konfliktsituationen aus ökonomischen Gründen die Hände band und so verhinderte, die notwendigen Schritte von Embargomaßnahmen zu unternehmen. Dadurch entstand die fatale Lage, abwägen zu müssen zwischen dem Bruttoinlandsprodukt (samt Arbeitsplätzen und Industriestandorten) einerseits und der Zahl von vernichteten Menschenleben als Opfer eines durch die eigenen guten Geschäfte mitfinanzierten Krieges. Auch da hätten rechtzeitige Wachsamkeit und Vorsicht an Stelle von leichtgläubigem, bequemem Vertrauen gewaltigen Schaden verhindern können.

In einer weiteren Hinsicht hat sich in den letzten Monaten die Ambivalenz von Vertrauen und Vertrauenswürdigkeit im sozialen Zusammenhang bezogen auf die *Wahrheitsfrage* (erneut) massiv gestellt. In der verbreiteten Redensart, dass die Wahrheit das erste ist, was im Krieg stirbt, kommt die Bedeutung dieses Themas drastisch zum Ausdruck. Das ist keine neue, aber eine neuerlich im Blick auf die (Des-)Information der Öffentlichkeit insbesondere durch regierungsamtliche Stellen bestätigte bittere Erkenntnis. Allerdings hat diese Erkenntnis in den zurückliegenden Jahrzehnten insofern eine gewaltigen Intensivierung erfahren, als sowohl die Möglichkeiten der Informations*manipulation* (zum Beispiel durch die Verbreitung von Fake News in den sogenannten Sozialen Medien) als auch die Möglichkeiten der Informations-

selektion (durch strafbewehrte Verbote und technische Blockaden) enorm zugenommen haben. Der Schaden, der dadurch entsteht, dass Personen, Institutionen und Regierungen einander nicht mehr vertrauen können, weil sie damit rechnen müssen, systematisch belogen und betrogen zu werden, kann gar nicht zu hoch eingeschätzt werden, weil Wahrheit und Wahrhaftigkeit die Basis jedes zielführenden Umgangs mit der Wirklichkeit sind.[411] So sind auch die intensiven diplomatischen Bemühungen zur Verhinderung des drohenden Ukrainekriegs nicht zuletzt an den vielen Lügen und Irreführungen gescheitert, die in diesem Fall vor allem vom amtierenden russischen Präsidenten zum Zweck der Durchsetzung seiner Machtinteressen in die Welt gesetzt wurden. Das hat er nicht nur durch die Verbreitung ausgeklügelter Falschnachrichten erreicht, sondern noch effektiver durch die systematische Unterdrückung einer freien Presse, die es der russischen Bevölkerung und der Weltöffentlichkeit ermöglicht hätte, sich ein realistisches Bild von der Konfliktlage zu machen.

Es hat tragischen Charakter, dass die „friedliche Revolution" in Europa, die unter den russischen Leitbegriffen „Glasnost" (Durchsichtigkeit) und „Perestroika" (Wandel) im Wesentlichen durch Michail Gorbatschow vorangebracht[412] wurde, immer wieder durch Wortbrüche, Ver-

---

411) Siehe dazu W. Härle, Ethik, Berlin/Boston ²2018, S. 401–417.
412) Die Wurzeln dafür reichen freilich wesentlich weiter zurück: nach Ostberlin 1953, Ungarn 1956, Prag 1968, Danzig 1980 und Leipzig 1989. Aber der Befreiungsimpuls, den Gorbatschow vielen Ländern Osteuropas gebracht hat, bleibt sein großes und unvergessliches Verdienst – auch wenn,

tragsverletzungen, Täuschungsmanöver und damit durch die Lügen vieler politischer Akteure schwer belastet wurde. Von diesen Vertrauensbrüchen wird Europa sich vermutlich für lange Zeit nicht erholen. Eine der großen politischen Zukunftsaufgaben in Europa wird darum die Schaffung von vertrauensbildenden Maßnahmen sein, die eingedenk der gemachten Erfahrungen und im Wissen um menschliche Bosheit und Verführbarkeit wirksame Kontrollmaßnahmen und Sanktionen nicht aus-, sondern einschließen. Das alles bestätigt, wie begrenzt und brüchig zwischenmenschliches Vertrauen auch und vor allem im öffentlichen Raum ist.

Hat also die Lenin zugeschriebene These Recht „Vertrauen ist gut, Kontrolle ist besser"? Für den persönlichen Bereich von Liebe, Freundschaft, Familie, Ehe und Partnerschaft und ist diese These nicht nur falsch, sondern geradezu ruinös; denn überall da ist Kontrolle nicht die Steigerungsform von Vertrauen, sondern dessen Zerstörung. Und selbst im Blick auf den öffentlichen Raum der Gesellschaft ist die behauptete Überordnung der Kontrolle gegenüber dem Vertrauen nur eine *halbe* Wahrheit. Denn Kontrolle setzt ihrerseits Vertrauen zu den Kontrolleuren (und zu deren Kontrolleuren usw.) voraus. Ein funktionsfähiges, freiheitliches Gemeinwesen braucht beides: ein elementares Vertrauensverhältnis im Umgang der Menschen miteinander und im Blick auf die Einhaltung der

---

ja gerade weil er dafür im heutigen Russland zu einer der meistgehassten politischen Persönlichkeiten geworden ist.

geltenden Rechtsordnung, um nicht zu einem Polizeistaat zu entarten, und es braucht zuverlässige Kontrollmechanismen im Blick auf die Einhaltung von Gesetzen und anderen Regeln für ein gedeihliches Zusammenleben. Man kann im Blick darauf von einer *Balance zwischen Vertrauen und Kontrolle* sprechen, wobei die Kontrollerfordernisse mit dem zunehmenden Entfernungsradius der Beziehungen legitimerweise anwachsen. Das heißt: Sie dürfen und müssen in den internationalen Beziehungen zwischen Staaten am höchsten entwickelt sein.

Auch im Blick darauf ist es eine Errungenschaft, dass spätestens seit 1948 in der Friedensdiskussion von einer erwünschten „Herrschaft des Rechts"[413] die Rede ist, die ein wirksames Gegenmittel gegen die Herrschaft der Stärkeren bzw. gegen das vermeintliche „Recht des Stärkeren" bilden soll. Nun gehört es zum Wesen des Rechts (jedenfalls als Strafrecht und Völkerrecht), sanktionsbewehrt und durchsetzbar zu sein. Das setzt voraus, dass es administrative, polizeiliche und militärische Institutionen gibt, die geeignet und in der Lage sind, Rechtsverstöße zu ahnden und so dem Recht auch tatsächlich zur Herrschaft zu verhelfen. Die UNO-Charta sieht die Schaffung solcher internationa-

---

413) So in dem III. Leitsatz des Berichts der IV. Sektion der ersten Vollversammlung des Ökumenischen Rates der Kirchen in Amsterdam, 1948. Zitiert nach W. Härle, Zum Beispiel Golfkrieg, Hannover 1991, S. 67, mit den Worten: „Die Völker der Welt müssen sich zur Herrschaft des Rechts bekennen". Siehe auch Teil 3 der Friedensdenkschrift der EKD von 2007 („Aus Gottes Frieden leben – für gerechten Frieden sorgen") unter der Überschrift: „Gerechter Friede durch Recht".

ler Institutionen der Rechtsdurchsetzung vor, aber es gibt sie bisher nur in begrenzten Ansätzen. Eine wirksame Ausfüllung dieses Rahmens wurde und wird einerseits dadurch verhindert, dass jedes der fünf ständigen Mitglieder des Weltsicherheitsrates, der die Entscheidungsgewalt über die Verhängung von internationalen Sanktionen hat, ein Vetorecht besitzt, durch das es die Inkraftsetzung der von diesem Gremium beschlossenen Sanktionen verhindern kann. Andererseits verfügt der Weltsicherheitsrat über keine Streitkräfte, die in der Lage wären, gegen Weltmächte wirksame Sanktionen mit militärischen Mitteln durchzusetzen.

In dieser unbefriedigenden Lage könnte möglicherweise die Erhaltung bzw. Schaffung von *freiwillig* gebildeten *Verteidigungs*bündnissen (wie zum Beispiel der NATO) zumindest insofern einen wichtigen Lösungsansatz bieten, als diese durch glaubwürdige Abschreckung einen (relativ) zuverlässigen Schutz ihrer Mitglieder vor Überfällen und Angriffen gewähren können. Die rechtliche Regelung der Beziehungen zwischen solchen Verteidigungsbündnissen bleibt freilich dann immer noch eine politisch zu lösende Aufgabe, deren Gelingen sich nicht von selbst versteht. Wenn sie gelingt (wie zum Beispiel in der NATO-Russland-Grundakte von 1997) und durch wirksame Kontrollen auf Dauer gestellt werden kann, stellt sie möglicherweise einen wesentlichen Beitrag zur Sicherung des Friedens und zur Vertrauensbildung im politischen Bereich dar.

Literaturhinweise

Augustinus, Aurelius; Enchiridion de fide spe et caritate; Handbüchlein über Glaube, Hoffnung und Liebe (ca. 421), hg. v. J. Barbel, Darmstadt 1960.
Balzer, Hans; Nur was wir glauben, wissen wir gewiss, Berlin (1956) ⁷1958.
Berger, Peter L.; Erlösender Glaube? Fragen an das Christentum (2004), dt. Berlin 2006.
Böker, Matthias; Der Zweifel hat nicht das letzte Wort, in: Lebenszentrum Adelshofen 2/2020, S. 4–10.
Bunnemann, Stefan; Glauben wie der Vogel fliegt. Christlich glauben. Eine Expedition in die Welt des Glaubens und Denkens, Altenstadt 2020.
Erikson, Erik H.; Identität und Lebenszyklus (1959), dt. Frankfurt/Main 1966.
Ders.; Der vollständige Lebenszyklus (1982), dt. Frankfurt/Main 1980/1988.
Garth, Alexander; Warum ich kein Atheist bin, Asslar 2008.
Giesen, Traugott; Das kannst du glauben. Das Glaubensbekenntnis für heute bedacht und ausgelegt, Gütersloh 1983.
Glaube, (= MJTh IV), hg. v. W. Härle u. R. Preul, Marburg 1992.
Goltz, Rainer; Das Werden der Gewissheit, Leipzig 2008.
Härle, Wilfried; Der Glaube als Gottes- und/oder Menschenwerk in der Theologie Martin Luthers (1992), in: Ders., Menschsein in Beziehungen, Tübingen 2005, S. 107–144.
Ders.; Dogmatik (1995), Berlin/Boston ⁶2022, S. 52–76.
Häuser, Götz; Einfach vom Glauben reden. Glaubenskurse als zeitgemäße Form der Glaubenslehre für Erwachsene, Neukirchen-Vluyn (2004) ²2010.
Herms, Eilert; Luthers Auslegung des Dritten Artikels, Tübingen 1987.

Ders.; Glaube, in: Ders., Offenbarung und Glaube, Tübingen 1992, S. 457–483.

Ders. und Žak, Lubomir (Hg.); Grund und Gegenstand des Glaubens nach römisch-katholischer und evangelisch-lutherischer Lehre, Tübingen 2008.

Huber, Wolfgang; Der christliche Glaube. Eine evangelische Orientierung, Gütersloh 2008.

Jetter, Werner; vertrauen lernen. Versuche, vom Glauben zu reden, Göttingen 1981.

Jüngel, Eberhard; Art. „Glaube IV. Systematisch-theologisch", in: 4RGG, Bd. 3, 2000, Sp. 953–974.

Käßmann, Margot; Glaube und Zweifel, Freiburg 2015.

Klessmann, Michael; Ambivalenz und Glaube, Stuttgart 2018.

Koch, Traugott; Mit Gott leben. Eine Besinnung auf den Glauben, Tübingen (1989) ²1993.

Luther, Martin; Von den guten Werken (1520), in: DDStA 1,101–253.

Ders.; Vorrede auf den Römerbrief (1522/1546), in: WA DB 7,3–27.

Ders.; De fide / Über den Glauben (1535), in: LDStA 2,402–411.

Marx, Reinhard; glaube!, München 2013.

Ortberg, John; Glaube & Zweifel, Asslar 2009.

Preul, Reiner; Art. „Glaube V. Praktisch-theologisch", in: 4RGG, Bd. 3, 2000, Sp. 974–977.

Ders., Evangelische Bildungstheorie, Leipzig 2013.

Prüfer, Tillmann; Weiß der Himmel ...?, Gütersloh 2018.

Schmidt, Werner H.; Alttestamentlicher Glaube, Neukirchen-Vluyn (1968) ¹¹2011.

Schulz, Heiko; Theorie des Glaubens, Tübingen 2001.

Schweitzer, Friedrich: Lebensgeschichte und Religion (München 1987) Gütersloh ⁷2010.

Ders., Bildung, Neukirchen-Vluyn, 2014.

Schwöbel, Christoph; Art. „Glaube", in: Taschenlexikon Theologie Bd. 2, Göttingen ²2008, S. 439–448.

Seibert, Christoph; Der Glaube – Voraussetzung des Wissens, in: NZSTh 52/2010, S. 132–154.

Seils, Martin; Glaube, Gütersloh 1996.

Smith, Wilfred Cantwell; Faith an Belief, Princeton (1979), Paperback 1987.
Spaemann, Robert; Das unsterbliche Gerücht. Die Frage nach Gott und die Täuschung der Moderne, Stuttgart ²2007.
Ders.; Der letzte Gottesbeweis, München 2007.
Stegmüller, Wolfgang; Metaphysik, Skepsis, Wissenschaft (1954) Berlin/Heidelberg ²1969.
Tillich, Paul; Rechtfertigung und Zweifel (1924), in: Ders., GW VIII, Stuttgart 1970, S. 85-100 sowie MW/HW Bd. 6, Berlin 1992, S. 83-97.
Ders.; Dynamics of Faith (1957), dt. Wesen und Wandel des Glaubens, in: Ders., GW VIII, S. 111-196 (dt.) sowie MW/HW Bd. 5, S. 231-290 (engl.).
Unser Glaube. Die Bekenntnisschriften der evangelisch-lutherischen Kirche. Ausgabe für die Gemeinde, hg. v. Amt der VELKD, Gütersloh 2013.
Das Handeln Gottes in der Erfahrung des Glaubens, hg. von M. Beintker und A. Philipps, Göttingen 2021.
Willicks, Yvonne; Glaube ganz einfach. Eine persönliche Spurensuche. Wie Gott uns überall begegnet, Asslar 2018.
Zink, Jörg; Was Christen glauben, Gütersloh (1969) ¹³1999.

Abkürzungen

a. a. O.   am angegebenen Ort, also in der zuletzt zitierten Quelle
BSLK   Die Bekenntnisschriften der evangelisch-lutherischen Kirche
CA   Confessio Augustana/Augsburgisches Bekenntnis von 1530
DDStA   Martin Luther, Deutsch-deutsche Studienausgabe, Leipzig
Ders.   Derselbe
ebd.   ebenda, das heißt, an der zuletzt zitierten Stelle
EG   Evangelisches Gesangbuch
FAZ   Frankfurter Allgemeine Zeitung
GuV   Glauben und Verstehen
GW   Gesammelte Werke
HW   Hauptwerke
LDStA   Martin Luther, Lateinisch-deutsche Studienausgabe, Leipzig
MJTh   Marburger Jahrbuch Theologie
MPG   Migne, Patrologia Graeca
MPL   Migne, Patrologia Latina
MW   Main Works
NA   Neuausgabe
NZSTh   Neue Zeitschrift für Systematische Theologie
PhBM   Philosophische Bibliothek Meiner
RGG   Religion in Geschichte und Gegenwart
sc.   Abkürzung für scilicet, das heißt: nämlich
s. o.   siehe oben, also im vorangegangenen Text
stw   Suhrkamp Taschenbuch Wissenschaft
s. u.   siehe unten, also im folgenden Text
SZ   Süddeutsche Zeitung
TRE   Theologische Realenzyklopädie
UG   Unser Glaube
WA   Martin Luther, Werke, Weimar
WA DB   Martin Luther, Werke, Deutsche Bibel, Weimar
ZThK   Zeitschrift für Theologie und Kirche

Wilfried Härle
Warum Gott?
Für Menschen,
die mehr wissen wollen

*Theologie für die Gemeinde
(ThG) | I/1*

320 Seiten | Paperback
ISBN 978-3-374-03143-6
EUR 14,80 [D]

Den eigenen Glauben verstehen und erklären können wird gerade in unserer säkularisierten Welt immer wichtiger. Wilfried Härle bietet dafür eine konkrete Hilfe, indem er theologische Zusammenhänge leicht verständlich erklärt und darstellt, was es mit dem Glauben an Gott auf sich hat. Im Zentrum steht dabei die Trinitätslehre, also die Lehre von Gott als Vater, Sohn und Heiligem Geist, die der Inbegriff des christlichen Gottesverständnisses ist. Jedes Kapitel endet mit einer Sammlung wichtiger Texte aus Bibel, Kirchen- und Theologiegeschichte sowie aus Philosophie und Literatur.

EVANGELISCHE VERLAGSANSTALT
Leipzig   www.eva-leipzig.de

Tel +49 (0) 341/ 7 11 41 -44   shop@eva-leipzig.de

Wilfried Härle
**»... und hätten ihn
gern gefunden«**
Gott auf der Spur

312 Seiten | Klappenbroschur
ISBN 978-3-374-04787-1
EUR 15,00 [D]

Viele Menschen würden gerne an Gott glauben, aber sie können es nicht, weil sie intellektuelle oder emotionale Hindernisse verspüren. Sie würden Gott gern finden, die Leerstelle kann sogar wehtun, doch die Suche endet im deprimierenden Verdacht, an einem Phantomschmerz zu leiden.
Wilfried Härle benennt in 19 Kapiteln gängige Einwände gegen den Gottesglauben und zeigt Wege zu ihrer Überwindung auf.

EVANGELISCHE VERLAGSANSTALT
Leipzig www.eva-leipzig.de

Tel +49 (0) 341/ 7 11 41 -44   shop@eva-leipzig.de

Wilfried Härle
Worauf es ankommt
Ein Katechismus

112 Seiten | Paperback
ISBN 978-3-374-05324-7
EUR 15,00 [D]

Durch ihre konzentrierte Form und Verständlichkeit ragen die Katechismen unter den Bekenntnisschriften heraus. Die Reformatoren sagten gern, sie seien eine »Laienbibel, in der alles zusammengefasst ist, von dem die Heilige Schrift ausführlich handelt«. Eine solche Laienbibel will auch dieser Katechismus sein, indem er umfassend und lebensnah die Hauptpunkte des christlichen Glaubens darstellt. Das geschieht in zehn Themenkomplexen mit insgesamt 180 Fragen und Antworten. Die erste Frage »Worauf kommt es im Leben an?« holt die Menschen an dem Punkt ab, den alle aus eigenem Nachdenken kennen, und die letzte Antwort bestätigt, »worauf es ankommt«.

EVANGELISCHE VERLAGSANSTALT
Leipzig www.eva-leipzig.de

Tel +49 (0) 341/ 7 11 41 -44   shop@eva-leipzig.de

Ulrich H. J. Körtner
Wahres Leben
Christsein auf evangelisch

144 Seiten | Klappenbroschur
ISBN 978-3-374-06912-5
EUR 12,00 [D]

Kann es wahres Leben geben? Ein Leben, das sich nicht nur gut und richtig anfühlt, sondern gut und richtig ist? Ein sinnerfülltes Leben mit Tiefgang statt bloßer Oberflächlichkeit? Ob Leben wahr oder unwahr, richtig oder falsch ist, hängt davon ab, was oder an wen man glaubt, was oder wen man liebt, was oder worauf man hofft. Das führt zu den weiteren Fragen dieses Buches: Woran genau glauben Christen? Worauf vertrauen sie in Leben und Sterben? Und: Was bedeutet es heute, im evangelischen Sinne Christ zu sein?
Der Wiener Theologe Ulrich Körtner ist weithin bekannt für seine Gabe, das Wesentliche klar auf den Punkt zu bringen.

EVANGELISCHE VERLAGSANSTALT
Leipzig www.eva-leipzig.de

Tel +49 (0) 341/ 7 11 41 -44   shop@eva-leipzig.de

Günter Thomas

Im Weltabenteuer Gottes leben

Impulse zur Verantwortung für die Kirche

368 Seiten | Klappenbroschur
ISBN 978-3-374-06679-7
EUR 16,00 [D]

Hat die Kirche noch Eigenes zu sagen? Brauchen wir sie überhaupt? Manches deutet derzeit eher auf eine Theologie der Verzweiflung als eine Theologie der Hoffnung hin. Warum? Weil uns die Gewissheit der Lebendigkeit Gottes abhandengekommen ist. Öffnet sich aber der Blick für Gottes Lebendigkeit, so wird deutlich, dass Kirche eine Entdeckergemeinschaft ist: Glaube ist die Entdeckung, am »Weltabenteuer Gottes« teilzunehmen. Befähigt, dieses Abenteuer zu bestehen, werden wir durch die vom Geist Gottes gewirkte Einheit von Glaube, Liebe und Hoffnung, die christliches Leben bestimmt. Wenn die Kirche diese Einheit ernst nimmt, kann sie den aktuellen Herausforderungen mutig und frei begegnen.

EVANGELISCHE VERLAGSANSTALT
Leipzig www.eva-leipzig.de

Tel +49 (0) 341/ 7 11 41 -44   shop@eva-leipzig.de

Alexander Garth

Untergehen oder Umkehren

Warum der christliche Glaube seine beste Zeit noch vor sich hat

240 Seiten | Paperback
ISBN 978-3-374-06915-6
EUR 15,00 [D]

Während das Christentum weltweit dynamisch wächst, befinden sich die europäischen Volkskirchen in einem dramatischen Niedergang. Alexander Garth beschreibt, wie das volkskirchliche Modell eine Mentalität und Theologie geformt hat, die einen missionarischen Aufbruch verhindern. Die ererbte Form des Christentums scheitert an den Herausforderungen einer offenen, liberalen, sich wandelnden Gesellschaft, in der die Menschen ihre Religion frei wählen. Garth bleibt nicht stehen, bei der Beschreibung der Situation, sondern sieht in der Krise eine von Gott eröffnete Chance.

EVANGELISCHE VERLAGSANSTALT
Leipzig www.eva-leipzig.de

Wilfried Härle
Aus ethischer Sicht
Güstrower Vorträge

176 Seiten | Paperback
ISBN 978-3-374-07269-9
EUR 39,00 [D]

»Was sollen wir tun?« Das ist die Frage die den ethischen Blick auf das Leben leitet. Orientiert man sich bei der Beantwortung dieser Frage allein an in den Massenmedien vertretenen Meinungen, wird man nicht zu einer eigenverantwortlichen ethischen Auffassung gelangen. Denn um die zu erreichen, muss man sich einerseits Klarheit über ethische Grundbegriffe wie »Freiheit«, »Verantwortung«, »Menschenwürde« und »Gewissen« verschaffen, andererseits ist es unverzichtbar, konkrete ethische Herausforderungen zu analysieren, die sich uns im Leben stellen: zum Beispiel »Altersdemenz«, »Schuld und Vergebung«, »Krieg und Frieden« oder »Beihilfe zur Selbsttötung«.

EVANGELISCHE VERLAGSANSTALT
Leipzig www.eva-leipzig.de

Tel +49 (0) 341/ 7 11 41 -44   shop@eva-leipzig.de